プロが教える

# はじめての野菜づくり

井上昌夫 監修

DVD 60分付き

西東社

# 目次
CONTENTS

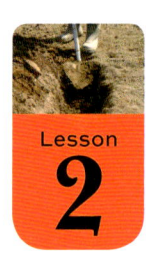

野菜専用
培養土

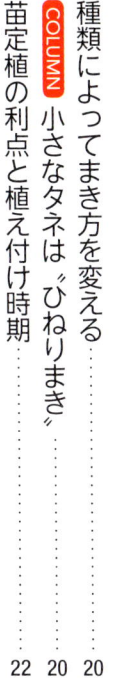

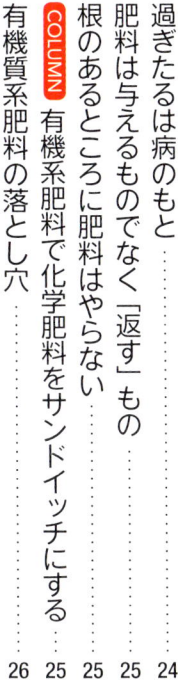

## PART 2 春作野菜の栽培方法



## PART 3 夏－秋作野菜の栽培方法

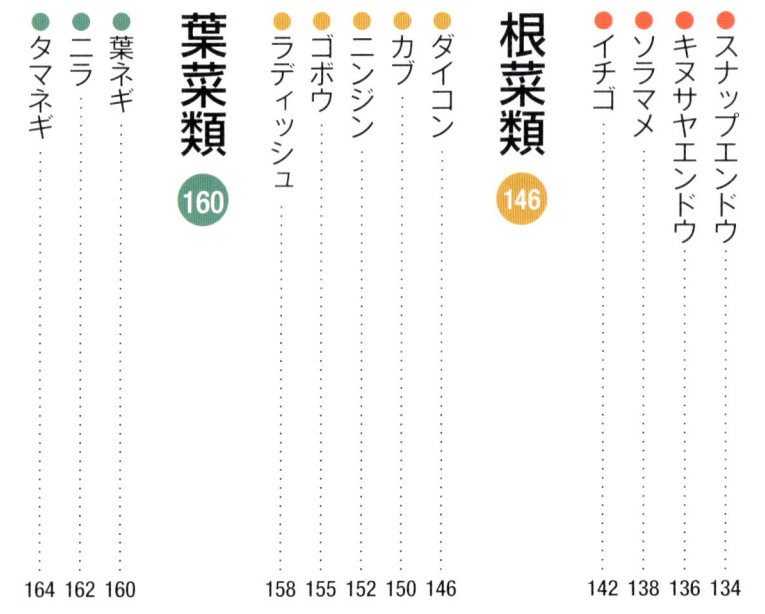

※本書は特に明記しない限り、2013年12月11日現在の情報にもとづいています。

# 索引

# 本書の見方

A

B

PRO

C

## B カレンダー

関東周辺の露地栽培を基準にしています。タネまきや苗の植え付けは、栽培しやすい時期を表しています。詳細はタネ袋の説明などを参考にしてください。

## C 畝と肥料

畝のサイズを示しており、幅や高さは野菜の種類や土質などによって変わります。四角内の石灰や元肥の量は、溝に施す場合もすべて畝の面積１㎡あたりの量で考えます。

## D 品種紹介

監修者がおすすめする、つくりやすくておいしい野菜がたくさんとれる品種を紹介。

## A 野菜栽培の難易度

★（易しい）

栽培期間が短くて土壌適応性が広く、比較的管理手間が少なくてすむ種類です。

★★（普通）

栽培期間が半年前後で、病害虫防除、追肥などの管理手間が少なくてすむ種類です。

★★★（難しい）

栽培期間が長く、病害虫防除、追肥、摘心、土寄せなどの管理手間を要する種類です。

## PRO プロならではのポイントを紹介！

作物を栽培するうえでプロだからこそわかる大切なポイントやコツ、ちょっとした知恵を伝授。栽培前にぜひ読んで、参考にしてください。

プロが教える栽培ポイント

プロのコツ

D

PRO

60分
DVD
ビデオ

# 本書付録DVDを ご使用になる前に

### 使用上のご注意

●DVDビデオは、映像と音声を高密度に記録したディスクです。DVDビデオ対応のプレーヤーで再生してください。プレーヤーによっては再生できない場合があります。詳しくは、ご使用になるプレーヤーの取扱説明書をご参照ください。

●本ディスクにはコピーガード信号が入っていますので、コピーすることはできません。

### 再生上のご注意

●各再生機能については、ご使用になるプレーヤーおよびモニターの取扱説明書を必ずご参照ください。

●一部プレーヤーで作動不良を起こす可能性があります。その際は、メーカーにお問い合わせください。

### 取扱上のご注意

●ディスクは両面とも、指紋、汚れ、傷等をつけないように取り扱ってください。

●ディスクが汚れたときは、メガネふきのような柔らかい布を軽く水で湿らせ、内周から外周に向かって放射線状に軽くふき取ってください。レコード用クリーナーや溶剤等は使用しないでください。

●ディスクは両面とも、鉛筆、ボールペン、油性ペン等で文字や絵を書いたり、シール等を貼らないでください。

●ひび割れや変形、または接着剤等で補修されたディスクは危険ですから絶対に使用しないでください。また、静電気防止剤やスプレー等の使用は、ひび割れの原因となることがあります。

### 鑑賞上のご注意

●暗い部屋で画面を長時間見つづけることは、健康上の理由から避けてください。また、小さなお子様の視聴は、保護者の方の目の届く所でお願いします。

### 保管上のご注意

●使用後は必ずプレーヤーから取り出し、DVD専用ケースに収めて、直射日光が当たる場所や高温多湿の場所を避けて保管してください。

●ディスクの上に重いものを置いたり落としたりすると、ひび割れしたりする原因になります。

### お断り



### DVDスタッフ

総合演出 …… 奥山 正次
ロケディレクター …… 高橋 昌裕
撮影 …… 藤 進
VE …… 平田 雅一
CG制作 …… シェイク
オーサリング …… 日本ビデオサービスディスクズ
ナレーション …… 渡辺 孝
制作 …… シェイク

# DVDの特徴

## 監修者自ら実践している様子を紹介

すべてのチャプター(章)にわたって、監修者自らが、「実際にやってみせる」という一貫した方法で収録されており、土作りから収穫まで、野菜作りの作業を実践的に知ることができます。

## 見えない部分まで見せるCG映像

土壌の内部、肥料の効果など、肉眼で見えないメカニズムはCG(コンピュータグラフィックス)によって映像化。より深く理解できます。

## 必要な情報だけをていねいに解説

このDVDでは、「なぜ?」「どうして?」という、初心者の素朴な疑問にていねいに答えることによって、最良の野菜作りができるように、必要な「考え方」を伝えることに徹底しています。

# DVDの使い方

**1**

DVDをプレイヤーにセットして再生させると、「おことわり」「オープニング映像とタイトル」のあとにメインメニューが表示されます。

**2**

メインメニューには11のチャプター(章)が収録されています。方向キーで見たいチャプターを選び(色が変わります)、クリックまたは決定ボタンを押してください。すべてを通して見たい場合は、「PLAY ALL」を選んでください。

## とりたてを味わいたい

# 旬の野菜

野菜や果物の多くは、味も栄養成分も新鮮なとりたてが一番です。野菜を栽培する場合、その野菜の旬の時期にあわせてゆっくり時間をかけて育てたほうが味が濃く、株も長持ちします。

## 葉や茎を食べる葉もの野菜
## ——葉菜

葉菜の多くは、秋から早春にかけての冷涼《れいりょう》な時期が旬です。これは、早春の気温の上昇とともに花を咲かせて実を結ぶための栄養を、葉や茎に養分として蓄えるため、甘みのある濃厚なおいしさを味わえるからです。キャベツ、ハクサイ、ブロッコリー、ネギ、タマネギ、レタスにはじまって、比較的短期間で収穫できるホウレンソウ、コマツナなどもそうです。

### 茎や根を食べる根もの野菜
## ——根菜

根菜も、秋から早春にかけての冷涼な時期が旬です。ダイコン、ニンジン、ゴボウなどはこの時期が最高においしいものです。葉ものと同じく、早春に花を咲かせてタネをつけるための栄養成分が、根にぎっしりつまっているのです。

### 果実を食べる実もの野菜
## ——果菜

果菜の多くは、初夏から秋にかけてが旬です。果実には、子孫となるタネがつまっていますが、そのタネも丸ごといただくのですから、おいしさは格別といえるでしょう。

スイートコーン、トマト、ナス、キュウリ、カボチャ、エダマメなど、夏には欠かせない種類が盛りだくさんです。

旬というのは、言い換えれば野菜が最も元気に育っている時期のことです。それはまた私たちにとって一番育てやすい時期でもあるのです。

# 年間栽培計画

### バランスのよい畑作りのために

栽培計画は、1年間の野菜作りの基本設計をするものです。日当たりや連作障害、病害虫防除などの対策も考慮に入れながら、狭い面積をムダなく効率的に活用するための設計は、夢の広がる楽しい作業。できあがった栽培計画表は保管しておき、次年度以降の栽培計画の参考にします。

## 日照条件と土質を確認する

野菜の多くは日照を好むので、まず栽培する場所の、東西南北の位置関係と日照条件を確認することが大切です。

また土質については、野菜作りに障害となる粘土質で水はけが悪いとか、石ころが多いとか、逆に砂地で水はけがよすぎるとかの条件を、できれば、深さ30～50cmほど土を掘り上げて眼と手で確認します。障害がある場合、後の土作りの基本で述べる、堆肥などの有機物の投入や天地返しなどの方法で土壌改良を行います。

## 野菜の特徴と品種を知る

まず、野菜たちは自分たちの種族維持、子孫繁栄を目的に今を生きているということを素直に理解することが大切です。そのために、たとえば乾燥や病害虫のダメージを受けて自分の身が危ないと察知すると、急いで花を咲かせて実を結び、子孫であるタネを残すことに全力を傾けます。

◀住宅地に隣接した市民農園。借りられる面積や期間・日当りなどを考慮して栽培計画を立てる。

私たちも、こうした植物の特性を栽培上のいろいろな場面で実際に利用することになるので、よく理解しておきましょう。

一方、野菜にはアブラナ科、マメ科、ナス科など、植物分類上の属する科がありますが、この科によって、花のつけ方、根の張り方などに共通した特徴を持っているので、これも参考にします。

また、野菜には多くの品種があります。これは、野菜作りにたずさわってきた先人たちが、劣悪な環境下でも育つ株を見つけ出し、時間をかけて選抜固定して作りだしたものもあれば、今はやりのバイオテクノロジーの技術を駆使して、病気に強い品種、色の濃い品種、味の濃い品種などを作りだしたものもあります。

どの品種を選ぶかは、インターネットで検索して、新品種の特性などを探してみるのも楽しいものです。近くに種苗店などあれば、そちらをかかりつけの医師として相談するのもよいでしょう。

まずは、自分が収穫したい時期にあわせて、市販のタネ袋に記載してある栽培図表を参考にしながら選んでみることをおすすめします。

## 輪作を考える

野菜の多くは、同じ科に属するものを連続して栽培する（連作《れんさく》といいます）と、土の中の肥料成分や微生物層にかたよりが生じてバランスを崩してしまい、年々生育が悪くなったり、病気にかかりやすくなったりします。これは、私たちが偏食すると体に異常をきたすのとよく似ています。

これを避けるために、同じ場所に作付けする科と種類を、毎回意図的に変えてやる必要があります。これを輪作《りんさく》といいます。

年間の栽培計画を立てる際は、このことを念頭に、栽培したい種類のタネまきから植え付け（定植《ていしょく》）時期、収穫時期を一覧表にして、どの畝に何を植えたらバランスよく輪作できるのか考えましょう。

### COLUMN 連作障害を防ぐ

同じ場所に、同じ科の野菜を連続して栽培することを連作《れんさく》といいますが、連作すると、収穫量が激減したり、病害の発生が極端に多くなったりします。これは、同じ科の野菜は、同じ好みの養分ばかりを吸収するので、土壌中の養分や微生物のバランスが崩れて、障害が起きるものです。つまり、野菜を育てる畑の土に含まれる養分と微生物群に極端な偏りが生じるのです。

この偏りは、病気を誘発する原因となります。これを防ぐには、畑の養分をバランスよく食べてくれるように、次から次と栽培する種類の科を変えていくことです。これが輪作です。輪作が連作障害を防ぐ最善の方法ですので、栽培プランを練る場合は、この輪作を念頭に計画することが重要になります。

| | 一年目 | | 二年目 | |
|---|---|---|---|---|
| | 春～夏 | 秋～冬 | 春～夏 | 秋～冬 |
| A区 | トマト<br>ナス<br>ピーマン | ハクサイ<br>ブロッコリー | レタス<br>ミズナ<br>サトイモ | ダイコン<br>コカブ |
| B区 | ジャガイモ | キャベツ<br>ニンジン<br>ネギ | エダマメ<br>インゲン | ホウレンソウ<br>コマツナ<br>シュンギク |
| C区 | オクラ<br>エダマメ<br>インゲン | ホウレンソウ<br>コマツナ<br>シュンギク | ジャガイモ | キャベツ |
| D区 | キュウリ<br>カボチャ<br>ニガウリ | レタス<br>コカブ<br>ミズナ | トウモロコシ | エンドウ<br>ソラマメ |
| E区 | トウモロコシ | ダイコン | トマト<br>ナス<br>ピーマン | ニンジン |
| F区 | サトイモ | エンドウ<br>ソラマメ | キャベツ<br>コカブ | レタス<br>ミズナ<br>ニンニク |

**輪作の参考例**　A区の一年目の春～夏・秋～冬→二年目の春～夏・秋～冬の順に、それぞれ１種類を選んで栽培すると輪作が組める。

# 年間栽培計画カレンダー

関東周辺の露地栽培を基準にしています。タネまきや苗の植え付けは、栽培しやすい時期を表しています。詳細はタネ袋の説明などを参考にしてください。

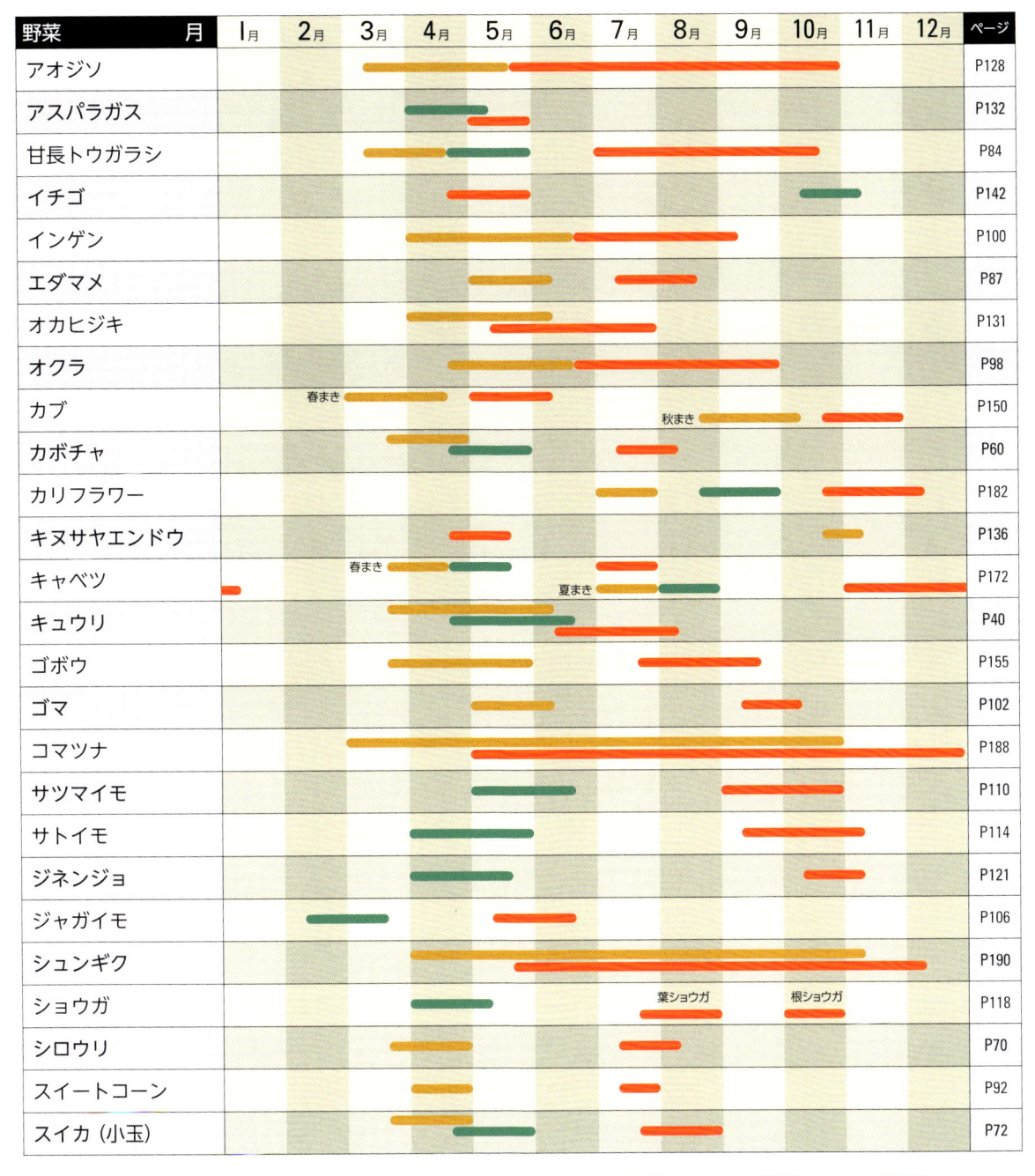

| 野菜　　月 | 1月 | 2月 | 3月 | 4月 | 5月 | 6月 | 7月 | 8月 | 9月 | 10月 | 11月 | 12月 | ページ |
|---|---|---|---|---|---|---|---|---|---|---|---|---|---|
| アオジソ | | | | | | | | | | | | | P128 |
| アスパラガス | | | | | | | | | | | | | P132 |
| 甘長トウガラシ | | | | | | | | | | | | | P84 |
| イチゴ | | | | | | | | | | | | | P142 |
| インゲン | | | | | | | | | | | | | P100 |
| エダマメ | | | | | | | | | | | | | P87 |
| オカヒジキ | | | | | | | | | | | | | P131 |
| オクラ | | | | | | | | | | | | | P98 |
| カブ | | 春まき | | | | | | 秋まき | | | | | P150 |
| カボチャ | | | | | | | | | | | | | P60 |
| カリフラワー | | | | | | | | | | | | | P182 |
| キヌサヤエンドウ | | | | | | | | | | | | | P136 |
| キャベツ | | | 春まき | | | 夏まき | | | | | | | P172 |
| キュウリ | | | | | | | | | | | | | P40 |
| ゴボウ | | | | | | | | | | | | | P155 |
| ゴマ | | | | | | | | | | | | | P102 |
| コマツナ | | | | | | | | | | | | | P188 |
| サツマイモ | | | | | | | | | | | | | P110 |
| サトイモ | | | | | | | | | | | | | P114 |
| ジネンジョ | | | | | | | | | | | | | P121 |
| ジャガイモ | | | | | | | | | | | | | P106 |
| シュンギク | | | | | | | | | | | | | P190 |
| ショウガ | | | | | | | | 葉ショウガ | | 根ショウガ | | | P118 |
| シロウリ | | | | | | | | | | | | | P70 |
| スイートコーン | | | | | | | | | | | | | P92 |
| スイカ（小玉） | | | | | | | | | | | | | P72 |

タネまき　植え付け　収穫

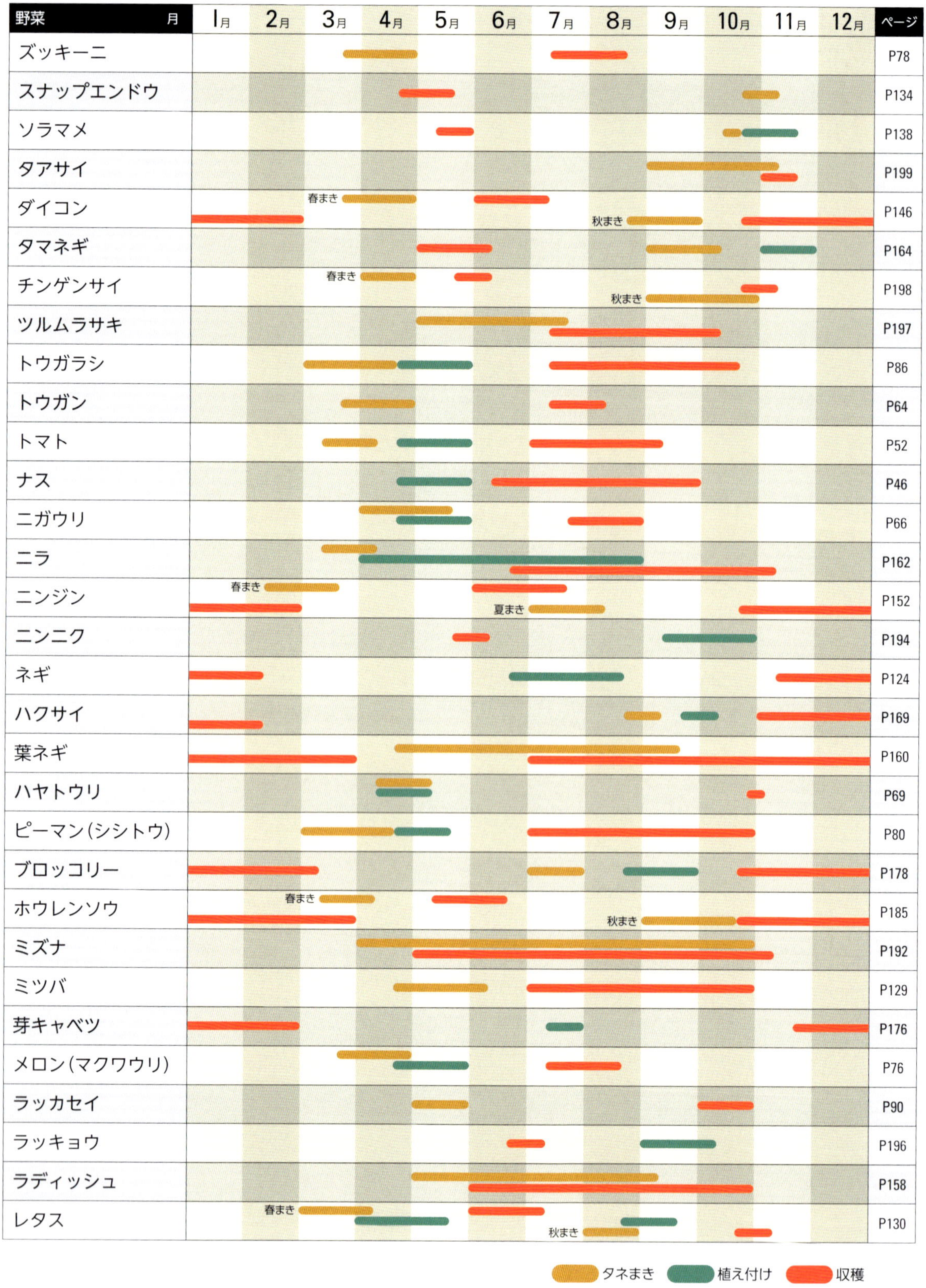
野菜
月
1月 2月 3月 4月 5月 6月 7月 8月 9月 10月 11月 12月
ページ
ズッキーニ P78
スナップエンドウ P134
ソラマメ P138
タアサイ P199
ダイコン P146
春まき
秋まき
タマネギ P164
チンゲンサイ P198
春まき
秋まき
ツルムラサキ P197
トウガラシ P86
トウガン P64
トマト P52
ナス P46
ニガウリ P66
ニラ P162
ニンジン P152
春まき
夏まき
ニンニク P194
ネギ P124
ハクサイ P169
葉ネギ P160
ハヤトウリ P69
ピーマン(シシトウ) P80
ブロッコリー P178
ホウレンソウ P185
春まき
秋まき
ミズナ P192
ミツバ P129
芽キャベツ P176
メロン(マクワウリ) P76
ラッカセイ P90
ラッキョウ P196
ラディッシュ P158
レタス P130
春まき
秋まき
タネまき
植え付け
収穫

# PART 1

BASIC KNOWLEDGE OF GROWING VEGETABLES

# 野菜作りの基礎知識

Lesson 1

# 用具と資材

## 野菜作りに必要なもの

DVD 1

▶左から木バサミ、レーキ、三角ホー、クワ、スコップ。

〔野菜作りに必要な用具〕

| 種　類 | 特　徴 |
| --- | --- |
| クワ | 野菜作りでは最も利用回数の多い道具。畝立て、土寄せ、整地など利用範囲が広い。 |
| スコップ | 天地返しや溝掘り、イモ類の収穫時に利用する。先のとがった剣スコがあるとよい。 |
| レーキ | 畝作りの整地や草の集積作業などに利用。 |
| 三角ホー | 刃が三角形をしているので、タネまき溝をつけたり、タネをまいたあとに土をかけたりする際に重宝。中耕・除草作業にも使える。 |
| ハサミ類 | 収穫やヒモ・シート類を切る際に活躍する。 |
| 移植ごて | 苗の植え付けや、小さめな穴を掘ったり、土を混ぜるときに利用。 |
| ジョウロ | タネまきや水やりに利用。 |
| ナイフ類 | 収穫やヒモ・シート類を裁断するときに利用。 |
| バケツ類 | 肥料や水、小物類を運ぶときに利用。 |

野菜作りには、ある程度の用具と資材が必要になりますが、最初にそろえておきたい用具はそれほど多くはありません。専門用具を買い集めても使わずに終わることもあるので、必要に応じて買いそろえていくことで十分です。

### スタートは最小限を用意する

栽培する野菜の種類にもよりますが、まず最小限必要なものは、クワ(鍬《くわ》)、スコップ、レーキ、三角ホー、ハサミやカッター類、移植ごてです。あと、畝幅などを測ったりするメジャー、肥料や小物を運ぶためのバケツ、水やりのジョウロ。これだけあればもう十分です。

資材としては、支柱と誘引するヒモ。あと、これがないと絶対に野菜は作れないというものではありませんが、マルチングや不織布、寒冷紗などのトンネル資材は野菜の順調な生育を助け、無農薬栽培を目ざすには必需品です。必要に応じて準備します。

用具や資材は手入れをすれば長く使えます。使い終わったら、汚れをきれいに洗い落として、雨露のかからない場所に保管しておきましょう。ハサミ類は、ときどき油をさすのを忘れないように。

# Lesson 2

# 土作りの基本

## 栽培上もっとも重要な作業

DVD 3

野菜は基本的に土で育てます。言い換えれば、土の中に、どれだけ広く、深く活力のある根を張らせることができるかということです。根量の多少が、その後の収穫量の多少に直接的に影響します。病気の発生を抑える健康体を支えるのも、土の力によるところが大なので、土作りは野菜を栽培するうえでもっとも重要な作業になります。

### 土は生き物が作る

土には、土粒《どりゅう》、水、空気といっしょに、有機物や微生物などの生命が共存している、いわば生命の宝庫です。土粒と水と空気だけでは、単に岩石とか、砂とか、粘土とか呼ばれる「鉱物」であって土とは別物です。この生命あふれる「土」が存在して、はじめて植物が生息できるのです。この土に生息するカビやバクテリアなどの微生物は、堆肥《たいひ》などの有機物を分解しながら死滅して腐植《ふしょく》となり、これが土の粒と粒をくっつける糊《のり》のような働きをして、水はけと通気性がよく、また保水力のある土の団粒構造《だんりゅうこうぞう》を作ってい

▲よい土は、握ってダンゴ状態にして指で押すと砕ける。

◀粘土質で固い土も、有機物によるマルチングで、ゆっくりとよい土に変わっていく。

きます。つまり、私たちは、微生物などの生き物が快適に生息できる環境を用意するだけ。この地中の生き物たちが生きた土を作っているのです。

## 腐植を増やす

土の中の小さな動植物や微生物の死骸は、土の中で分解されると新しい有機物へと変わります。これらの有機物が長い時間をへて化学反応で生成された黒い物質が腐植と呼ばれるものです。堆肥や腐葉《ふよう》土《ど》からにじみ出る、黒い液体に多く含まれています。

この腐植の機能は、土壌中の植物養分の貯蔵庫としての働きです。有機物の形態で腐植に蓄えられた養分は、微生物によって無機化されて、植物に吸収、利用されるようになります。

この腐植を増やすために、有機物である良質な堆肥を土に入れなさいと、多くの栽培マニュアル本に記載があるのはこのためです。しかしここで理解しておかないといけないのは、堆肥＝腐植ではないということ。

堆肥という有機物は、土壌の通気性や排水性、保肥性などを改善するという効果を除けば、土の中で死滅して腐植の原料となる微生物の数を増やすための、いわばエサにす

### 堆肥で腐植を増やす方法

▲樹木の剪定枝や樹皮（バーク）、落葉や雑草の類を堆肥にして、いつでも使えるようにしておく。

▲有機物の堆積場を棲家とするカブトムシの幼虫は、有機物を食べて分解し、腐植を増やす手伝いをしてくれる。

▲堆肥など有機物によるマルチングは、乾燥防止や雑草抑えだけではなく、腐植を増やし土壌改良にも役立つ。

### COLUMN 不耕起《ふこうき》栽培の方法

こまめな栽培管理する手がない場合には、畝をそのまま崩さずに、同じ畝に何回か植えつける不耕起栽培という方法があります。不耕起畑の長所は、水はけがよいこと、根量が少なくても、固い地層を掘り進むような根が出ること、新しく植えつけた野菜の根が、前作の根の後をたどって深く根を張りめぐらすことなどです。また耕さないので、深層は環境が安定しており、根にも負担がかからないので、一般的に不耕起の畑では作物の生長はおだやかでスタミナがあり強健です。ただ、収穫量は少ない傾向にあります。

しかし、ダイコン、ゴボウ、サツマイモ、ニンジン、ジャガイモなどは、奇形や裂根を生じる可能性高いので不耕起栽培には不向きです。

トマトは不耕起畑でも問題なく育つ。

根菜類はよく耕して根の障害発生を防ぐ。

ぎないのです。エサですから、毎回堆肥を入れなさいということになります。

## 天地返しによる改良の方法

栽培する場所が極端に粘土質であったり、耕土《こうど》が浅くて、水はけが悪かったりする場合は、思い切って天地返《てんちがえ》しをすることをおすすめします。深さ50～80cmまで掘り下げて、心土《しんど》と呼ばれる病原菌の少ない土と表層の土とを入れ替える作業です。

単純に土を入れ替えただけでも十分に効果がありますが、このときに鉱物性の土壌改良資材パーライトや、バーク堆肥、乾燥生ゴミなどの有機物を投入して混ぜ合わせて戻すとより効果的です。

これによって、物理的な改良が成されて水はけがよくなり、また微生物生育層が広がって、植え付ける根の生育圏も広がります。

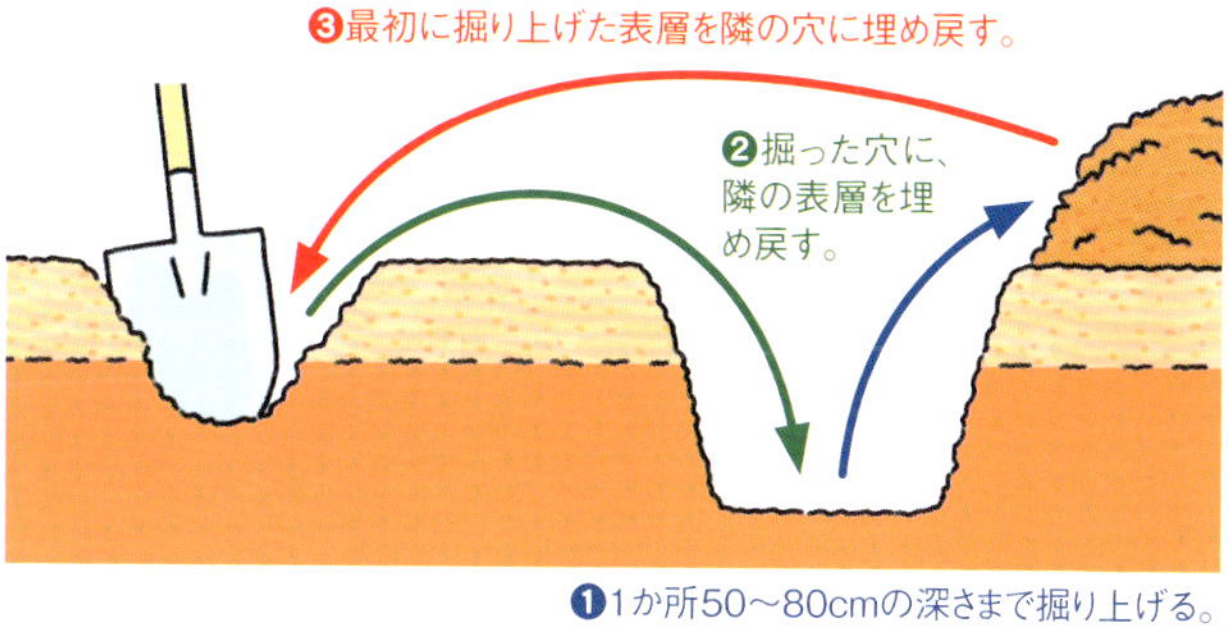
❸最初に掘り上げた表層を隣の穴に埋め戻す。
❷掘った穴に、隣の表層を埋め戻す。
❶1か所50～80cmの深さまで掘り上げる。

▼耕運機は表面の20～30㎝のみを耕しているだけ。これを繰返すと、しだいに硬い層が下層にできる。

## DVD 2 天地返しの方法

1 栽培予定地を50～80㎝の深さまで掘る。

2 深層にある固い土や粘土の層を表面に掘り出す。

3 深さ約60㎝まで掘る。表面から20～30㎝は作土と呼ばれ、栽培に利用されている層である。

4 1 に平行して同じように土を掘り、最初掘った場所に投入して上下の土を入れ替える。

5 深層の固い土が表面に出されて上下が入れ替わり完了。

Lesson
# 3
# 畝作りとマルチング
## 野菜の健やかな生育のために

DVD 4 8

畝《うね》は、タネをまいたり苗を植えたりするために、土を盛り上げた場所をいい、ベッドとも呼びます。畝作りとは、クワやレーキを使ってこの畝を作ることで「畝立て」ともいいます。

マルチング（マルチ）とは、畝全体、あるいは植え付けた野菜の株元付近を、ポリフィルムやわらなどで覆うことをいいます。

### 畝作りの目的

畝作りの目的は、水はけや通気性をよくすることです。また、間引きや定植、除草などの作業を容易にしたり、狭い面積を有効に利用する手立てでもあります。畝の高さや幅は、栽培する野菜の種類や土質、日当たり、マルチ資材の規格幅などを考慮に入れて決めますが、家庭菜園の規模であれば、通常60～70㎝の畝幅で大丈夫でしょう。

### マルチング資材とその効果

マルチング資材は、一般的には雑草が生えるのを抑える、地温を上げる、土壌水分の蒸散を抑えて、乾燥を防ぐことを目的として使用します。また、マルチングによって、降雨などによる土のはねかえりを防ぎ、病気の発生を抑える効果もあります。

素材によっては、害虫の飛来を防ぐ、地温上昇を抑えるなどの優れた効果もあるので、栽培品目、時期によって使い分けるとよいでしょう。

野菜作りでは、マルチングは重要な作業のひとつです。時間を惜しまずに、手をかけてやりましょう。

▲家庭菜園では、畝の幅は60～70cmあれば十分である。

〔マルチング資材の種類と特徴〕

| 種類 | 特徴 |
|---|---|
| 普通フィルム | 黒フィルムは雑草抑制効果が高く、透明フィルムは地温を上げる効果が高い。 |
| 反射フィルム | フィルム表面で紫外線を反射するフイルム。下葉に光が届くので、生育がよくなり、害虫飛来の抑制効果もある。白黒、銀黒、シルバーなど、反射効果度合いによってさまざまな種類がある。雑草抑制効果もある。 |
| 生分解性フィルム | 土壌のバクテリアや紫外線によってフィルムが分解するので、使用後のフィルムの除去、焼却処分が必要ない。ただし、高価である。マルチ効果は普通フィルムと同じ。 |
| 再生紙マルチ | 雑草の抑制効果が目的。地温の上昇を抑える効果があり、利用後は微生物によって分解され、土にかえる。 |
| 稲わらなどの有機物 | 保温効果よりは、地温の上昇を抑え、乾燥防止、雑草の抑制などに効果が高い。利用後は土にかえる。 |

〔黒のポリフィルムマルチ〕

▼雑草を抑える効果が高い。市販のマルチ押さえを使用すると畝によく密着する。

〔穴あきの透明フィルムマルチ〕

▼地温を上げる効果が高い。

COLUMN

## 有機物マルチの効用

有機物によるマルチングは雑草の抑制、保温、水分蒸発防止などの効用があるのはもちろんですが、有機物は、雑木林の落ち葉に被われた土の表面に似て、土の温度の変化が少ないので、小さな昆虫類やカビ、バクテリアなどの微生物に最適な住処を提供することになります。これが、土を固くせず、土中の肥料成分をゆっくり分解して吸収しやすくする効果もありますのでおすすめです。使用する有機物は、良質な堆肥が一番ですが、除草した草や木材のチップ、あるいは、庭木のクズなどを敷きつめるのも方法です。

Lesson

# 4

# タネまきと苗作り

## いろいろなタネのまき方と苗定植

DVD 6 7

野菜作りには、収穫する場所に直接タネをまく方法（直《じか》まき）と、一度ポットなどにタネをまいて苗を育て（育《いく》苗《びょう》）てから、あるいは苗を購入して、これを別の場所に移《い》植《しょく》（植え付け＝定植《ていしょく》）する方法があります。そのほか、挿し木や株分けをして植えたり、タネイモを直接植えたりなど、野菜の種類によっていろいろな方法があります。

### 種類によってまき方を変える

まずは、基本となる三つのタネまきの方法を覚えておきましょう。

### すじまき

土の表面に溝《みぞ》をつけて、そこにタネを一列に並ぶようにまく方法です。この場合、溝をやや深めにしてやります。たとえ1～2㎝でも深さがあると、溝の底は風があたらず乾燥もしにくいので、発芽しやすい環境となります。ホウレンソウやコマツナなどの葉もの、またニンジンなどで多用します。

▶シュンギク、コカブなどの発芽

COLUMN

### 小さなタネは“ひねりまき”

シュンギク、ニンジン、コカブ、葉ネギなどの小さいタネをまく場合は、タネを親指と人差し指でつまんで、前方に向かってひねるように指をすべらせてまく「ひねりまき」をします。ひねりまきをすると均一にタネが落ちます。

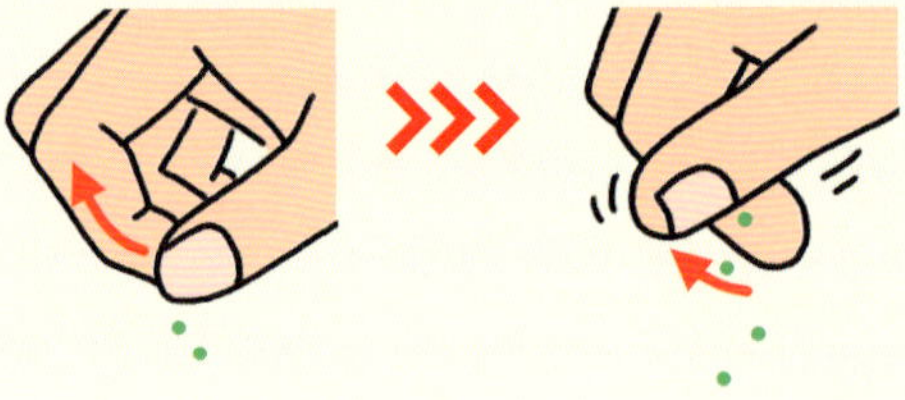

## 点まき

収穫時期の株の大きさを考慮に入れて、一定間隔で1か所に数粒ずつまく方法です。タネの節約と間引き作業が容易にできます。ダイコン、エダマメ、インゲンなどのマメ類、また直まきのキュウリやトウモロコシ、ハクサイなどで行う方法です。

▼ダイコンの発芽

## バラまき

畝《うね》全体や、帯状にタネをバラまく方法です。生育期間の短いものや、緑肥として利用する麦類やレンゲのタネまきで行う方法です。

◀ライ麦の発芽

## ポット育苗

大きめのポリポット（直径10.5～12㎝）を準備し、これに市販のタネまき用培土か培養土を入れて、ここに直接タネをまいて育苗する方法です。保温が必要な場合も場所をとらず、ポットの持ち運びや水やりの管理も楽なのでおすすめです。

◀本葉が３～４枚になり、もう定植が可能。

1 形状がいびつでなく、中身が充実したタネを選び、1粒ずつ押し込むようにしてポットにまく。

2 ポットいっぱいに葉を広げ本葉が見え始めたら、移植の時期。

3 ポットから苗を抜き取ったら、根を切らないように注意しながら用意したポットに1株ずつ移植する。

## 箱育苗

発泡スチールの箱や小さめのプランターなどを準備し、そこに培養土などを入れて、直接タネをまいて育苗する方法です。使用する土の量が多く、温度や土壌水分の変化に柔軟なので、水やりや温度管理が比較的楽に行えます。植え付け本数が多く、場所に余裕のある場合はこの方法がよいでしょう。

苗の良し悪しがその後の生育具合や収穫量を決定づけるという意味で、「苗半作《なえはんさく》」といわれるほど、苗作りが大切であることは昔からよく知られています。

苗作りにトライすると、発芽生理や生態がわかって楽しいものです。ただ発芽時期に高温が必要で、保温資材（⇒P34）を準備しないと難しい種類があるので、植え付け本数が少ない場合は市販の苗を購入したほうがよいでしょう。

ここでは、比較的容易にできる苗作りを紹介します。

## 苗定植の利点と植え付け時期

あらかじめ苗を養生《ようじょう》（育てること）してから、畑に植えるのは、直まきにくらべて以下のような利点があります。

❶生育のそろったよい苗を選別できる。

❷狭い面積で集中的に栽培管理（水やり、加温、病害虫防除など）ができる。

❸気温の低い時期に苗を育て

DVD
9

## 植え付けの方法

1 本葉3〜4枚の植え付け適期のポット苗。

2 主茎を指の間にはさんで、ポットを逆さにして苗を抜き取る。

3 根鉢より大きめの穴を掘り、根を切らないように植え付ける。

4 株元に土を寄せ、少し手で土を押さえて植え付け完了。

〔苗定植の向き・不向き〕

| 向くもの | 向かないもの |
|---|---|
| キャベツ | インゲン |
| カボチャ | ホウレンソウ |
| トマト | ダイコン |
| ニガウリ | コカブ |
| 長ネギ | ラディッシュ |
| ブロッコリー | エダマメ |
| スイカ | コマツナ |
| ナス | ニンジン |
| メロン | エンドウ |
| タマネギ | オクラ |
| 芽キャベツ | ラッカセイ |
| キュウリ | ミズナ |
| ピーマン | ゴボウ |
| ズッキーニ | スイートコーン |
| レタス | チンゲンサイ |

COLUMN

### 植え付けの適期を守ろう

最近は、市販の苗は適期よりかなり早い時期に店頭に並びますので、早く食べたい、早く大きくしたいとあわてて苗を購入して植えると、低温や乾燥に遭遇して枯れたり、虫の食害を受けたりして全滅する場合があります。ゆっくり、すこやかな生育とおいしい収穫物を望むなら、たとえ周囲の人たちが急いで苗を植え付けてもあわてることなく、植え付け適期を守ることが大切です。

ておけば、直まきにくらべて早くから収穫できる。

ただし、苗の定植は、一時的に生育環境を変えることになるため、根に障害が出て植え傷みを起こしやすい種類もありますので、適、不適があることも覚えておきましょう。

植え付けの際には根を傷めることのないように、根鉢をくずさないように注意して植えることが大切です。植え傷みを起こすとそのぶん、生育が遅れます。

Lesson 5

# 肥料の与え方

適切な種類・適切な量・適切な時期に

DVD 5

土に肥料を与えることを施《せ》肥《ひ》といいます。タネまきや植え付けの前に施す肥料を元肥《もとごえ》といい、植物が生長する過程で与えるのを追肥《ついひ》といいます。

元肥には、堆肥に代表される有機系肥料を中心にして、不足分を化学肥料で補うかたちで、組み合わせて施します。

追肥が必要な場合は、効果がすぐにあらわれる速効性の化学肥料を使います。

元肥の施し方は作物によって違い、ホウレンソウ・コマツナ・コカブなどの短期間で収穫できる作物の場合に、畝全体に施す「全面施肥」、トマト・ナス・キュウリ・ピーマンなど長期間収穫を続ける作物の場合に行う、畝間に溝をきって施す「畝間施肥《うねませひ》」、キャベツ・ハクサイ・ブロッコリーなどの場合に行う、畝の中央に溝をきって施す「割り肥」などの方法があります。いずれも、野菜の根の張り方に配慮した施肥の方法です。

▲間引き作業完了後の畝。間引いた苗も持ち出さずに畝間に置いて有機マルチ材料として活用（スイートコーン）。

▲追肥をしたあと、畝全体に有機マルチを施す。肥料の流失と乾燥防止、雑草抑えの効果がある。

## 過ぎたるは病のもと

肥料のやりすぎは、人間にたとえれば「栄養過多による肥満、高血圧や糖尿病を誘発させる」最大の原因となります。植物世界には、ダイエットも肥満もありません。あるのは自然災害か、人の手による「過剰の災い」です。早く咲いて、早く実をつけてとばかりに水や肥料を与えたら、根っこが悲鳴をあげてしまいます。悲鳴は、葉色や葉のしおれのちょっとした変化として現れます。

母親は赤ちゃんの泣き声を聞いて、なにを訴えているのか聞き分けできるといいます。野菜作りにおいても、根っこの悲鳴をその葉色や草姿で判断し、水も肥料も腹八分にを心がけましょう。栄養過多は禁物なのです。

## 肥料は与えるものでなく「返す」もの

よく肥料を与えるといいますが、土から奪った肥料分をまた返してあげる…という考え方が自然です。これまでは、野菜の病害を恐れて、畑の清掃といいつつ雑草から収穫後の枯れた株や根などの残滓《ざんし》まで、すべての有機残滓を畑の外に持ち出していました。

しかしそうではなく、トマト畑にはトマトの株をすき込む、トウモロコシ畑には茎葉をすべてすき込んで土に返してあげるのです。栽培とは奪い取ることではなく、戻すこと。雑木林がそうであるように、これが自然の循環にかなった方法なのです。

## 根のあるところに肥料はやらない

根は本来、肥料分のないところで肥料を探し求めて伸び、やっとの思いで肥料にたどり着き、根の先端であめ玉をなめるように少しずつ肥料（エサ）を食べるのが自然です。エサはだれかに運んでもらうのではなく、自分で探し求めるのが自然界です。植物の命を支える強い根は、野生の動物が命がけで山野にエサを求めるように、勇猛果敢でなくてはなりません。

そんな根を土の中に縦横無尽に張り巡らすためには、割り肥といって、溝を切って肥料を埋め込み、あえてエサを隠すようにすることが栽培の知恵です。畑の全面（全層）に肥料を散布したり、追肥をあげると、降雨などによって一挙に溶け、これが根を直撃して障害を与えることになります。できるだけ割り肥の元肥だけでの栽培が根に障害を与えず、病気を出さない最善の方法といえるでしょう。

ただ、ホウレンソウやコマツナなど短期作物は例外で、全層元肥施肥にしないと収穫量が期待できません。

### COLUMN 有機系肥料で化学肥料をサンドイッチにする

肥料には、大別して鶏ふん、骨粉、油かすなどの有機系肥料と、硫安、過リン酸石灰、化成肥料などの化学肥料があります。栽培する作物の種類によって、この２種類を使い分けます。

有機系肥料はゆっくり効いてくるので、多くは元肥として使用し、不足分を化学肥料で補うことになります。その際のポイントは、化学肥料を有機系肥料でサンドイッチ状に施すこと。これは、速効性の化学肥料を有機系肥料でくるむことで、その流失を防ぎ、また化学肥料が微生物群のエネルギー源となって、有機系肥料の分解をスムーズに進めてくれる働きをしてくれるからです。

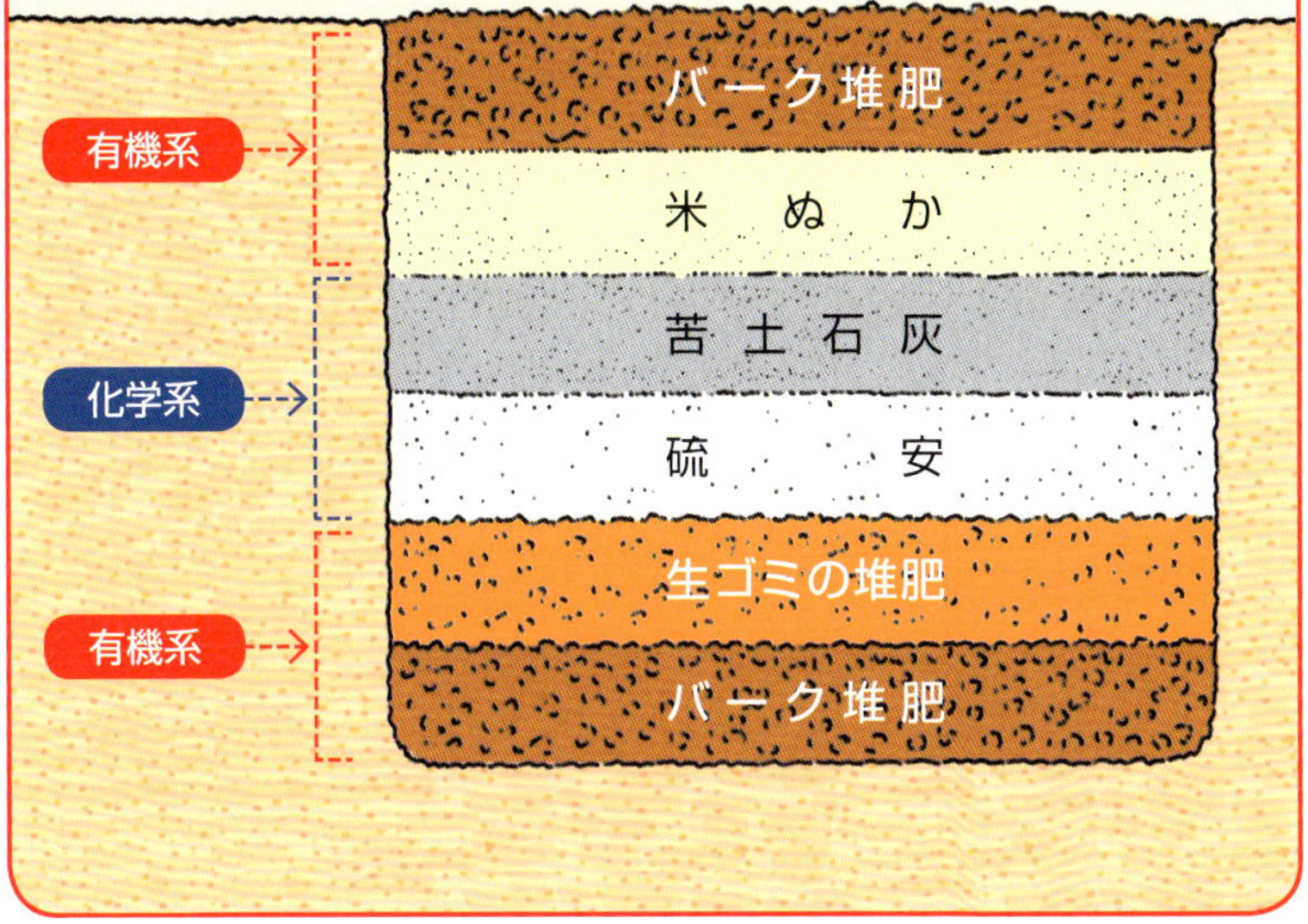

▼トマトを植え付けた畝間に追肥を施す。

▲トマト栽培予定地の畝間深くに元肥を施す。

▲畝間に肥料を求めて伸びてきたトマトの根。

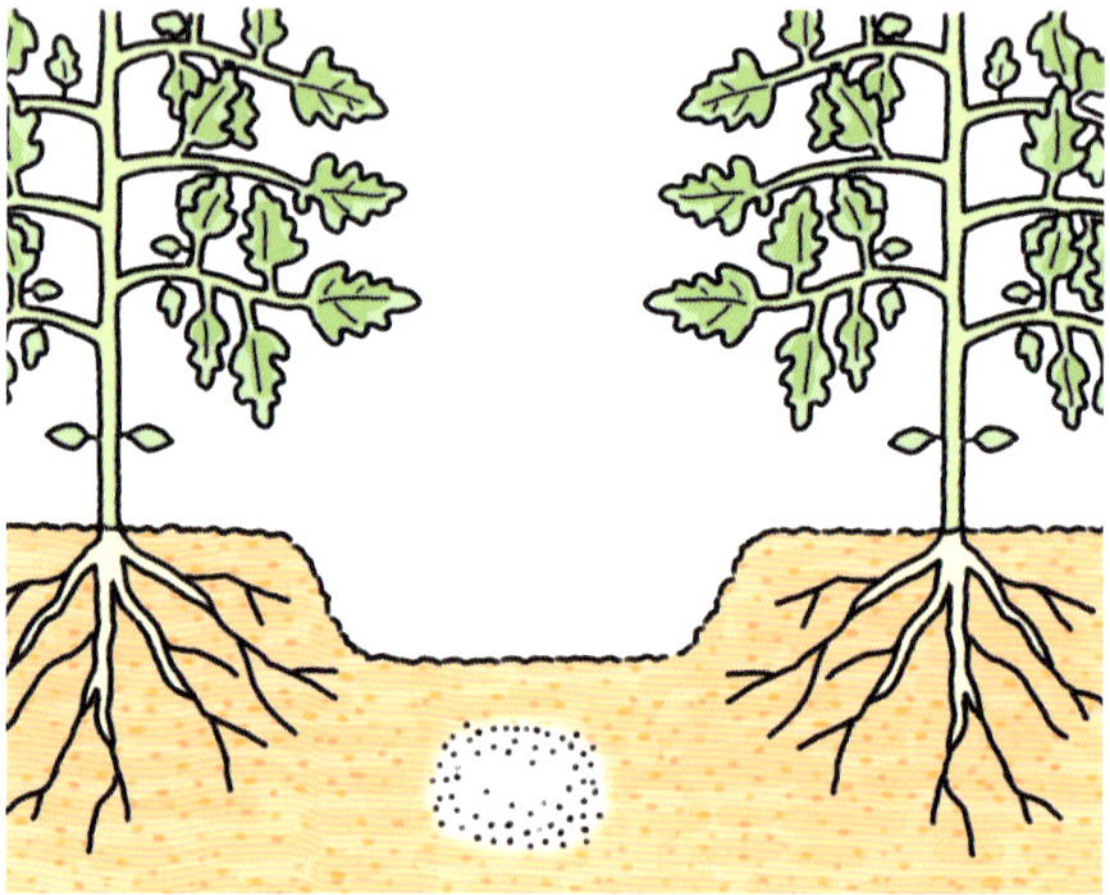

▲根が肥料を探し求めて伸びるように畝間に施肥する。長期間栽培する果菜類などで有効である。

## 有機質系肥料の落とし穴

オーガニックや有機野菜と聞くと、いかにも安全でおいしい野菜と思いがちですが、これは間違いです。有機物であれば何でもよいかというと、そうではありません。使うのは、腐敗した有機物ではなく発酵過程をへた有機物にします。また、良質な有機物

## 割り肥の方法

1 畝の中央に溝を掘り、まず有機系肥料やゆっくりと効く乾燥生ゴミなどを施す。

2 その上から、過リン酸石灰や硫安・苦土石灰などの化学肥料を施す。

3 これをそのまま埋め戻して畝を作る。

でもやりすぎは逆効果で、毒になります。

有機物は、病害虫にとって住み心地のいい場所ですが、良質な有機質肥料は、味噌や酒の仕込みのように発酵過程をへていますので、虫もほとんど寄りつかず、いい匂いがします。逆に、腐敗した有機物には虫もわくし悪臭が漂います。

どちらにしても、有機質を投入する場合は病害虫の住みかとならないように、割り肥にして土壌に埋め込んでしまう方法が有効な手段です。

また、有機物のやりすぎは、土壌中の窒素成分の過剰をまねき、特に葉もの類は、余計に肥料を吸収しすぎて、ガン細胞の発生を誘引する一因とされる硝酸態窒素《しょうさんたいちっそ》が茎葉部に過剰に蓄積されたまま収穫されることになりますので注意が必要です。

発酵製品である酒も味噌も醤油も、私たちが過剰に摂取したら、体にとっては猛毒になることをよくよく知っておくべきでしょう。

# 肥料の見分け方

市販されている肥料には、肥料取締法に基づいて、さまざまな表示がなされていますが、専門用語が多く、非常にわかりづらいといえます。

まず確認したいのは、植物の三大栄養素とされる窒素（N）・リン酸（P）・カリ（K）の配合されている保証成分量（%）と原料の種類です。左ページの保証票がその一例。内容物をよく確認してから購入するようにしましょう。

## 肥料の種類

肥料には有機と化学があり、❶堆肥など微生物の活動を活発にする、❷元肥・追肥で使う野菜の生長に欠かせない栄養成分、❸苦土石灰など土の酸度を調整する、に大別できます。これを上手に組み合わせて使います。

## 土壌改良剤

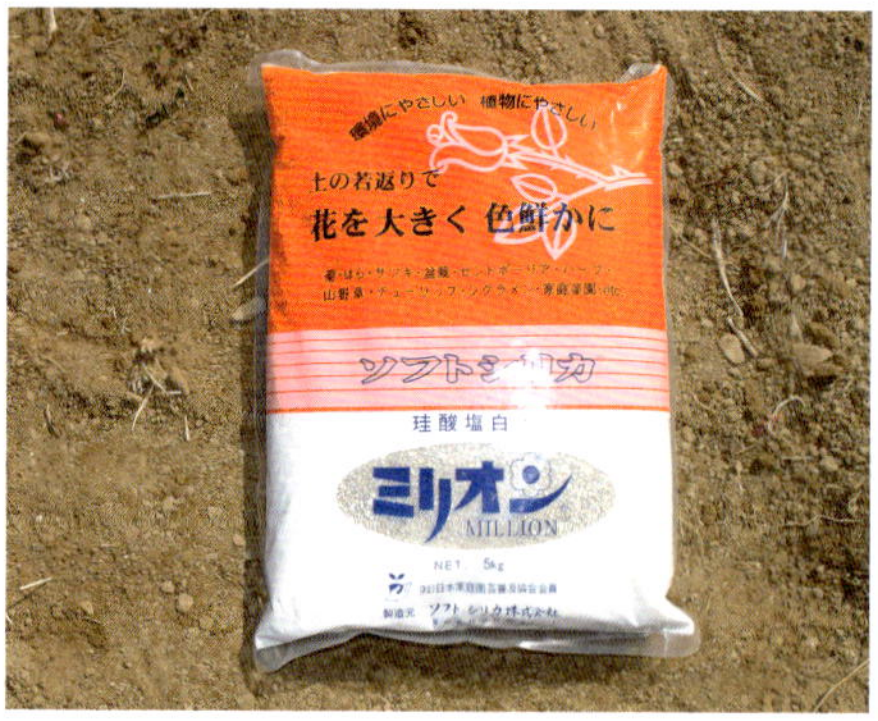


### ミリオン

珪酸塩白土と呼ばれるやわらかい多孔質の粘土。土壌を中性から弱酸性に整えて、団粒化を助ける。これを使えば苦土石灰などは不要で、効果の持続力は石灰の４倍。

## 堆　肥

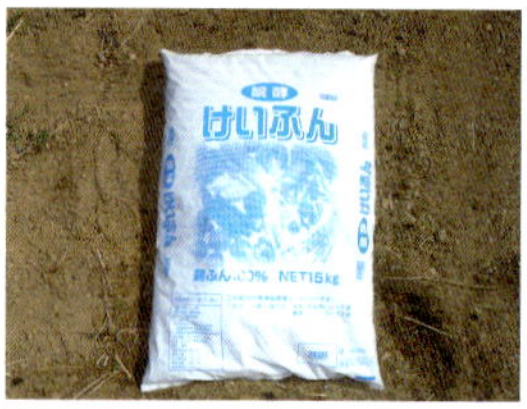


### 発酵鶏ふん

比較的安価な堆肥で、石灰とリン酸、カリ含有量が多いなど、他の有機肥料にはない優れた特徴をもつ。酸性傾向の強い土壌での利用は有効である。

### バーク堆肥

樹皮や、製材時に出る木くずに鶏ふんなどを加えて発酵させ、植物に有害な成分を分解したもの。土壌改良効果と、若干の肥料効果をあわせもつ。

### 剪定チップ堆肥

街路樹の剪定クズや樹皮、枯草などを山積みして堆肥化したもの。有機マルチとしても非常に使いよい。

## COLUMN 活力剤、栄養剤の使い方と注意点

「植物活性剤」とか「植物栄養剤」とかの表示で市販されている資材もよく見かけます。これらは公定基準がなく、肥料成分的には、肥料取締法に基づく肥料として販売するには基準に満たないものです。

その多くは、アミノ酸やミネラル成分などの微量要素を植物体に吸収させ、植物それ自体をさらに健康体にして、病虫害に対する抵抗力を高めたり、おいしさを引き出したりの効果をねらっているもの。

ビタミン剤や滋養強壮剤のような働きと考えてもらってよいでしょう。このため、これらの「活力剤」や「栄養剤」だけでは、肥料不足をまねく恐れがあります。商品名に惑わされずに、生長のために必要な肥料は、肥料として与えて併用するように心がけてください。

## その他

### 乾燥生ゴミ

家庭用の乾燥式生ゴミ処理機で処理した乾燥物。元肥として、堆肥や肥料といっしょにそのまま埋め込んで施用する。生ゴミの材料にもよるが、窒素成分が多めの傾向。

### 生ゴミの発酵液

家庭用の生ゴミ発酵容器から取り出した発酵液。有機質の肥料成分と生きた微生物がたくさん入っている。100倍に薄めてジョウロで株元にやるか、噴霧器で葉面散布する。

| 生産業者保証票 | |
|---|---|
| 登録番号 | 生第○○○○○○○号 |
| 肥料の種類 | 化成肥料 |
| 肥料の名称 | 有機入り化成肥料１号 |
| 保証成分量(%) | 窒素全量 5.0<br>りん酸全量 7.0<br>内水溶性りん酸 0.5<br>加理全量 4.0<br>内水溶性加理 2.5<br>水溶性苦土 0.1 |
| 原料の種類 | 尿素、骨粉質類、動物かす粉末類、化成肥料<br>(使用されている着色材) |
| 材料の種類 | カーボンブラック |
| 正味重量 | 20kg |
| 生産した年月 | 欄外に記載 |
| 販売業者氏名又は名称及び住所 | ○○肥料販売株式会社<br>東京都××× |
| 生産した事業場の名称及び所在地 | ○○株式会社○○工場<br>静岡県×××× |

正味重量の５％が窒素成分という意味

使用している原材料の多いものから記載される

製造過程で使用された肥効成分以外の材料名が記載される

## 追肥、元肥

### 野菜専用肥料

複合肥料。元肥、追肥併用できる。

### 過リン酸石灰

水溶性のリン酸カルシウムを主成分とする速効性肥料。

### 硫安

成分は硫酸アンモニウム。速効性の窒素肥料として、元肥、追肥に併用する。

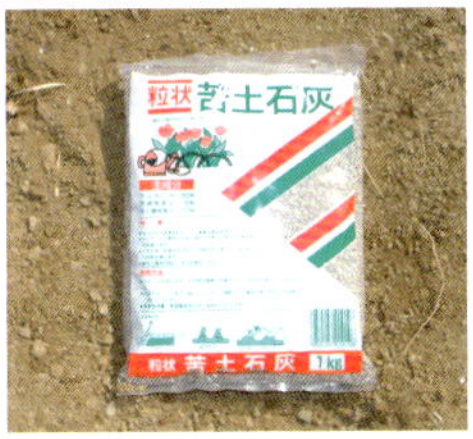


### 苦土石灰

苦土はマグネシウム。石灰はカルシウムのこと。酸性土壌を中和する目的で使用する。

▼“早く、たくさん”と収穫をあせって、肥料を与えすぎることがないように注意する。

Lesson 6

# 土寄せと中耕、除草

## 土の状態をていねいに管理する

▲サトイモの土寄せ。株元までしっかりと土をかぶせていく。

▶クワを使ったスイートコーンの中耕と除草作業。

▲除草はできるだけ早いうちに行う。

土寄せは、間引きや追肥の際に、株元に土を寄せてやる作業をいいます。これは、まだ幼い株が倒れたり、ジャガイモやサトイモ、ニンジンなどの場合、株元に直射日光が当たって変色するのを防ぐ目的で行います。

### 中耕は、微生物の力を借りる

中耕は、固まった土の表層を砕いて、通気性や水はけをよくする目的で行います。ただ、あまり回数を多くしたり、深く耕したりするとせっかく生育した株の根を切ることになりますので、表層を引っかく程度にとどめます。

マルチングをしている畝や通路の場合は、中耕をすることが難しいのですが、この場合は土の中の微生物たちが、その役を担ってくれます。

### 除草した草は持ち出さない

除草は、雑草のタネがつく前に行うことがポイント。時

## 間引きの方法

1 平均的な大きさの株が等間隔になるように残す。

2 ほかは株元から引き抜くか、ハサミで切る。

▲除草した草は持ち出さずに、有機物マルチで利用したり、堆肥にして畑に還元する。

### COLUMN 中耕作業が難しい場合は有機物マルチが効果的

中耕作業は通気性をよくする目的で行いますが、株が大きく育つと、大切な根を切ってしまうため作業が難しい場合があります。畝全体を有機物でマルチングしておくと、微生物やミミズなどが繁殖し、空気の通り道を作って中耕作業の肩代わりをしてくれます。

期を失すると除草前にタネがこぼれてしまいます。乾燥が続いているときは、畑全面をきれいに除草してしまうと余計に乾燥が進むので、抜いたらそのまま地表に放置して土の乾燥を防ぐようにします。

また、除草した草は、畑の外に持ち出さず、有機マルチや堆肥の材料として利用することを心がけましょう。除草した草を通路や畝に敷きならしていくと、雑木林の表層と同じような環境となり、過湿や過乾燥から土を守ることにもなります。

## 間引きの時期

間引きは、株の成長にあわせて順次株間を広げてやる作業のことです。発芽したての幼苗のときは、寄り添っていたほうが風雨にも強いですが、大きくなってくると窮屈になって通気性も悪くなり、徒長して病気発生の原因ともなります。種類にもよりますが、通常は収穫までに2～3回行います。

Lesson 7

栽培管理や収穫作業を効率よくする

# 支柱立て、誘引、整枝

DVD 11

野菜の中で、葉菜や根菜は特に支柱立ての必要ありませんが、地上部が大きく育つ、トマトなどの果菜類、インゲンなどの豆類の多くは、放任して栽培すると、強い雨風で茎葉が折れたり、つるが四方八方に伸び放題となったりして、病害虫も発生し手が付けられない状態となってしまいます。そのため、支柱を立てて茎葉を誘引《ゆういん》して固定し、整《せい》枝《し》、収穫作業を容易にする方法をとります。

## 支柱立ての方法

つる性の野菜や果実を収穫する果菜類の多くは、支柱を立てて栽培します。これは、立体的に栽培することで狭い面積を効率よく利用するだけではなく、その後の整枝などの栽培管理や収穫作業が容易になること、葉によく日が当

### 支柱立ての種類

合掌式

支柱を斜めに差し込んで上部で交差させ、交差したところに支柱を横にわたして補強する方法。雨風にも強く、重みにも耐えるので、トマトやキュウリ、ニガウリなどの果菜類に向く。

直立式

エンドウやインゲンなどのつる性野菜や、短期間で栽培を終える場合は、簡易な直立式でもよい。ただ、強風には弱いので、横にも支柱をわたして強化しておくとよい。

ドーム式

軽量のパイプ管をドーム状につなぎ合わせて組み立てる方法。非常に強固であり、畝間の空間も広く確保できるので、管理作業が楽にできる。トマトやキュウリなど長期間栽培する果菜類に多く利用されている。

たるなどの利点があります。
支柱の立て方は、合掌《がっしょう》式や直立式などの方法が一般的ですが、最近ではパイプ管を利用する方法も増えてきました。

## 誘引の方法

支柱に茎葉部を固定してやる作業が誘引です。ビニールタイや麻ヒモなどを使って、株全体が動かないように、また葉全体に光が行き届くように、バランスよく配置しながら支柱に固定していきます。

茎葉は生長とともに太く大きくなっていくので、茎部にいくらかゆとりをもたせるために、ヒモを8の字に交差してから支柱に結び付けます。

## 整枝の方法

整枝は、文字どおり枝葉を整理することです。ウメやナシなど果樹の整枝・剪定作業と同じく、目的とする収穫物を確実に着果させるために欠かせない作業です。整枝の主な目的は次のとおりです。

①枝葉への日当たりや風通しをよくして、光合成を活発にさせ、果実へ養分がまわるようにする。

②株元の蒸れをなくして、病気の発生を予防する。

③つる性の野菜は、果実がつきやすい枝葉が決まっているので、この枝葉の発生をうながす。

④成り疲れを起こしたナスでは、収穫を休んで株を養生したのち、新しい枝葉の発生をうながして、再び良質の果実の収穫をする。

### 誘引の方法

▲ヒモは支柱と茎の間で、８の字に交差させてから結ぶ。

▲ヒモ以外に市販のゴム製誘引キットを使う方法もある。

### 整枝の方法

▲収穫のピークを過ぎたナスでは、整枝を行って新しい枝葉の発生を促し、再び良質の果実を収穫する。

◀ニガウリの株元近くから出てくる子づるは、風通しをよくするために切り取る。

Lesson
# 8

## 園芸資材を使いこなして野菜を守る
# ベタがけとトンネル

DVD 6 10

園芸資材は種類も用途もさまざまなものが市販されていますが、ここでは、特に栽培環境の光と温度を調節し、強風から株を保護し、また病虫害や鳥害から野菜を守る目的で使用する資材の一部について紹介します。これら資材をうまく使いこなすと、これまでとは違う生育ぶりに眼を見張るかもしれません。

### ベタがけの資材と使い方

「ベタがけ」とは、不織布や化繊でできたネットなどで、畝や畑全体を覆うことをいいます。地表面を直接覆う方法と、少し空間を設けて覆う方法とがあります。

ベタがけに用いられる資材は透けて見えるほどの薄いものですが、タネまき時や、その後の健全生育に予想以上に高い効果を発揮します。

### ベタがけの方法

1 タネまき直後に畝全体を不織布で覆う。

2 風で飛ばされないように、シート押さえで端をとめる。

〔ベタがけ資材の種類と特徴〕

| 種　類 | | 効果 | 光透過率 | 特　徴 |
|---|---|---|---|---|
| 不織布 | 長繊維不織布 | 保温・虫害防止<br>水分蒸発抑制<br>防風 | 80〜90% | 安価。保温性は高いが、通気性には劣るので、高温時には注意が必要。 |
| | 割繊維不織布 | 保温<br>虫害防止<br>防風 | 80〜90% | 耐用年数は長い。温度低下とともに素材が収縮するので、夜温の保温には優れるが、湿度は低下しやすい。 |
| 寒冷紗 | | 保温・虫害防止<br>水分蒸発抑制<br>防風・凍霜害防止 | 70〜80% | 通気性、吸水性があり、強い日光をさえぎる。保温、凍霜害を防ぐ効果も高い万能資材。 |

## トンネルがけの方法

1 トンネル用支柱を畝まわりに差し込んだ上から、寒冷紗で覆う。

2 トンネルの両端をとめる。

3 強風で寒冷紗が持ち上がるのを防ぐため、寒冷紗を押さえ込むようにしてトンネル支柱を斜めに差し込んでおく。

〔トンネル資材の種類と特徴〕

| 種　類 | 特　徴 |
| --- | --- |
| 普通フィルム | 保温効果は高いが、通気性ないので朝夕に換気が必要。 |
| 穴あきフィルム | 保温効果はやや劣るが、換気の省力がはかれる。 |
| 防虫ネット | 保温、防風効果が高く、通気性もある。ネットの目合いが小さければ、コナジラミやハモグリバエなどの小さな害虫の侵入を防げる。 |
| 遮光ネット | 日光をさえぎる目的で使用する。遮光率50〜90%の範囲があり、栽培品目と時期によって使い分ける。防虫、防風効果もある。 |
| 寒冷紗 | 通気性、吸水性があり、強い日光をさえぎると同時に、保温、凍霜害を防ぐ効果も高い万能資材。織り方や色違いなど多くの種類がある。 |

▲トンネル内で育つチンゲンサイと玉レタス。メッシュの細かい防虫資材を使えば無農薬栽培も可能。

## トンネルの資材と使い方

「トンネル」とは、プランターや畝にトンネル用支柱をわたして、これに前述のベタがけ資材やトンネル資材で覆うことをいいます。出来上がりがトンネル状になることから、この呼称があります。

寒冷紗《かんれいしゃ》や不織布は、強い日照の緩和、乾燥防止、防虫などの目的で多用しますが、ビニールフィルムやポリエチレンフィルムなどは、主に保温用として使用し、寒い時期でもトンネル内であればタネまきができるほど保温力があります。

このトンネル資材とべたがけ資材、マルチ資材との併用によって、農薬の使用量を少なくすることができます。

また、ホウレンソウやコマツナなどの葉菜類や、カブ、ダイコンなどの根菜類は、タネまきから収穫まで一貫してトンネル内で栽培すれば、無農薬栽培も十分可能になってきます。

Lesson

# 9

# 農薬ばかりに頼らない方法で 病害虫を防ぐ

害虫の卵や幼虫は、見つけたら捕殺するのが最善の方法です。卵やアブラムシやハダニなどは、毛玉をとる要領でガムテープをべたべたとはりつけると、思いのほかよく捕殺できます。

## 不織布と寒冷紗の活用

寒冷紗《かんれいしゃ》や不織布《ふしょくふ》は、私たちが着ている衣類のようなもの。私たちが暑ければTシャツを着て、寒ければセーターを着るのに似て、これをうまく使えば、強い直射日光や軽度の暑さ・寒さから野菜を守ることができます。害虫の侵入を防ぐ効果もあるので、種類によっては無農薬栽培も可能になります。

寒冷紗には白と黒がありますが、一般的に白は25％の遮光、黒は50％の遮光ができま

▲白い寒冷紗によるトンネル。

| 病気の種類 | |
|---|---|
| ウィルス病 | ウィルス感染すると、生長点付近の新葉の萎縮や果実の奇形など、株全体にジワジワ症状が現れる。ウィルス感染した株を放置しておくと、アブラムシが媒介してさらに被害が拡大するので、焼却処分すると同時にアブラムシ防除を行う。 |
| ベト病 | 葉の表面に淡黄色の斑点が発生し、しだいに拡大して、ひどいときは葉が枯死する。曇天や雨天が続き、野菜が軟弱に育っていると多発する。 |
| ウドンコ病 | 葉の表面がウドンコ粉をかけたように、白いカビで覆われる症状。春先、窒素肥料が多すぎて、日照不足、乾燥気味の天候が続くと発生しやすい。 |

〔害虫の種類〕

### ウリハムシ

幼虫はキュウリやカボチャなどウリ科の細い根を食害し、ひどいときは枯死させる。4月中～下旬になると、成虫がいっせいに飛来してきて葉を食害する。

### アブラムシ

新葉、花、つぼみなどに群生して寄生し、汁液を吸いとる。回復手だてのないウィルス病を媒介するので、ガムテープなどで早めに捕殺する。

### ヨトウムシ

春から秋にかけて発生する。雑食性で若芽・葉・果実など、手当たり次第に食害する。分散して被害が急速に広がるので、幼虫のうちに処分する。

〔 植物の相性と特徴 〕

| 相性のよい組み合わせ | |
|---|---|
| 科の異なる植物 | ●ナス科とユリ科<br>●イネ科とアブラナ科<br>●イネ科とマメ科 など |
| 短期間生育のものと長期間生育するもの | ●コマツナとネギ<br>●サラダナとトウモロコシ など |
| 葉菜類と根菜類 | ●ホウレンソウとゴボウ<br>●ホウレンソウとサトイモ など |
| 草丈の低いものと高いもの | ●コマツナとトウモロコシ<br>●ニラとキュウリ<br>●ニラとトマト など |
| 光を好むものと弱い光でも育つもの | ●インゲンとミツバ<br>●ナスとミツバ<br>●キュウリとミツバ など |
| 高温を好むものと好まないもの | ●ササゲとコマツナ、パセリ<br>●ニガウリとコマツナ、パセリ<br>●オクラとコマツナ、パセリ など |
| 病害虫の嫌いなもの | ニンニク、ネギ、ニラ類は強力で各種野菜や花を病害虫から守る。ただし、マメ類には逆効果なので要注意。 |

| 相性の悪い組み合わせ | |
|---|---|
| グラジオラスとマメ類 | インゲン、エンドウなどのマメ類には強い有害作用がある。 |
| セージとキュウリ | セージはキュウリの生育を妨げる。 |
| ニンニク、ネギ類とマメ類 | ニンニク、ネギ類はマメ類の生育を抑えてしまう。 |
| ミント類、ヒソップとラディッシュ | ミント類はラディッシュの生育を抑え収穫量が落ちる。 |
| ヒマワリとマメ類、ジャガイモ | ヒマワリはマメ類やジャガイモの生育を妨げる。 |
| イチゴとアブラナ科 | イチゴはキャベツやブロッコリーなどのアブラナ科の生育を妨げる。 |

す。7月に黒の寒冷紗をかければ、4月か10月の日差しになり、白をかければ5月か9月の日差しに軽減できるというわけです。

## コンパニオンプランツの活用

「コンパニオンプランツ」とは「共生植物」ともいわれ、近くに植えたり、混植したりすると、お互いによく育ち、病気にも強くなる相性のよい植物のことです。

　このコンパニオンプランツを利用すると、虫を寄せつけず、根張りや色つやのよい植物を育てる力になってくれます。ハーブ類も含めて、独特の香りや臭みのある植物の効果が高いようですが、効果は一定ではなく、どのような比率で混植したらよいかなど不明な点も多いので、あくまで参考としてください。

　そのなかでもおすすめはネギとニラ。彼らの根から出る成分は、土壌伝染性の病原菌を抑える効果があり、食用にもなって一石二鳥です。ただ、エンドウやスイートピーなどの豆類は彼らを嫌って、逆に生育が悪くなります。植物も相手を選ぶので、利用する際は注意が必要です。

▼畑のあちこちに自生するネギ。根から出る成分には土壌伝染性の病原菌の増殖を抑える効果がある。

## 食品の忌避効果を利用する

身のまわりにある食品や植物に含まれる特異な成分を抽出して、これを薄めて散布し、予防的に殺菌、忌避効果を期待する方法があります。ただ、抽出した原液は薬効成分が濃いですから、薄めずに使用すると大切な植物それ自体を傷めてしまうことになりますので、十分な注意が必要です。散布前に、問題とならない場所に試験的に散布して様子をみたほうが安全です。

いずれにしても、これらはあくまでも虫を寄せつけない、菌の繁殖を抑えるなどの効果を期待するもので、たとえていうならば漢方薬に近い考え方です。絶対的な殺虫、殺菌効果ではないので、被害甚大な場合は、西洋医学的に薬剤散布が必要になることもあるでしょう。この場合、農業資材販売店などで、品目ごとに使用が認められている「登録農薬」であることを確認してから使用してください。

### 食品の忌避効果

**トウガラシ ＋ ニンニク**

トウガラシの持つ辛さ成分であるカプサイシン、ニンニク特有の臭い成分であるアリシンや辛さの刺激は、殺菌と害虫の忌避効果に優れています。一般的には、これらの有効成分を煮出したり、酢や焼酎に漬け込んで溶脱させる方法をとりますが、市販のペッパーソースは、水で100倍に希釈して薄めるだけで簡単に使えます。

**コーヒーの豆カス**

コーヒーを入れて飲んだあとの豆カスが、害虫除けに効果があります。コーヒーに含まれるカフェインなどの成分を土壌線虫やアブラムシが嫌うので、豆カスを堆肥や土に混ぜて、野菜や花の株元の表層にできるだけ厚く敷きつめます。

**食酢 ＋ みりん ＋ ニンニク**

食酢、みりん、ニンニクを混合して散布すると、アブラムシやアオムシ除けに効果的。特にチョウが寄り付かなくなるので、産卵防除によい方法です。

〔害虫よけ散布剤の作り方〕

1. 食酢：みりん＝9：1の混合液に、おろしニンニク5～6片分を加えます。
2. この原液を濾して、原液30～50㎖を水1リットルで薄めて散布します。

〔害虫に強い植物〕

**ゼラニューム**

キャベツ、バラ、エダマメなどの生育を助け、防虫効果がある。

**アサガオ**

トウモロコシ、インゲンなどに絡ませると虫除け効果がある。

**マリーゴールド**

トマトの風味をよくし、マメ類、ジャガイモ、バラなどの害虫を防ぐ。

**ローズマリー**

病害虫はほとんど発生せず、モンシロチョウやヨトウガが近寄らない。

**バジル**

トマトやナスの風味をよくしブロッコリーにつくアブラムシ、アオムシを減らす。

**タイム**

蜂を招き、害虫を近寄らせない。キャベツ、ブロッコリーの生育を助ける。

# PART 2

VEGETABLES THAT GROW IN THE SPRING

# 春作野菜の栽培方法

ウリ科

# キュウリ

難易度 ★★★

栽培カレンダー

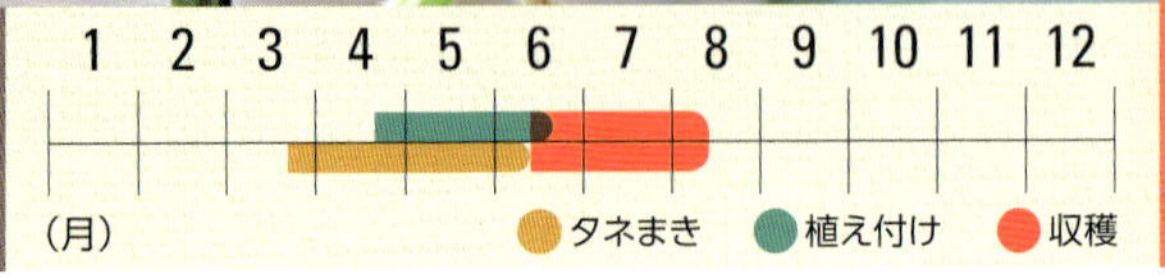


※連作不可（2～3年休む）。接木苗は連作可

## まっすぐキュウリと曲がりキュウリの分かれ道

まっすぐでおいしいキュウリは、果実のタネの生長が順調な証拠。その良し悪しは、雌花にあらわれます。

小さなキュウリ表面のイボイボが全体的にバランスよく発生して、特に中央部に多いのはまっすぐ伸びておいしいキュウリになり、イボが果実の先端にかたよっていると、曲がりや苦味のあるキュウリになる赤信号です。これは果実のタネの生長が悪い証なので、リン酸中心の追肥で樹勢の回復をはかります。

### プロが教える栽培ポイント

肥料の過不足はツルの伸び方を見て判断できます。不足の場合はツルが真横から下向きになり、水分不足の場合はらせん状に巻いてしまうので、それとわかります。

## タネまき
―ポット移植―

### 1 タネを準備する

キュウリのタネは品種によって大きさが違うが、できるだけ充実しているタネを選んでまく。

### 2 ポットにタネをまく

タネの平べったい面を上にして、1粒ずつおいていく。おいたタネを上から少し押さえつける。

### 3 タネが発芽した様子

タネまき後1週間前後で発芽する。2週間程度で子葉も展開してくる。

# 畝作り

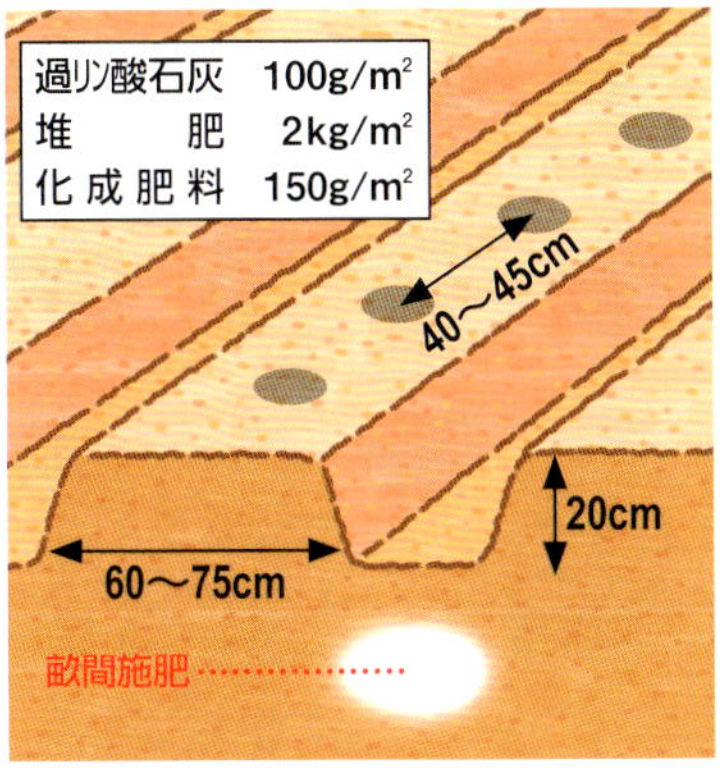


## 1 溝を掘り堆肥を投入する

植え付け予定の場所に溝を掘り、掘った溝にそって堆肥を入れていく。

## 2 元肥を投入する

堆肥のあとに、化成肥料と家庭から出た生ゴミの乾燥物と有機肥料を元肥として入れる。

▼土をかぶせて、土と密着するように足で転圧する（押し固める）。

## 3 畝をきれいにならす

幅60～75㎝、高さ20㎝を目安とし、レーキできれいにならして畝を作る。

**プロのコツ** 2条植えの場合は、畝幅 120 ㎝とする。

## 4 苗を1株ごとに移植する

本葉が見え始めたら、苗をポットから取り出す。できるだけ根を切らないように、1株に分け、用意したポットに、苗を1株ずつ移植する。

### キュウリの定植苗

本葉３枚が定植時期。子葉がしっかり残って、がっちりした苗を選ぶ。

**プロのコツ** 市販されている苗には、病気に対して抵抗性のある台木を用いた接木苗がある。この場合には、必ず接合部分が土の上に出るように植え付けすること。

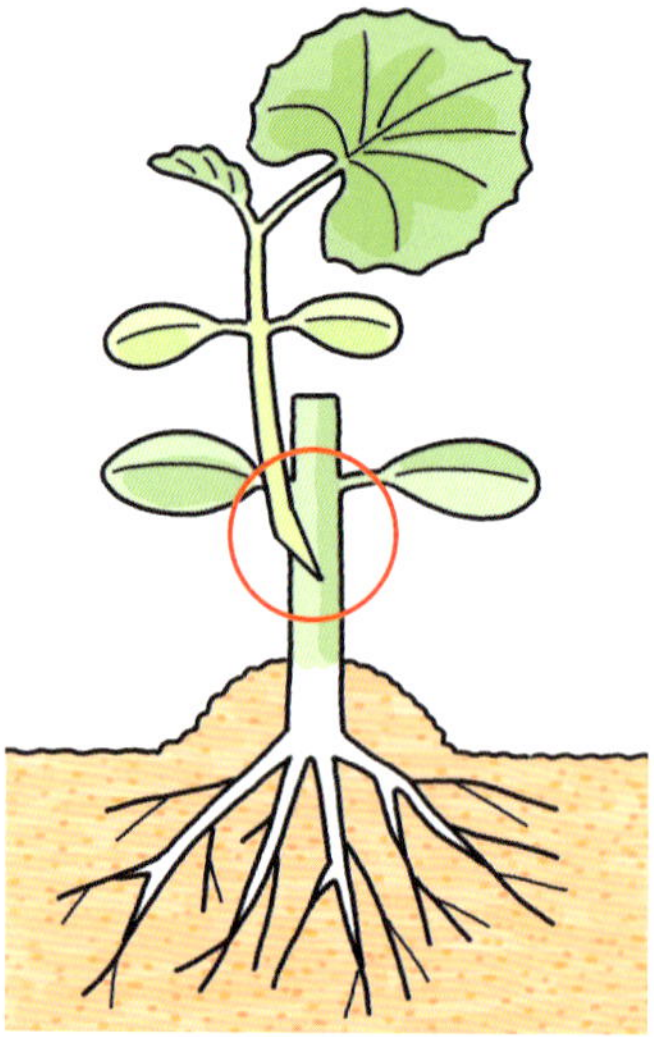

## 植え付け

### 1 苗を植え付ける

株間40～45㎝を目安に植え付け位置にポットを並べる。ポットから苗を取り出して植え付けていく。

▼根を切らないように気をつけて植える。

▼株元を押さえながら苗を取り出す。

## 品種紹介

キュウリは品種改良の進んでいる野菜のひとつで、多くの品種があります。栽培したい時期や場所、好みに合わせて品種を選びます。

### 長《ちょう》華《か》2号

長形の四葉系キュウリ。50 ㎝以上になっても黄色くならず、歯切れよく味がよい。ウドンコ病やベト病に強いので作りやすい。

Photo：みかど協和

### 四《し》川《せん》

見た目ゴツゴツした感じのする短形の四葉系品種。漬物だけでなく生食でもシャキシャキした食感が楽しめる。

Photo：カネコ

# 雌花の摘み取り

## 1 雌花を摘み取る

株元から５～６節の間に出てくる子づるや雌花は、株の生育を弱めないために早めに摘み取る。

**プロのコツ** 苗の生長に合わせて、40 ㎝間隔を目安に誘引していく。

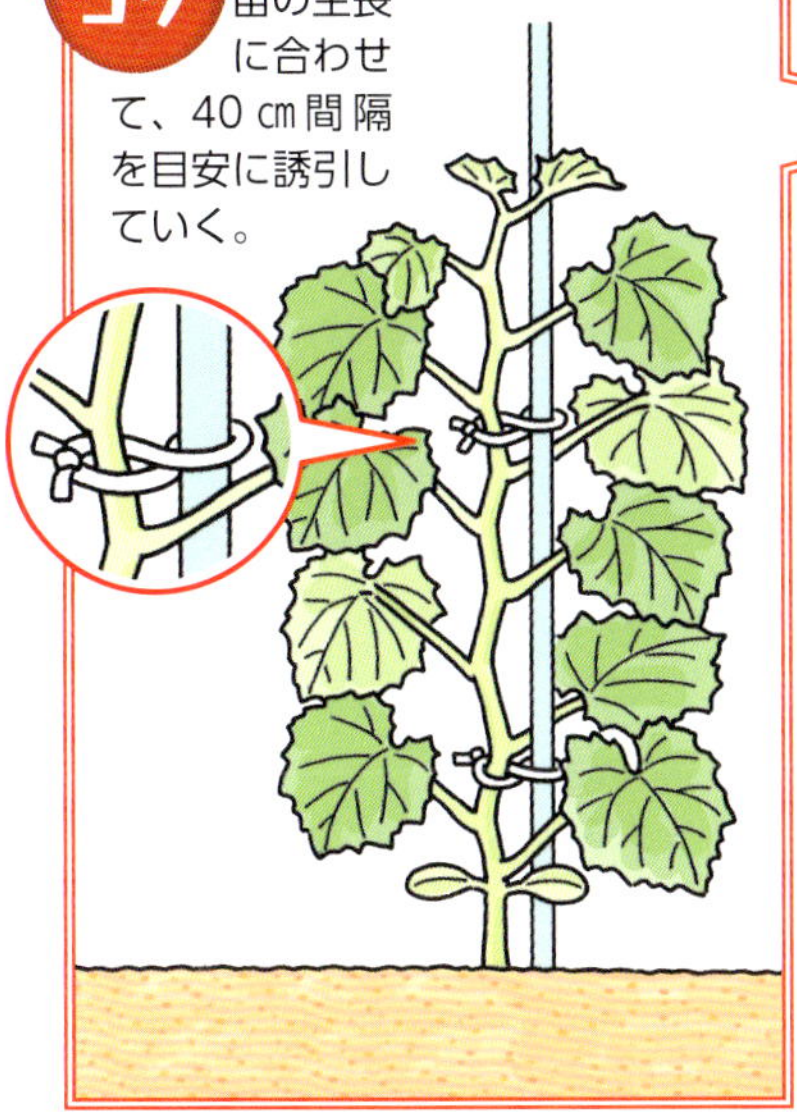

# 有機マルチと誘引

## 1 水をまく

植え付けのあと、風で倒されないように、仮支柱に誘引し、十分に水をやる。

## 2 有機マルチを敷く

水やり後、稲わらやバークなどの有機物を表面に敷きならしてマルチングする。

▼生長に合わせて、支柱に張ったヒモなどに誘引していく。

## ミニQ

果長８～10 ㎝のミニキュウリ。丸ごと浅漬けや、もろきゅうとして食べるとおいしい。

Photo：トキタ

## フリーダム

果実にイボのないキュウリ。キュウリ独特の青臭さや渋みが少なく、サラダや浅漬けに適する。

Photo：サカタのタネ

## 夏《か》秋《しゅう》節《ふし》成《な》り

節間短く摘心や誘引作業が楽。ウドンコ病に強く、成り数も多く、支柱仕立て、地ばい栽培両方に向く家庭菜園に好適な品種。

Photo：埼玉原種

# 収穫

## 1 収穫する

果実の長さが18～20㎝になったころが収穫の目安。大きくならないうちに、どんどん収穫する。

**プロのコツ** キュウリ果実の生長は早いので、週末菜園の場合は、やや小さくても早めに収穫して株を疲れさせないこと。

# 追肥と水まき

## 1 追肥をする

株の生育状況にもよるが、月２回ほど、畝の肩口付近に追肥をやる。

**プロのコツ** 追肥は、根の生長に合わせて散布場所を変えていく。最初は畝の肩口に。次回は畝間というように、株元から少しずつ離していく。

### 変形果にしないために

曲がりキュウリや尻細キュウリ、尻太キュウリは、土壌の乾燥と肥料成分がかたよっている証拠。元肥で有機質肥料をたっぷり投入しておくことと、土を乾燥させない有機マルチ・水やりで防ぐ。

尻細キュウリ

## 2 水をまく

乾燥が続く場合は、畝間に適宜散水して土壌水分を保つ。

**プロの知恵袋**

## 親づるが支柱の先端に届いたら、主枝を摘心して子づるを伸ばす
ここで追肥と水やりを続ければ、さらに収穫を楽しめます。

キュウリは品種によって、実のつき方に違いがあります。最近の品種は、果実表面につくイボが白い系統が多くなっています。図は白イボのとび節成性品種の整枝の仕方です。

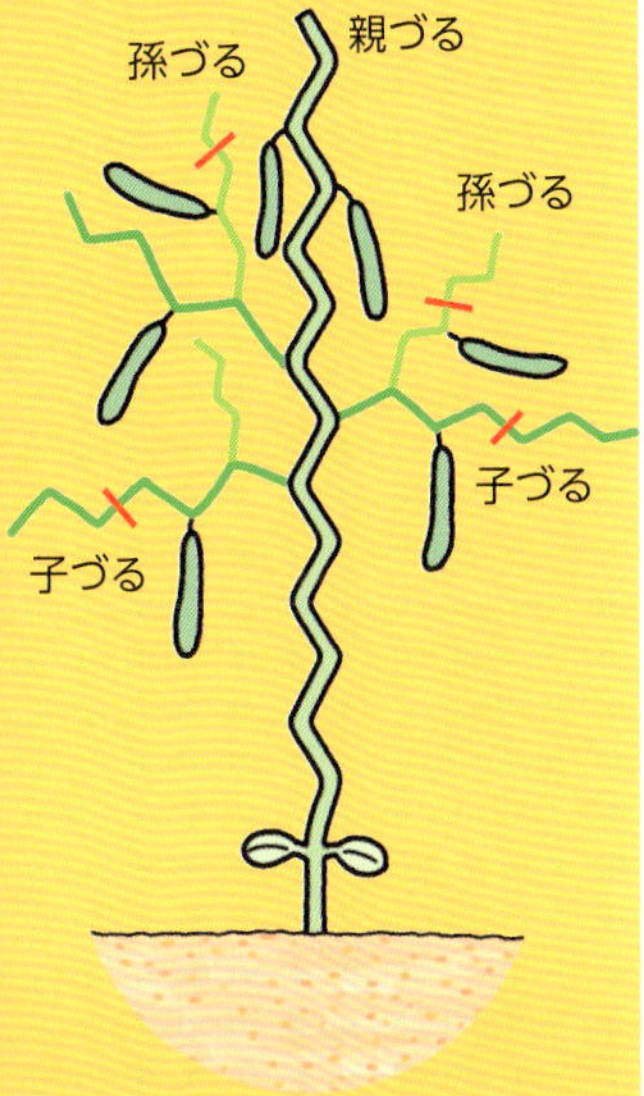


５節までの子づるはすべてかきとる。孫づるも２葉残して摘心する。

## 病害虫の防ぎ方

### ウリハムシ

幼虫は株元周辺の土中で根を食い荒らし、成虫になると体長７〜９㎜となり、春５月ごろからウリ類の葉に集まって食害する。

**対策法** 株の周辺を防虫ネットで覆い、成虫の飛来を遮断する。ひどいときは登録農薬の散布で防ぐ。

ナス科

# ナス

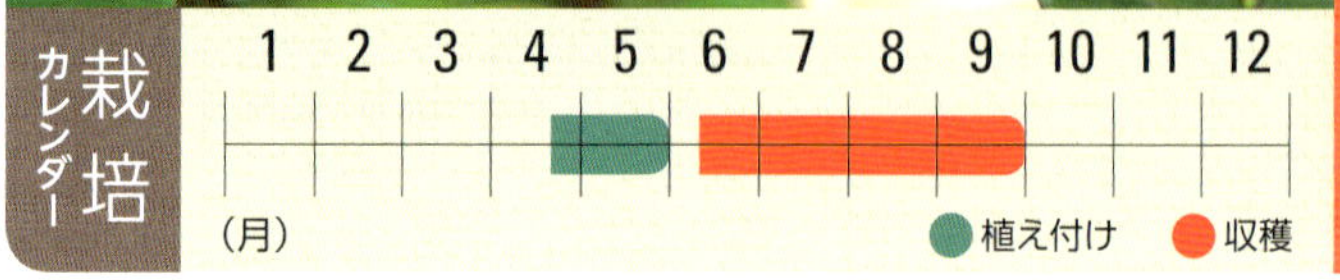


難易度 ★★☆

※連作不可（4～5年休む）。接木苗は連作可

## ヘタとガクで生育状況を見分ける

ナスのヘタとガクは、蕾《つぼみ》や花、果実を高温や乾燥、強光線から守るヒサシと、水分や養分を送り込むポンプの役割を果たしています。このヘタとガクが、上から見てきれいに同心円状についていれば、果実のタネの生長がよく、おいしいナスになります。

リン酸や日照が不足すると、ガクとヘタのつき方が不均等になって、肥大ぐあいも果皮の光沢も悪い、かたいナスになるので、栽培管理の目安にしてください。

### プロが教える栽培ポイント

7月下旬～8月上旬になると枝葉が繁茂して、日当たりが悪くなりますね。各枝に2～3枚の葉を残して強剪定を行うと、わき芽が伸びて、9月に入るとおいしい秋ナスを収穫できます。

## 畝作り

### 1 元肥を投入する

深さ40～50㎝の溝を掘り、ここに元肥として、堆肥、有機系肥料、過リン酸石灰などを投入する。

▼これを埋め戻し、通路とする。

▼幅60～75㎝、高さ20㎝の畝を作る。

## 植え付け

### 苗を選ぶ

節間がつまり、葉色濃く、葉が大きくガッチリした苗を選ぶ。

### 1 苗を並べる

株間60㎝を目安に、定植位置にポットを並べる。

### 2 苗をポットから取り出す

ポットから苗を取り出す。根を切らないように注意する。

## マルチがけ

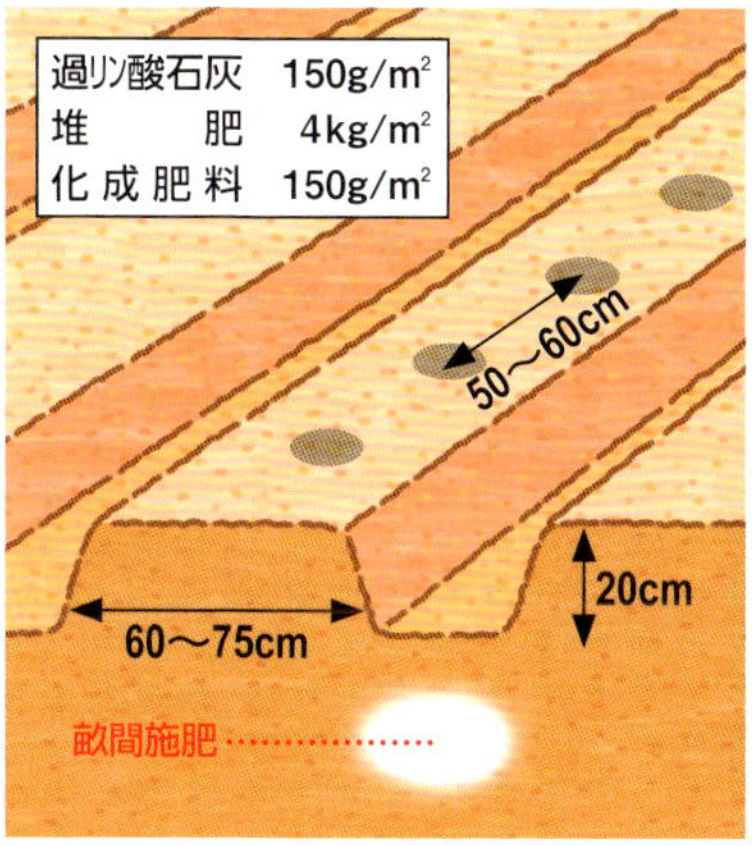


### 1 マルチフィルムを準備

ナスは地温が上がらないほうがよいので、透明マルチではなく、幅90㎝の黒マルチを準備する。

**プロのコツ**

マルチ押さえは、強風によるあおりを防ぐ意味でも必ずやっておきたい。

### 2 マルチをかける

フィルムを周囲の土を寄せて押さえ、中央部にマルチ押さえを差し込んで止める。

## 3 苗を植え付ける

フィルムに穴を開け、苗を定植する。このとき、穴から風が吹き込まないように、土でしっかりとふさぐ。

▼定植の完成。

# 有機マルチ

## 1 有機マルチを敷く

フィルムマルチの上から、枯草などで覆う。

▼有機マルチの事例。

**プロのコツ** ナスは夏場に地温が上昇しすぎると、根を傷めて、株が弱る傾向があるので、フィルムマルチよりも有機マルチがおすすめ。

# トンネルがけ

## 1 骨を作る

活着促進と定植直後の風防止・害虫の飛来を防ぐ目的でトンネルをかける。

## 2 不織布で覆う

トンネルの資材には、寒冷紗か不織布などを使用する。

**プロのコツ** トンネル資材の両端を、支柱や棒切れなどに止めると被覆作業が容易である。

▼不織布によるトンネルの完成。

新根が出始めたトンネル内の苗の様子。

## 整枝

**三本仕立ての方法**

株元に近くから出てくる側枝はすべて取り除き、最初に咲いた花（1番花）の上下の側枝と、主枝を伸ばして三本仕立てとする。

### 1 側枝を取り除く

残した2本の側枝の下から発生している側枝（わき芽）は、すべて取り除く。

### 2 強い側枝を残す

1番花の下から出る、強い側枝2本を残す。

## 収穫

### 1 収穫の時期を見る

中長系品種では果長10㎝くらいから収穫する。早めに収穫すると株が長持ちする。

### 2 主枝を支柱に誘引する

株元から10㎝くらいの主枝を支柱に誘引する。誘引にはゴム素材のものなどいろいろある。

## 支柱と誘引

### 1 支柱を立てる

株が生育してきたら、1株に1本の支柱を立てる。

### 追肥の時期は雌しべを見て決めます。

ナスの場合、花の雄しべと雌しべの長さが、生育ぐあいを判断する材料となります。中央に突き出している雌しべが長ければ正常で、生育良好。雄しべのほうが長い場合や花が落ちる場合は、肥料や土壌水分が少ないシグナルですので、追肥をやるか、畝間に水をやるかなどで対応します。

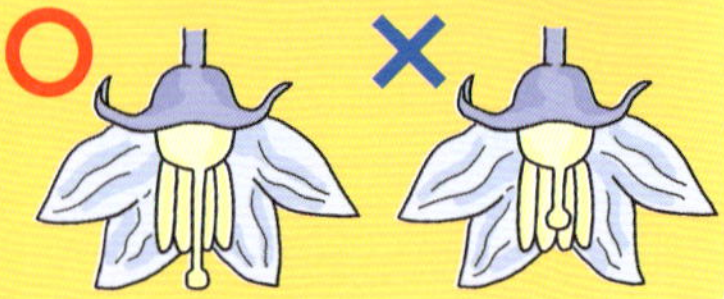


## 品種紹介

ナスは中国から渡来した歴史ある野菜です。これが長い時間を経て、日本各地で個性的な品種に生まれ変わりました。

### 千《せん》両《りょう》二《に》号《ごう》

果皮がやわらかく、果実のそろいもよい、日本のナスの定番となった長卵形品種。最も食べ慣れているナスのひとつ。

Photo:タキイ

### くろわし

ヘタが緑色の果重 250 ～ 350 g前後の大型米ナス。米ナスのなかでは、熟期が早く着果数も多い。

Photo:タキイ

# 剪定

## 1 生育状態を見る

7月下旬になると、枝葉が混み合い、日当たりも悪くなって果実の質も落ちてくるので更新剪定を行う。

## 2 剪定する

1枝に2～3芽を残して、すべて切り落とす。場合によっては、葉をすべて切り落としても問題ない。

### 剪定後の状態

剪定後の樹形。枝に小さな果実や雌花があるからといって、切らずに残してしまうと更新の意味がなく、かえって株を弱らせることになるので、思い切りのよさが肝心。

## 2 果茎は二回切りする

まず果茎を枝元から切り離す。その後、果茎を切り落とす二回切りしたほうがきれいに収穫できる。

### 収穫したナス

## 新《しん》長《なが》崎《さき》茄《な》子《す》

九州特産の果長38～40㎝で先とがりの大長茄子。果皮薄く、曲り少ない。焼きナス、煮物に向く。

Photo:中原採種場

## 山《やま》形《がた》系《けい》梵《ぼん》天《てん》丸《まる》

薄皮で歯切れのよい山形在来系を改良した一口サイズの小ナス。浅漬けや辛子漬けなどに向く。

Photo:渡辺採種場

## ごちそう

果長7～8㎝、果重60～70 gで収穫する小ナス。果肉が緻密なのでサラダや浅漬け、みそ汁やスパゲティの具などに向く。

Photo:サカタのタネ

ナス科

# トマト

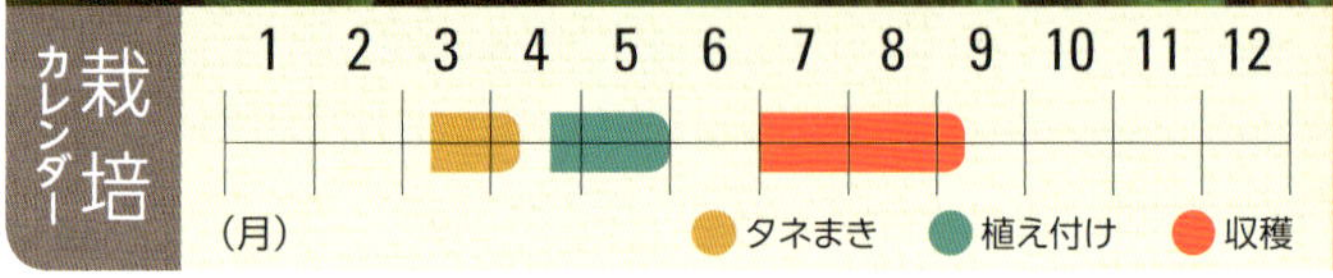


難易度 ★★★

※連作不可（3～4年休む）。接木苗は連作可

## 第一花房の確実な着花が連続収穫の基本！

トマト苗はやや徒長気味で少し弱々しいものを選ぶようにします。この苗の最初の花がつくまでは、肥料、水やりともに控えます。以降は十分に水をやり、根が伸びだすのを待ちます。

糖度をあげるために潅水をひかえて乾燥気味に育てることもありますが、これだと収穫するうちに株が疲れて、おいしさも収穫量も激減します。水と肥料を十分に与えて連続収穫するのが、トマト栽培の醍醐味といえるでしょう。

### プロが教える栽培ポイント

トマトを連続収穫できる株に育てるには、十分に根を張らせることが重要です。土の乾湿が極端だと根が傷むので、やや高畝にして割り肥を施し、有機マルチを併用しましょう。

## タネまき
—ポット移植—

### 1 タネを準備する

トマトのタネ。品種によって形状や大きさが異なる。

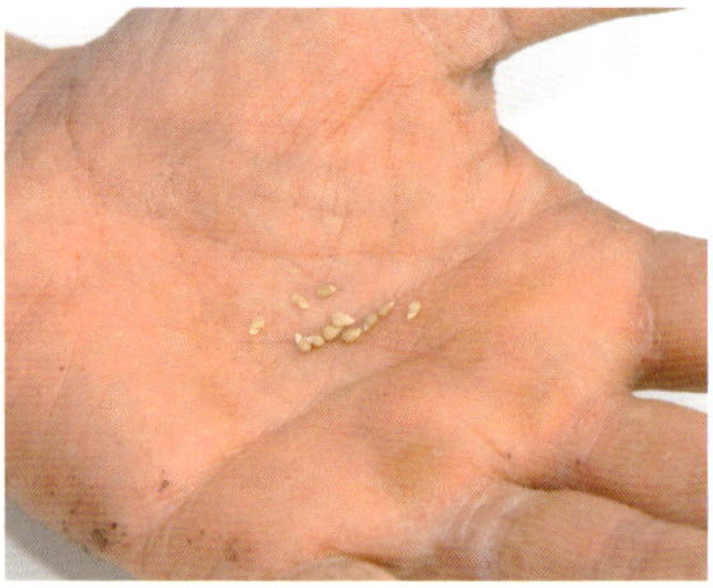

### 2 ポットにタネをまく

ポットに1粒ずつタネを押し込むようにしてまく。

### 3 苗が発芽した様子

タネまき後、発芽初期。子葉が展開して、本葉が見え始めた苗。

# 植え付け

### 苗を選ぶ

ミニ・中玉・大玉トマトの苗。トマトの場合、第1花房の開花が始まっている苗のほうが育てやすい。

## 1 苗を並べる

畝幅60～75cm、株間45～50cmを目安にポットを並べる。花房の出る側が同じ方向になるように置く。

▼根鉢をくずさないように注意しながら、ポットから苗を取り出す。

# 畝作り

## 1 元肥を投入する

植え付け予定地に深さ40～50cmの溝を掘る。そこへ堆肥、乾燥生ゴミ、米ぬか、過りん酸石灰などを投入する。

**プロのコツ** トマトの根は、株元から80cm以上伸びるので、これを助長するために施す元肥は、できるだけ遠くに埋め隠しておきたい。

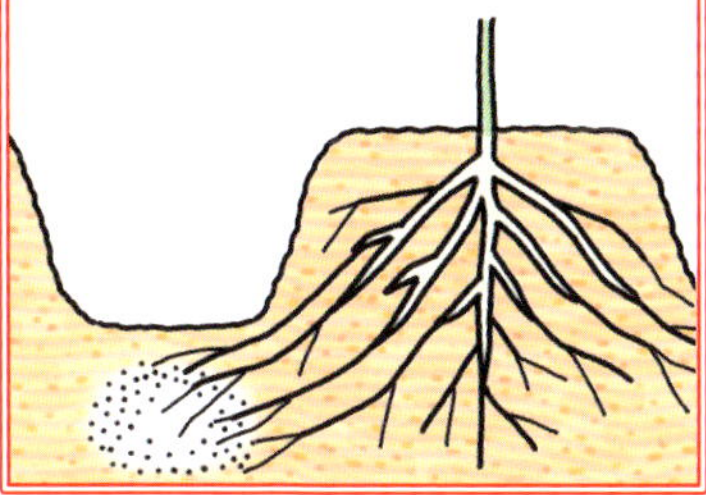

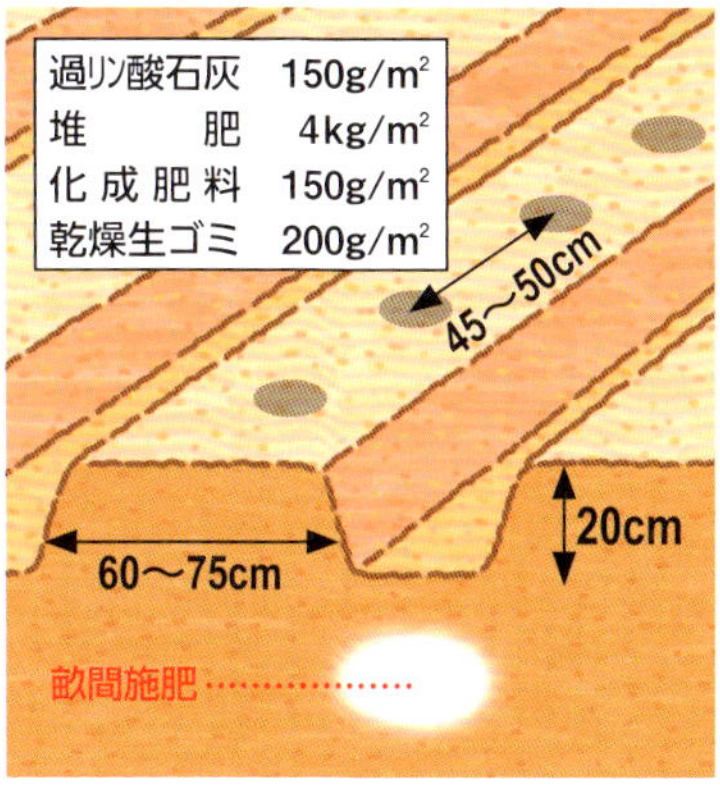

| | |
|---|---|
| 過リン酸石灰 | 150g/m² |
| 堆　　肥 | 4kg/m² |
| 化成肥料 | 150g/m² |
| 乾燥生ゴミ | 200g/m² |

畝間施肥

## 2 埋め戻す

土で埋め戻し、上に有機物などを敷きならして通路として使う。

# 有機マルチ

▼植え付けたあと、土の表面に枯れ草や堆肥などでマルチングする。

プロの知恵袋

## 肥料を探し求める根はとても強く育ちます。施肥の場所を工夫しましょう。

命を支える強い根は、野生の鳥が命がけで山野にエサを求めるように、勇猛果敢でないといけません。根が有機マルチと土の間をぬって、畝間に入れた元肥のほうに伸びていきます。有機マルチは適度な水分を含み、酸素も十分なので、根が素直にどんどん伸びていきます。

## 2 苗を畝と平行に置く

発根する量を期待して、畝と平行に溝を掘り、苗を横に寝かせるようにして植える。

## 3 苗を植え、土をかぶせる

花房の下本葉３枚を残して、埋め込み、根と茎が表面に出ないように、しっかりと土をかぶせる。

## 4 土を踏み苗を密着させる

土と密着させるため、軽く足で踏みつけておく。

## 芽かき

### 1 わき芽を摘み取る

１本仕立ての場合、葉の付け根から出てくるわき芽は早めに摘み取るようにする。

### 摘み取ったわき芽は挿し木用苗として使える

摘み取ったわき芽。これを挿し木すると発根してくるので、新しい苗として使える。

## 支柱立て

### 株数が少ない場合

１株に長さ180～210cmの支柱を１本垂直に立てる方法。株数が少ない場合は、これで十分。

### 1 支柱を立てる

トマトやキュウリ用のアーチ式の支柱を立てる。

### 2 支柱の完成

アーチ式支柱の組み立て完成。

**プロのコツ**

アーチ式支柱は、強風に強く、組み立て後、ぶらさがってもビクともしないほど頑丈。

## 品種紹介

### ラブリーさくら

酸味があり濃厚な味わいのデザートミニトマト。房どりができ、病気に強いので家庭菜園に好適。

Photo：みかど協和

### ラブリー40

卵大のミディフルーツトマト。病気に強く、裂果も少ないので露地でも栽培しやすい。

Photo：みかど協和

### 麗《れい》夏《か》

完熟しても果肉はしっかりとしており、裂果もほとんどないおいしい大玉トマト。病気にも強い。

Photo：サカタのタネ

## 収穫

### 1 トマトは朝のうちに収穫する

ヘタの際まで赤く色づいたものから、できるだけ朝のうちに収穫する。収穫が遅れると果実が裂けたり、落果してしまう。

### ブドウのように房どりできる

中玉のミディ系やミニトマトの場合には、房全体の果実が色づいたときを見計らって収穫すると、ブドウのような房どりもできるので楽しい。

## 誘引

### 1 誘引の時期

茎が伸びてきたら、20〜30㎝間隔で支柱に誘引していく。

### 2 茎を支柱に固定する

ヒモは支柱と茎の間で、8の字に交差させてから結ぶ。

▼ヒモ以外に、市販のゴム製誘引キットを使う方法もある。

プロの知恵袋

## ミニトマトは栄養分のバランスが大切。うまくつりあうと収穫量が倍になります。

ミニトマトの場合、品種特性にもよりますが、土壌水分と養分バランスがうまくつりあうと、花房がダブルになって、びっしりと果実をつけ、収穫量が通常の倍近くになります。品種特性を確認してから、トライしてみるのも楽しいものです。

## 摘心

### 1 主枝を摘心する

トマトは上手に作ると6～7段まで実をつけることできるが、普通は4段前後。4段めの花が咲いたら、その上の葉を3枚残して主枝を摘心する。これで、養分が下段の果実のほうにまわって充実してくる。

## 追肥

### 1 追肥をする

元肥がしっかり入っていれば追肥は必要ないが、第3花房の果実がピンポン玉大になったときに、化成肥料を1株あたり30g程度施す。

### 2 追肥は畝の肩部分に

追肥は畝間か畝の肩部分に施す。有機マルチの場合、追肥は有機物の分解を促進するので効果的。

# 雨よけ

## 1 雨よけをする

トマトは、肥料を吸収する乾燥した状態から急に雨に当たると果実に割れが出て品質を悪くする。できればビニールなどで雨よけを。

## 2 雨と鳥害を両方防ぐ

鳥害を防ぐ目的で、株の両サイドをビニールで被う方法もある。

### 水まきは、枯れない程度で十分です。

トマトの生まれ故郷は、乾燥した高地の南米はアンデス地方です。枯れる心配があるほど乾燥が続く場合以外は、水分をやる必要はありません。雨が降らないでも、地中深くにある水分を求めて根が深く張り、果実に栄養分を送り続けるのでおいしいトマトができるのです。

# 樹勢の調整

## 1 生育の状態を見る

生育が旺盛すぎるときは（樹が暴れるともいう）、花房の先から枝が伸びだしてくることがある。果実に栄養をまわすためにこれは切り落とす。

## 2 枝を切り落とす

本葉が大きくなってカールしてくる症状も樹が暴れている証拠。この場合は、カールしている枝葉の半分から先を切り落とす。これで生育も落ち着き、日当たりがよくなって落果もなくなり、果実の色は格段によくなってくる。

### 樹が暴れる兆候を知ろう

樹が暴れ始める兆候が、小葉の付け根付近にあらわれる。このときに葉の半分先を切り落としてもよい。わき芽とりや剪定する場合は、ハサミや爪先からウィルスが伝染するので、病気になった株には触らないこと。また、タバコをもみ消した指先からはタバコウィルスが伝染するので、よく手を洗ってから作業する。

# 病害虫の防ぎ方

## 害虫

ヨトウムシやアブラムシ、カメムシによる食害や吸汁によって果実が腐敗することがあるので、注意深く観察しながら発生初期に防除することが大切。

**対策法**

防虫ネットで覆って防ぐ方法もあるが、発生初期なら捕殺して防除する。

ハスモンヨトウが食害している。

## ひび割れ

夏場に日照りが続いたり、また大量の雨が降ったりすると、果皮の過乾燥や果実の肥大に果皮の成長が追いつかないなどが原因で、果皮に割れが生じることがある。

**対策法**

温度と水量の急激な変化にさらされないように、雨よけなどで防ぐ。

## 鳥害

トマトは果実が肥大してくると、カラスなどによる食害にあうことがあるので注意が必要。

**対策法1**

果房全体を網で包む。

**対策法2**

株全体を網で囲む。

**対策法3**

果実が成っている高さにヒモを張る。

ウリ科

# カボチャ

難易度 ★★★

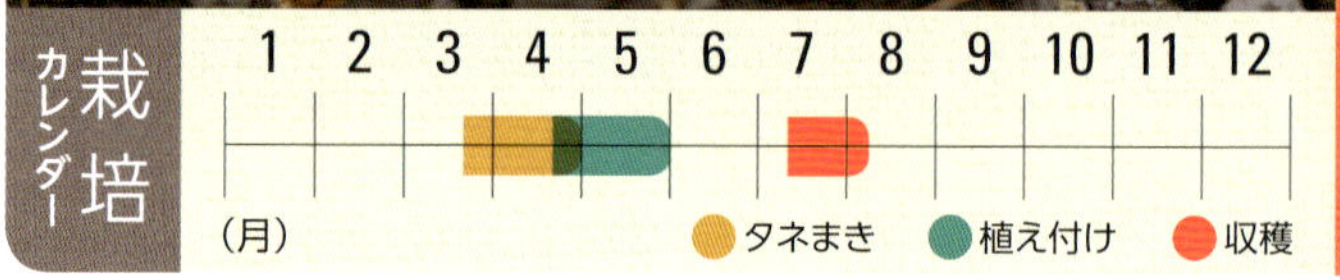


※連作不可（1～2年休む）

## ホクホクとねっとりは品種のちがい

カボチャは、果皮の光沢がなくなり、ヘタ部分に出る褐色のコルク質の線が何本か茎に到達したら収穫適期です。家庭菜園では食べ切りサイズのミニカボチャがおすすめです。ミニカボチャの場合は着果してから35～40日、大玉は45～50日前後が収穫の目安です。

ホクホクとねっとりの肉質は品種の特性。どちらも収穫後、風通しのよい日陰に4～5日置くと、甘さがグンと増し、おいしいカボチャとなります。

### プロが教える栽培ポイント

受粉は昆虫類による自然交配で大丈夫ですが、ハチ類の飛来が少ない場所では、雌花が開花した朝、早い時間帯に人工受粉をしてやると、確実に着果します。

## タネまき
―ポット移植―

### 1 タネを準備する

カボチャのタネは品種によって大きさ・形状が異なるが、中味が充実して形状がいびつでないタネを選ぶ。

### 2 タネをまく

ポットを準備する。ここに指で1粒ずつ、土の中に押し込むようにして、タネをまく。

### 3 タネから発芽した様子

発芽温度25～28℃を保てれば、タネまき1週間前後で発芽し、以降2週間くらいで本葉も見えだしてくる。

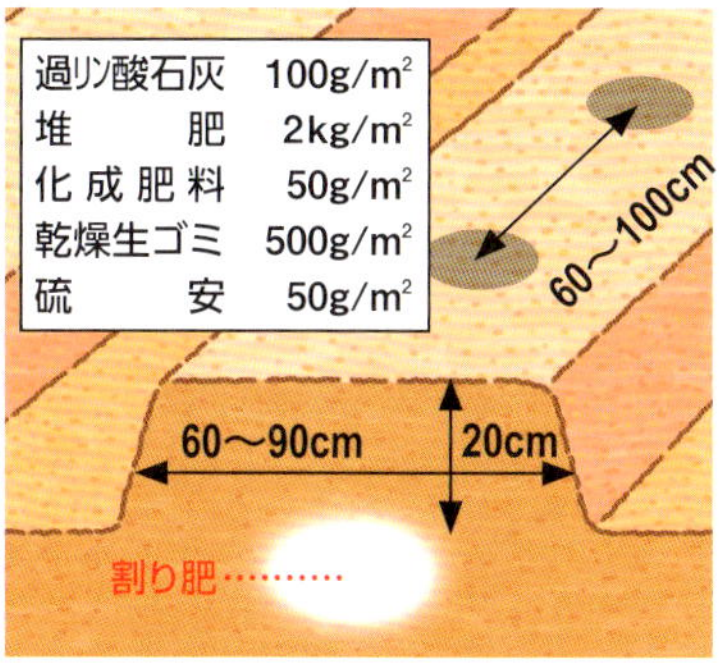

| 過リン酸石灰 | 100g/m² |
|---|---|
| 堆　　　肥 | 2kg/m² |
| 化 成 肥 料 | 50g/m² |
| 乾燥生ゴミ | 500g/m² |
| 硫　　　安 | 50g/m² |

## 植え付け

### 1 苗を並べる

株間は1mほどほしいが、植え場所が狭いようであれば60cmは確保して植え位置を決める。

### 2 苗を植え付ける

根鉢より大きめの穴を掘り、ポットから苗を取り出して植え付ける。

植え付け直後の苗。

## 畝作り

### 1 元肥を投入する

植え付け予定地の中央に深さ40cmほどの溝を掘り、ここに元肥として、堆肥、乾燥生ゴミ、硫安、米ぬかなどをサンドイッチ状に投入する。

### 2 畝を作る

元肥を投入するために掘った溝を埋め戻す。幅60〜90cm、高さ20cmで畝を作る。

### 4 苗を1株ずつに分ける

この時期にポットから抜き出して、根を切らないようにして1株ずつに分ける。

### 5 ポットに移植する

10.5cmポットを用意する。1株ずつに分けた苗を用意したポットに移植する。

移植後2週間ほどで本葉が展開してくる。本葉4〜5枚の頃が定植の適期。

# 摘心

## 1 摘心する

植え付け後、活着して葉が伸びだしたら、２本仕立ての場合、子づる２本を残して、親づるとその他の子づるを摘心する。

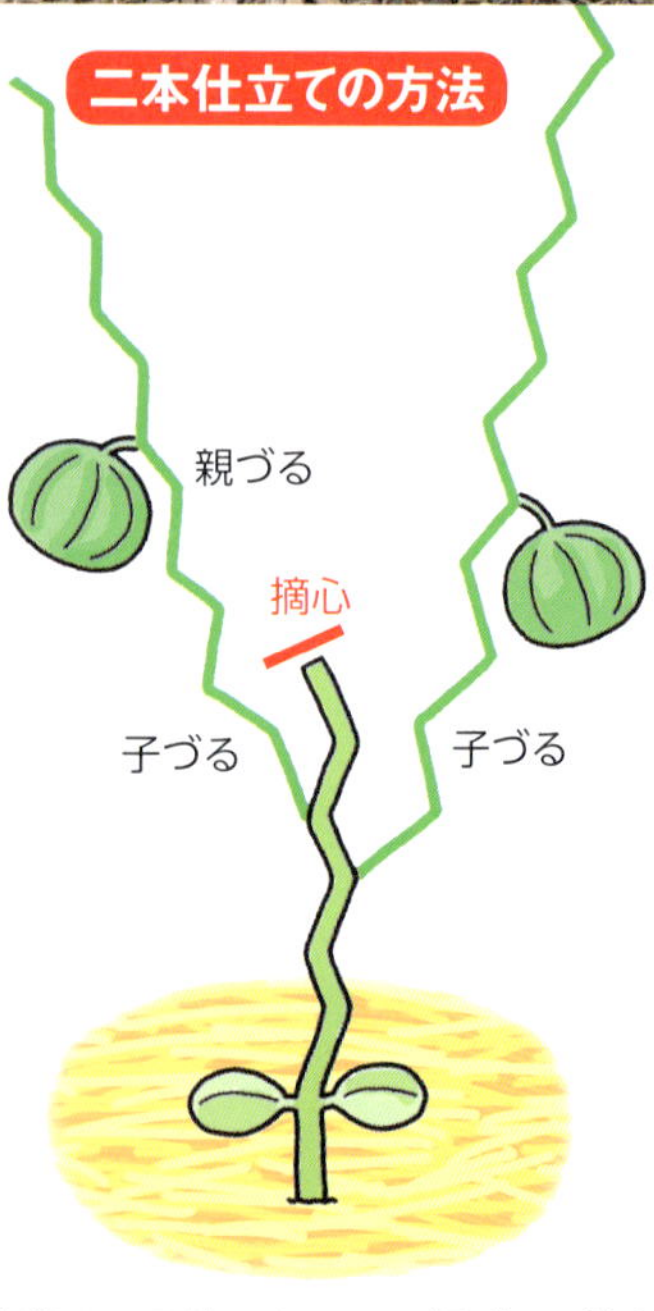


本葉４～５枚になったら親づるを摘心し、発生してくる子づるのうち生育旺盛な２本を残して、ほかは摘み取り二本仕立てとする。

# マルチがけ

▼前年の秋に播いてあったライ麦を切り倒し、敷き藁の代わりとする。

**プロのコツ**

つる性の野菜を植える場所をあらかじめ決めておき、11月に入ったらその周囲にライ麦のタネをまいておく。

## 2 畝全体を覆う

保湿と雑草をおさえる目的で、株元から畝全体を有機物でマルチングする。

# 収穫

## 1 収穫の時期を見る

果皮の光沢がなくなり、ヘタの部分が亀裂してコルク化し、このコルク線が主茎に到達したころが収穫適期の目安である。

## 2 収穫する

ヘタの部分を2㎝ほど残して切り落として収穫する。

### ミニカボチャは立体栽培できます。

大玉や中玉品種だと栽培するのにそれなりの広い場所が必要になりますが、ミニカボチャであれば狭い面積でも立体栽培ができるので楽しい。特に「坊ちゃんカボチャ」はホクホクして食味も素晴らしく、おすすめの品種です。

### 収穫したカボチャ

収穫後すぐに食べても甘みは少ない。風通しのよい場所に1週間くらい置いて、果肉のデンプン質が糖に変わるのを待つと、甘みが増して一層おいしくなる。

### つるの勢いは樹勢の判断材料となる

先端のつるが45度の角度を維持しながら生育していくのが理想。これより下向きは肥料不足か水不足、これより上向きだと生育が旺盛すぎて、雌花が咲いても受精せず、落果の可能性が高くなると思ってよい。

# 人工授粉

## 1 雌花に受粉する

天候が悪く、昆虫類の飛来が少ない場合は、雌花が開花した早朝に、雄花を摘んで人工交配を行うと確実に着果する。

▼受粉できずに終わった雌花は、幼果が黄色くなって落果してしまう。

ウリ科

# トウガン

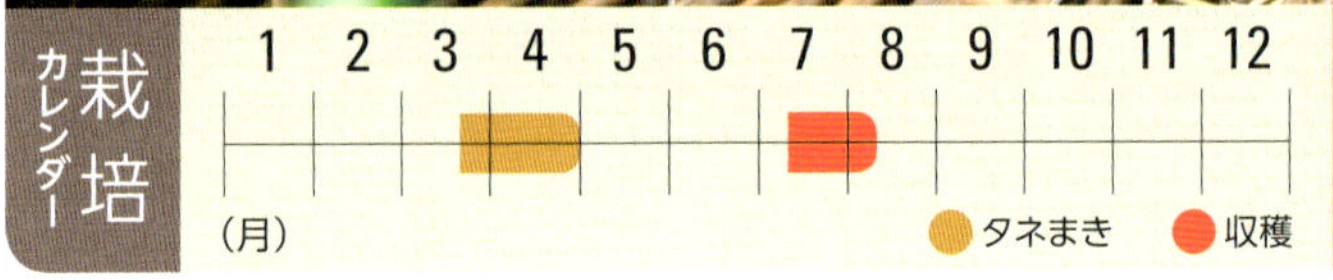


難易度 ★★★

※連作可

## 収穫適期は開花後の日数を目安にする

トウガンは暑さに強く、土質も選ばず強健です。過剰な施肥に注意すれば、育てやすい野菜のひとつです。

本葉が5～6枚になったら、親づるは摘心し、子づるを3～4本伸ばしてやります。この子づるから出る孫づるに着果させせます。

開花後40～50日が収穫の目安です。果皮が白い粉で覆われたら収穫できますが、最近の品種にはこの粉の発生が少ないものがあるので、日数を目安にしたほうが確実です。

### プロが教える栽培ポイント

昆虫類の飛来が少なく、自然交配が期待できないところでは、できれば早朝9時頃までに雄花をとって、雌花の柱頭に人工受粉をして、確実に着果させるようにします。

## 畝作り

### 1 元肥を入れる

植え付け予定地に深さ40cmほどの溝を掘る。ここに元肥として堆肥、米ぬか、硫安、過リン酸石灰、乾燥生ゴミなどを投入する。

### 2 畝を作る

元肥を埋め戻し、幅60～90cm、高さ20cmの畝を作る。

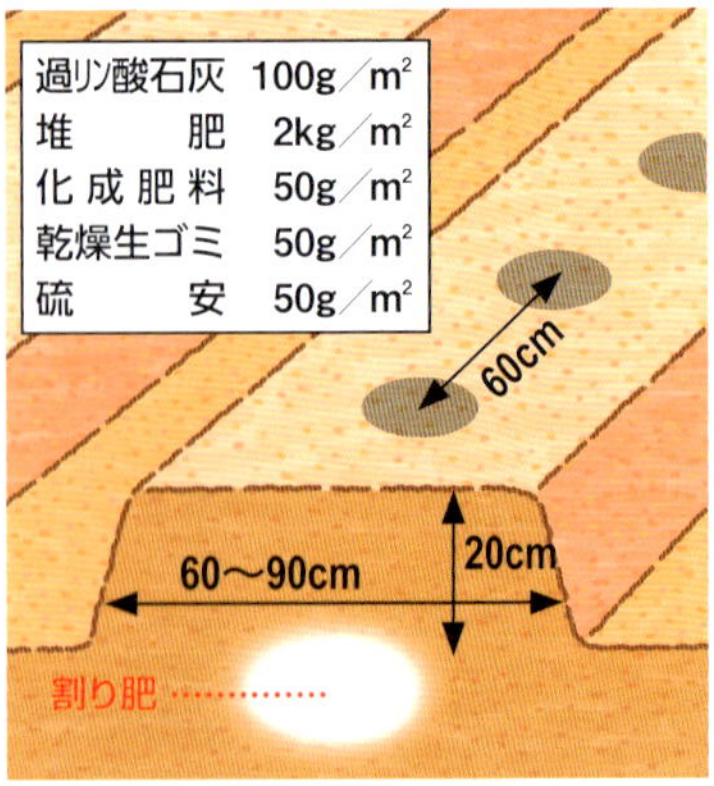

## 摘心と着果

### 1 摘心して着果させる

発芽生育して本葉５～６枚となったころ親づるを摘心し、生育のよい子づる３～４本を伸ばして、子づるから出る孫づるに着果させる。

## 収穫

▼ミニトウガンの場合、開花後40～50日が収穫の目安。

## タネまき

▼タネを準備する。

### 1 タネをまく

株間60㎝として、１か所に３粒ずつ直接タネをまく。土を２㎝厚でかぶせて転圧して、水をやる。

### 2 ホットキャップをかぶせる

ホットキャップをかぶせて保温保湿につとめ、発芽促進を図る。

**プロのコツ**

果皮に粉が吹いたら収穫適期の目安であるが、最近は粉を吹かない品種も登場してきたので、開花後の日数で判断したほうが間違いが少ない。

ウリ科

# ニガウリ

難易度 ★★★

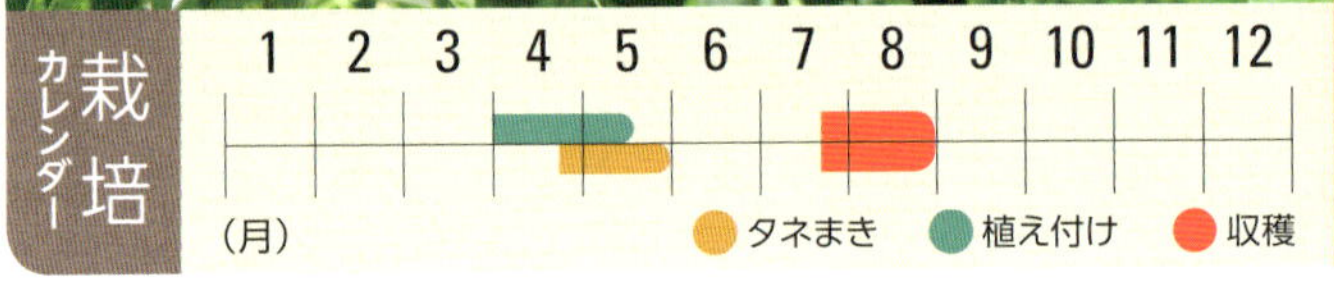


※連作不可（1～2年休む）

## 暑さに強く生育旺盛なので こまめに整枝を！

ニガウリは放任でもかまいませんが、基本的に子・孫づるに着果させます。本葉が5～6枚になったら、親づるを摘心して子づるを伸ばします。つる性のため早めに支柱を立て、生育に応じてつるが重なりあわないように適宜誘引していきます。

開花後20日前後が収穫の目安です。生長が早く、どんどん実をつけるので、果実の長さが20㎝ほどになったらすぐに収穫します。とり遅れにならないように注意しましょう。

### プロが教える栽培ポイント

生育が旺盛なニガウリは、樹がまだ小さいうちから開花結実しますが、株を大きくしてから実をつけさせたほうが、連続的に着果して多収穫が期待できます。

## タネまき

### 1 苗を準備する

ニガウリは１株からかなりの数を収穫できるので、タネからでなく、必要な株数のポット苗を購入したほうが無難である。

## 畑の準備

### 1 元肥を入れて埋め戻す

植え穴を掘り、ここに元肥として堆肥や乾燥生ゴミ、硫安などを投入して、埋め戻す。

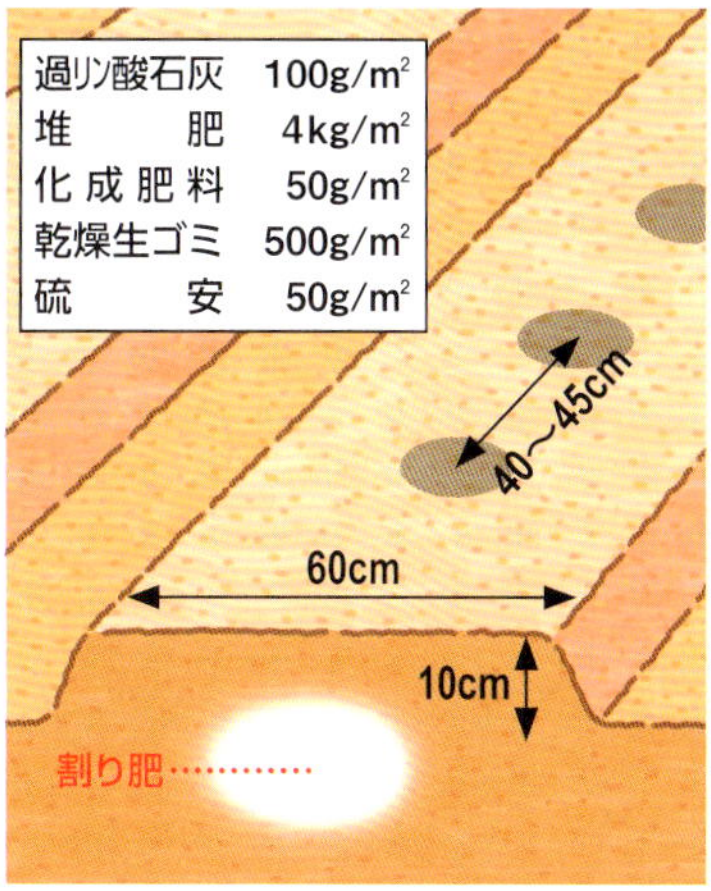

| 過リン酸石灰 | 100g/m² |
| 堆　　　肥 | 4kg/m² |
| 化成肥料 | 50g/m² |
| 乾燥生ゴミ | 500g/m² |
| 硫　　　安 | 50g/m² |

40〜45cm

# 植え付け

## 1 苗を植え付ける

ポットから苗を取り出し、植え穴の中央部に植え付ける。

## 2 ネットで覆う

植え付けが完了したら、害虫の防除を目的に、防虫ネットなどで覆う。

# 支柱立て

▼つるを誘引する目的で、１株に１本の支柱を立てる。

# 摘心

## 1 摘心する

主茎には雌花が少ないので、本葉５〜６枚になったころを見計らって、親づるを摘心する。

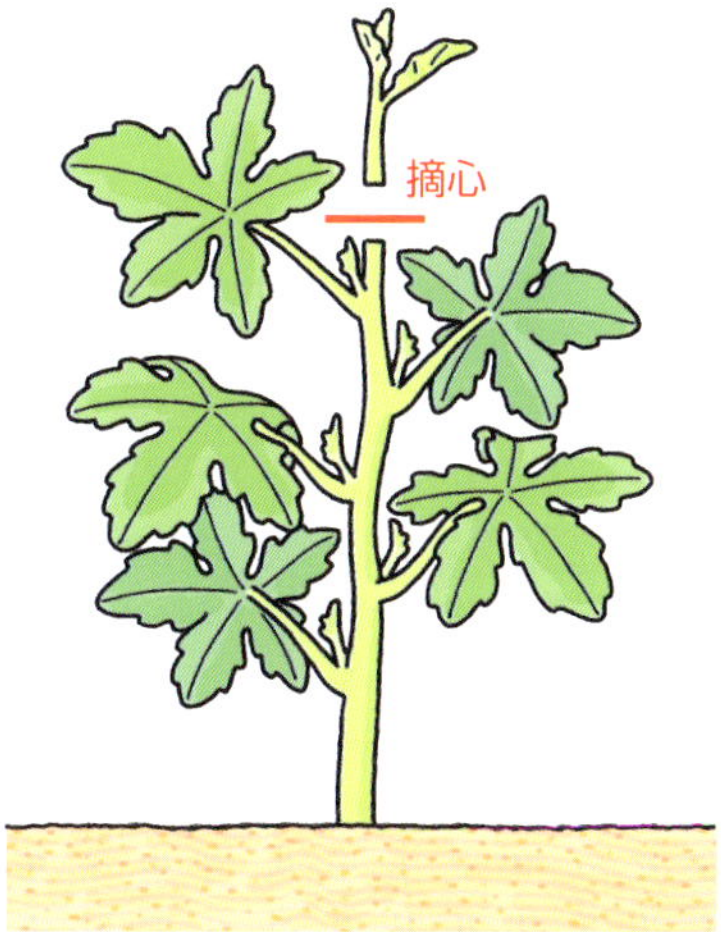


# 誘引

## 1 誘引する

摘心した主茎は子づるを伸ばし、風で株元がぐらつかないように、支柱に誘引する。

### 誘引するときのひと工夫

ヒモは８の字を描くように交差させてから、ヒモに余裕をもたせて支柱に固定する。

# 収穫

## 1 収穫時期を見る

中長品種は20㎝前後、長品種は30㎝になったときが、収穫の適期。支柱を合掌式にして棚のようにすれば、枝の整理も楽で収穫作業も容易になる。

### 収穫したニガウリ

プロの知恵袋

### ニガウリの成長は早いので とり遅れに注意しましょう。

果実の成長は早いので、とり遅れのないように緑色が濃いうちに、柄を切って未熟果を収穫します。

ウリ科

# ハヤトウリ

難易度 ★☆☆

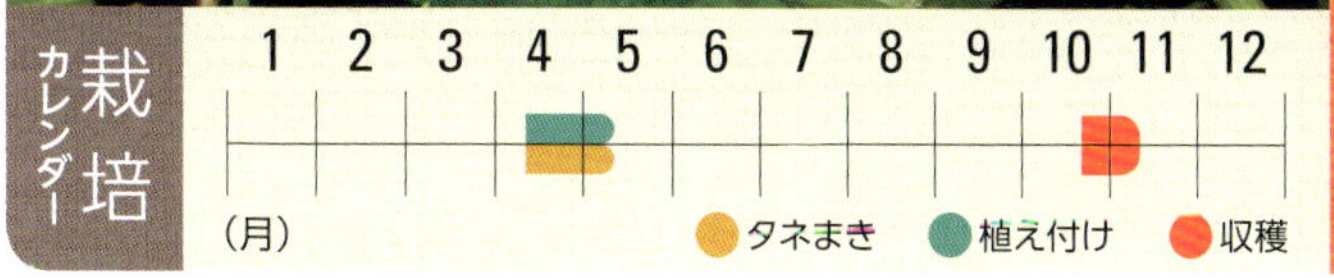


※連作可

## 短日性なので、9月以降に開花結実する

ハヤトウリは果実をそのまま植え付けます。芽が10㎝程度に伸びた果実を用い、果実を横にして成り口がやや上部になるように半分ほど埋め込みます。定植後は灌水を控えめにしないと、果実が腐敗するので注意してください。

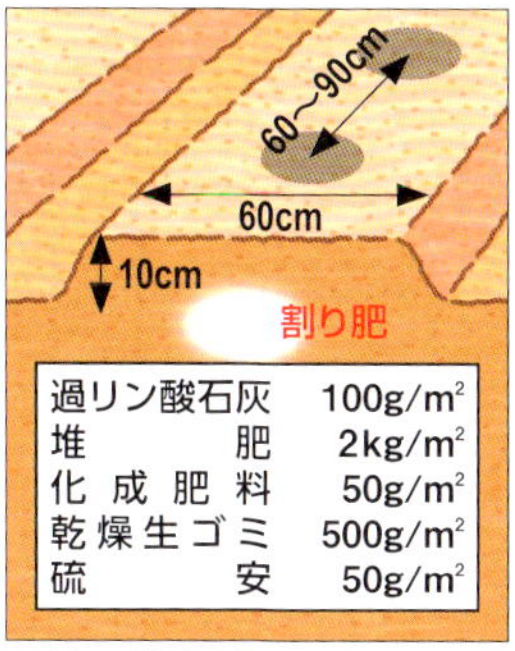


| | |
|---|---|
| 過リン酸石灰 | 100g/m² |
| 堆肥 | 2kg/m² |
| 化成肥料 | 50g/m² |
| 乾燥生ゴミ | 500g/m² |
| 硫安 | 50g/m² |

▲畝の仕上がり

### プロが教える栽培ポイント

親づるを摘心し、発生してくる子づるのうち生育旺盛な２～３本を伸ばします。子づるが120～150㎝に伸びたときに再摘心し、孫づるを３～４本ずつ伸ばして着果させます。

## 1 タネまきと植え付け

充実した果実を準備する。事前に肥料を投入して埋め戻した場所に、植え穴を掘る。果実を横にして、果実全体の下半分が埋まるように植え付ける。

## 2 誘引と摘心をする

２～３本芽が出たら、太い芽を１本残して取り除き、支柱に誘引する。50㎝くらいに伸びたら、親づるを摘心する。その後、伸びだした子づるも摘心する。

## 3 生育と結実

春から夏にかけて旺盛に生育する。秋の彼岸を過ぎるとようやく開花して結実を始める。

**プロのコツ**

生育が極めて旺盛なので、つるは早め早めに摘心して樹形を整えること。

## 4 収穫する

あまり大きくならず、果皮が柔らかい幼果を早めに収穫していく。

ウリ科

# シロウリ

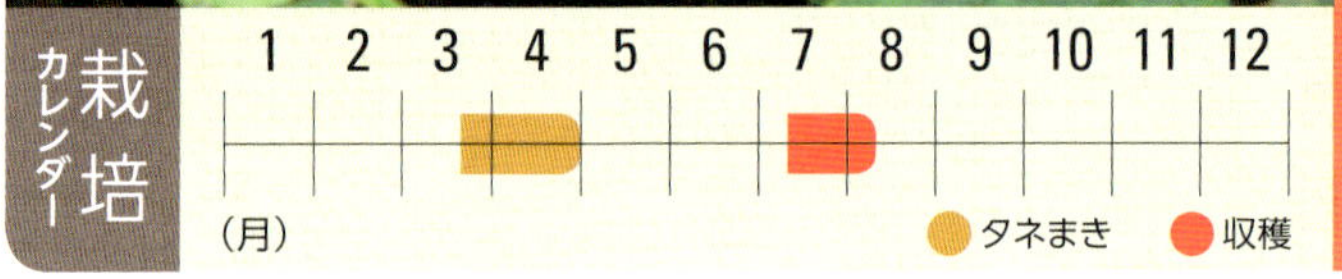


※連作不可（1～2年休む）

難易度 ★★★

## 株間を広くして孫づるに着果させ、多収をねらう

実を収穫する果菜類は、品種による特性の違いもありますが、果実を多くつけるつる（結果枝）が、種類によっておおむね決まっているものです。シロウリの場合には、孫づるに多くの果実をつける特性があるので、孫づるまで伸ばせるように株間を60cm以上と広めに植え付けます。

摘心を繰り返して孫づるを発生させますが、摘心の際は、光合成能力を維持するために、先端に本葉を最低でも2枚残します。

### プロが教える栽培ポイント

乾燥防止・地温の低下防止・泥はね防止・雑草抑えのために、株元から畝全体にかけて、稲わら・枯れ草、堆肥などの有機物を厚めに敷きならすと効果的です。

## 畝作り

### 1 元肥を投入する

植え付け予定地に深さ40cm程度の溝を掘り、ここに堆肥、過リン酸石灰、硫安、乾燥生ゴミなどを投入する。

### 2 畝を作る

これを埋め戻して、幅60～90cm、高さ20cmの畝を作る。

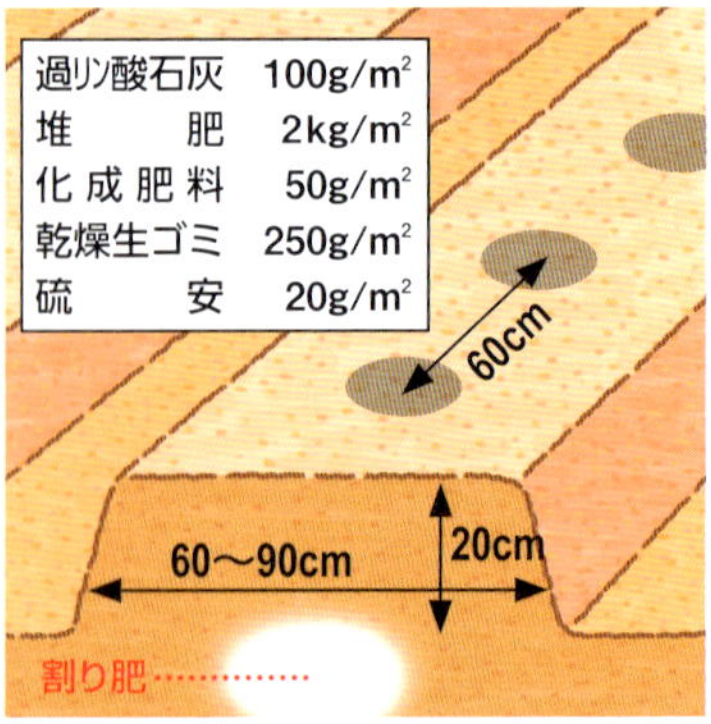


| | |
|---|---|
| 過リン酸石灰 | 100g/m² |
| 堆肥 | 2kg/m² |
| 化成肥料 | 50g/m² |
| 乾燥生ゴミ | 250g/m² |
| 硫安 | 20g/m² |

## 摘心

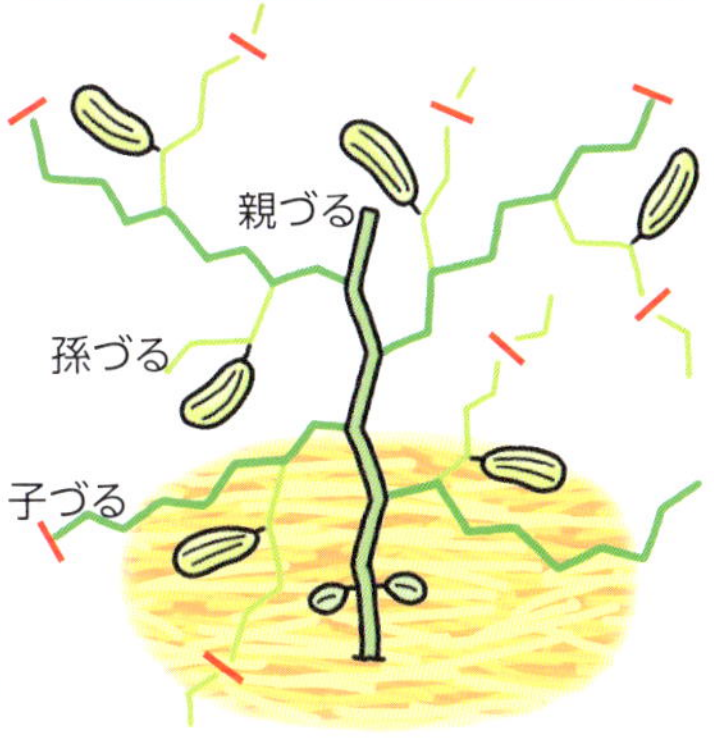


**プロのコツ**
本葉５枚の頃に親づるを摘心し、子づる４本を伸ばす。子づるを８～10節で摘心して孫づるを伸ばす。この孫づるに雌花がつく。

## 収穫

### 1 収穫時期を見る
植え付け後、45日前後で雌花が開花してくる。

### 収穫する
開花後、15～20日で果長20～25㎝になる幼果を収穫する。

## 保温

### 1 ホットキャップをかぶせる
ホットキャップをかぶせて保温する。これは発芽初期の害虫防除の役割もはたしてくれる。

## マルチがけ

### 1 有機マルチを敷く
前年の秋にまいてあったライ麦を切り倒して敷き藁代わりとする。また、畝全体に有機物マルチを敷きならして土壌の保湿と雑草抑えとする。

## タネまきと潅水

### 1 タネを準備する
市販のタネは発芽初期の病害を防ぐため、殺菌剤でコーティングしてある。

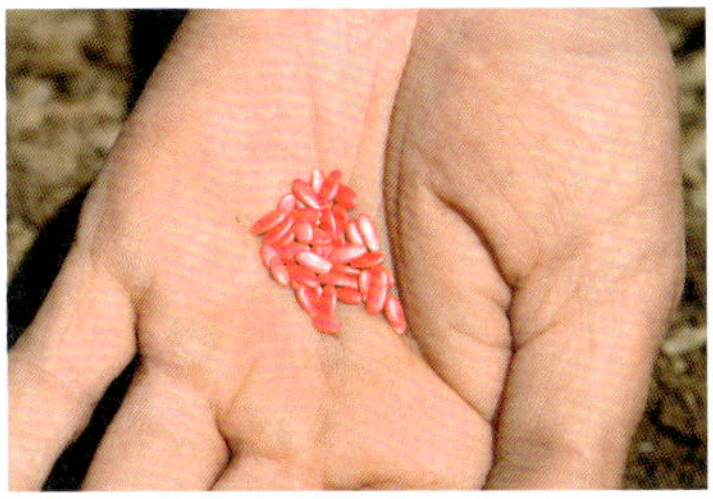

### 2 タネをまき、土をかける
株間60㎝を目安として、１か所に３粒ずつ直まきする。薄く土をかけて、手で軽く押しかためる。

▼直まきの場合は、土壌が乾燥すると発芽不良になりやすいので、水をたっぷりとやる。

ウリ科

# スイカ（小玉）

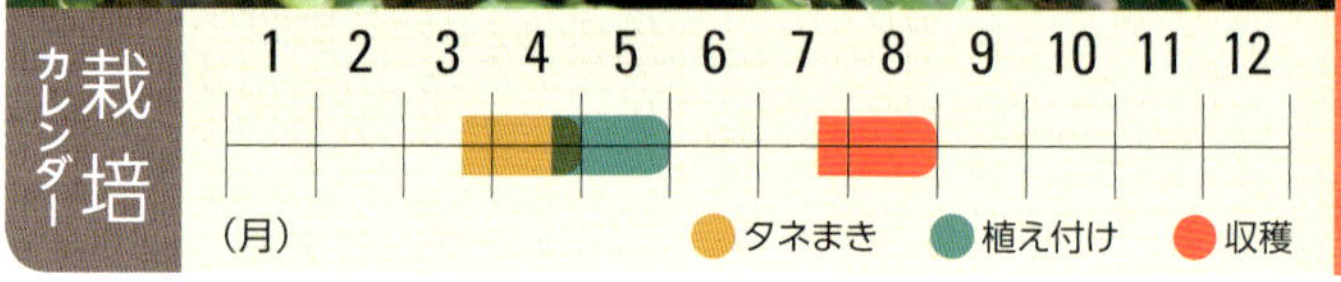


※連作不可（１～２年休む）

難易度 ★★★

## つるボケを防いでおいしいスイカを作る

スイカはつるボケ状態にあると雌花の着生が悪く、咲いても小さくて弱い花になり、また雄花は花粉の出る量が減ります。このため、着果しても果実の肥大、品質が悪化するのです。

つるボケは、つるの先端から雌花までの長さが目安になります。60㎝以上もあって生長点が立っているのはつるボケ症状、長さが20㎝以下だと生育不良状態です。つるボケの場合には花を多めに受粉して樹勢を落ち着かせます。

### プロが教える栽培ポイント

スイカは、株を枯らさずに完熟果を収穫できたらおいしいこと間違いありません。まずは、水はけと日当たりのよい、栽培に適した場所を選ぶことが大切です。

## タネまき
—ポット移植—

### 1 タネをまく

準備したポットに、１粒ずつタネをまく。25～28℃の温度条件があれば、１週間で発芽してくる。

### 2 別のポットに移植する

子葉が完全に展開して本葉が見え始めたら、１株ずつに分けてポットに移植してさらに養成する。

活着して本葉も大きくなってくる。

# 植え付け

## 1 苗を並べる

本葉4〜5枚が植え付け適期の苗。つるを十分伸ばしてやるために、株間は90〜100㎝と広めにとって植え位置を決める。

**プロのコツ**
スイカ1株に何個成らせるかは、植え付け間隔による。小玉スイカの場合、1mの株間だと3本仕立てで、1株4個が目安となる。

### 苗を選ぶ

植え株数が少ない場合は、市販のポット苗を購入したほうが無難。

### 市販の苗を植える場合

市販の接木苗を植える場合は、接木部分が必ず地上に出るように植えること。

## 2 苗を植える

植え穴を広めにとり、ポットから取り出した苗を植える。

# 畝作り

## 1 元肥を投入する

畝の中央に深さ40㎝以上の溝を掘り、ここに元肥として堆肥、過リン酸石灰、化成肥料などを投入する。

## 2 溝を埋め戻す

溝を埋め戻して、幅100〜120㎝、高さ20㎝ほどの畝を作る。

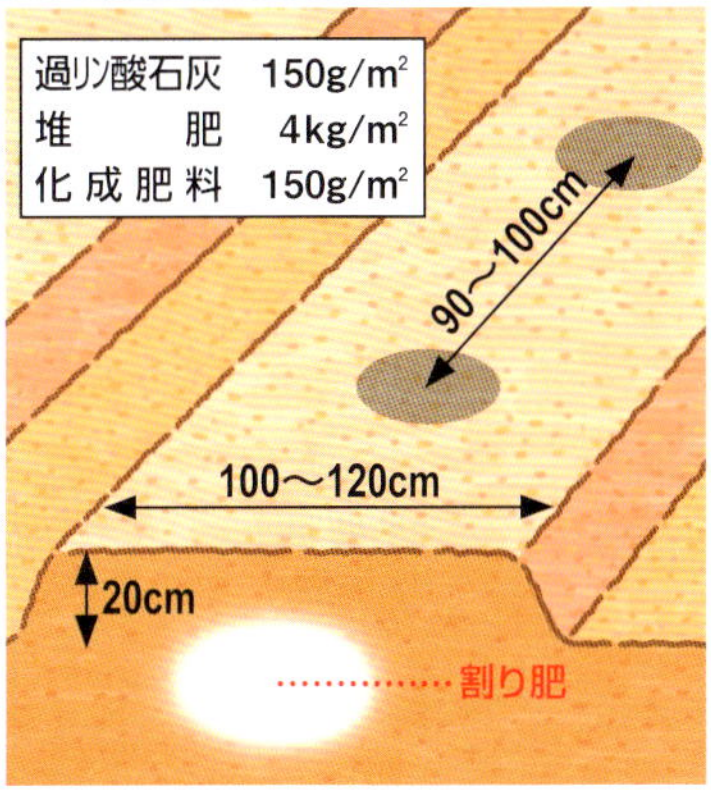

▼着果した雌花を確認したら、果皮に傷がつかないようにマットを敷く。

## 摘心

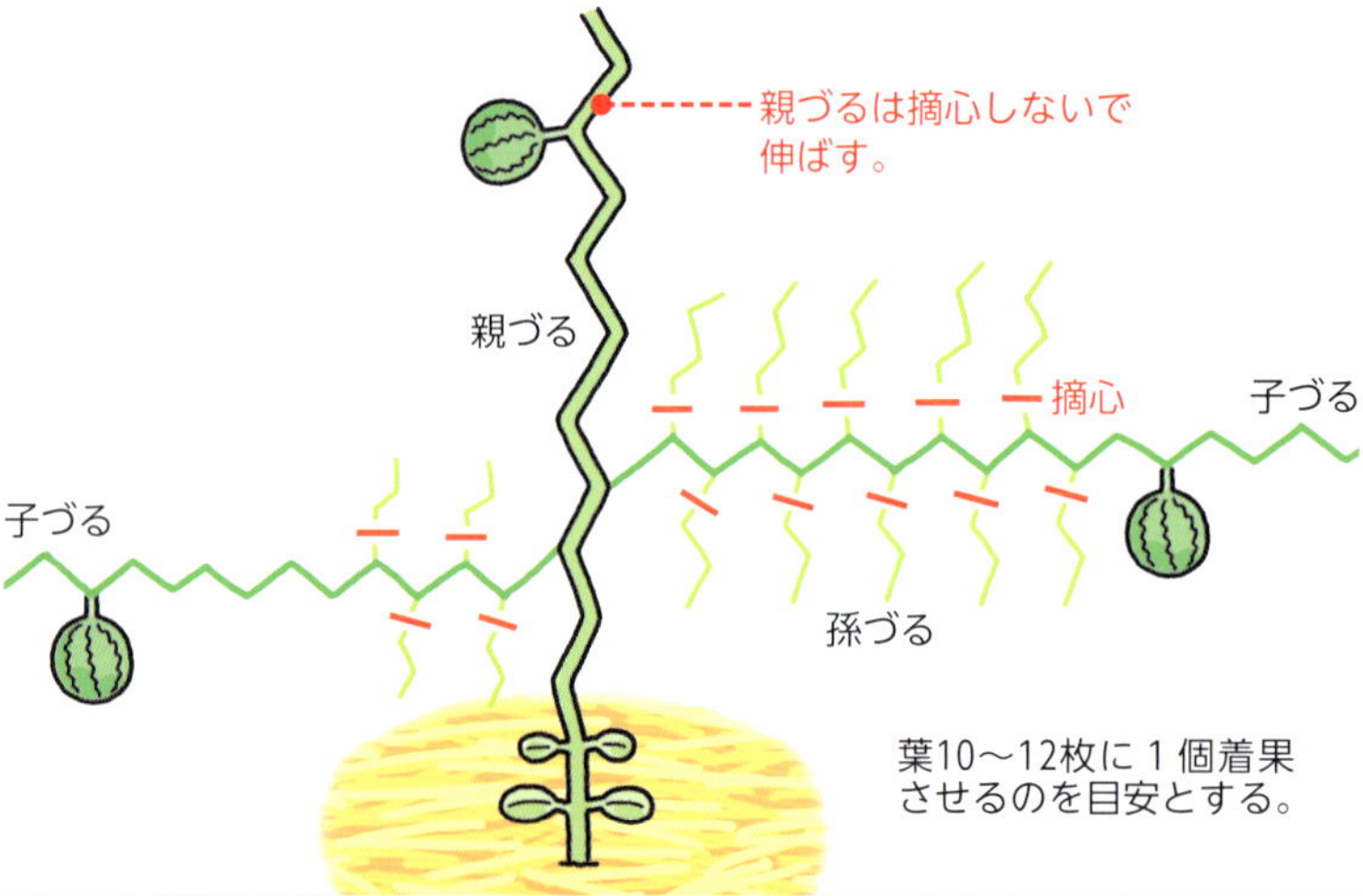


## 有機マルチ
—敷き藁—

### 1 有機マルチを敷く

畝全体を有機物でマルチングする。土壌水分が保たれ、つるが雨にたたかれた場合でも、傷みを軽減できる。

### 2 生育の様子

親づるとその下の節からでる強い子づる２本を残して、３本仕立てとする。着果したばかりの雌花が見える。

## 品種紹介

### 夏《なつ》きらら

シャリ感のあるおいしい大玉スイカ。盛夏期においても、適期から７日程度の収穫幅をもつのでとり遅れの失敗が少ない。

Photo：大和農園

### 愛《まな》娘《むすめ》

ボール型でやや硬い肉質、シャリ感の強い小玉スイカ。低温や日照の少ない環境下でも安定して栽培できる。

Photo：ナント

### マダーボール

ラグビーボール型で、皮がうすくて甘みが強く、シャリ感があっておいしい小玉スイカ。

Photo：みかど協和

## 収穫

### 1 収穫する

授粉後、40〜50日には収穫できる。授粉して、着果確認したときに、授粉日を記載したラベルをつけておく。

**プロのコツ** ヘタの部分の産毛が落ち、果実の着いた節の巻きひげが枯れたら収穫適期の目安となる。

### 2 ヘタを残して切る

ヘタを少し残して切ったほうが、果実の傷みが少ない。

### 3 試し切りをする

試しに収穫して半分に切ってみる。シャリ感があり、甘みものって、この程度に熟していれば、十分である。

**プロの知恵袋**

### 小玉のスイカであれば、場所をとらない立体栽培も可能です。

平均果重 2〜2.2kgの小玉スイカであれば、立体栽培も可能です。地にはわせる栽培と違って、作業の合い間につるを踏む心配もなく、日当たりと風通しもよくなるので病気の発生も減少します。ただ、生育旺盛になる傾向があるので、つるボケにならないように、確実に受粉させて着果させる作業が大切となります。

### 玉直し

果皮の色むらをなくし、またいびつな果実にならないように地面についている位置を変えてやる。

ウリ科

# メロン（マクワウリ）

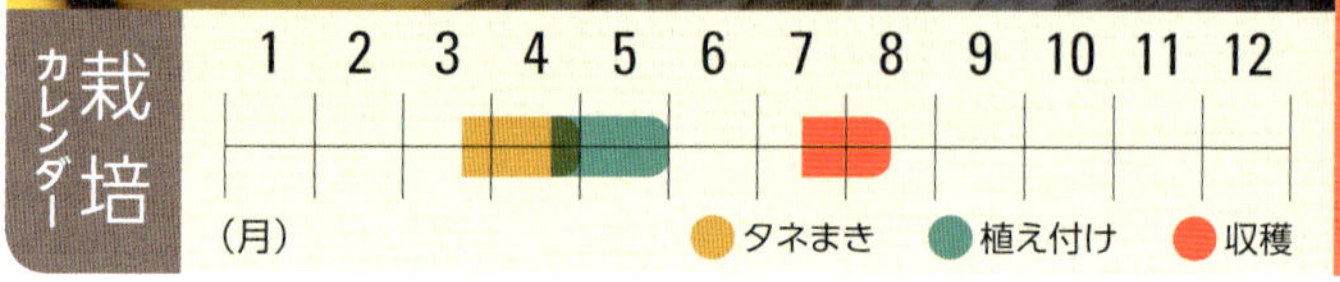


※連作不可（4～5年休む）。接木苗は連作可

難易度 ★★★

## 果皮が滑らかなノーネット型マクワウリから挑戦

メロンは、果皮が滑らかなノーネット型と、果皮に網目が入るネット型に大別されます。ネット型は水管理など施設がないと栽培が難しいので、ノーネット型のマクワウリから挑戦してみましょう。ツル割れ病などに弱いので、接木苗を購入して栽培することをおすすめします。

日当たりが悪く、虫の飛来が少ないと受粉しないので、人工受粉を行って確実に着果させます。開花後40～50日で収穫できます。

### プロが教える栽培ポイント

根は土中深く張らない浅根性で酸素を多く必要とするため、堆肥などの有機資材を投入して、通気性・水はけをよくしてから栽培することを心がけましょう。

## タネまき
—ポット移植—

### 1 タネを準備する

マクワウリのタネは、ほかのウリ科のタネとよく似ている。

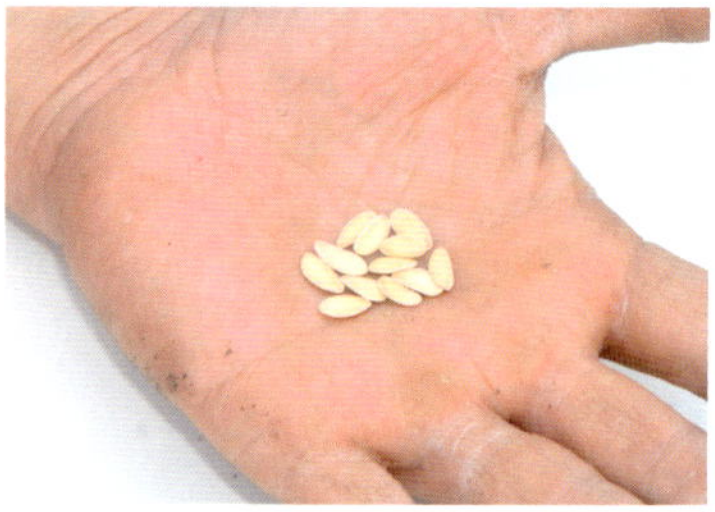

### 2 タネをまく

3～4㎝間隔に、指先で押し込むように１粒ずつタネをまく。

### 3 移植適期の苗

25～28℃の適温条件であれば、タネをまいて２週間後には本葉も出てくる。

## 4 別のポットに移植する

本葉が見え始めたら、１株ずつに分けて他のポットに移植する。

# 植え付け

## 1 苗を取り出す

本葉３～４枚になったら植え付けの適期。ポット逆さまにして苗を取り出す。

## 2 苗を植え付ける

準備してある畝の植え穴に、株間60～80㎝で植え付ける。

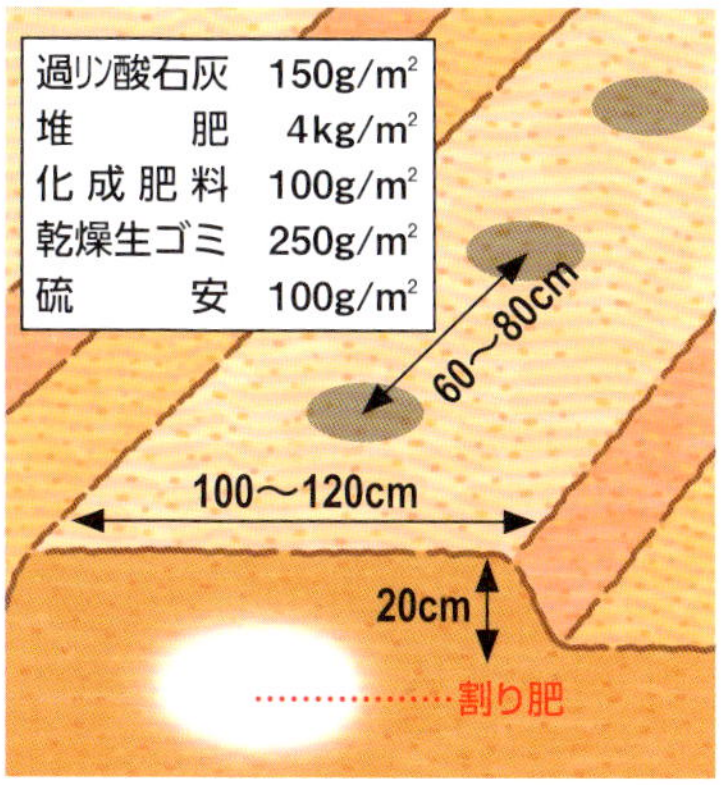

| | |
|---|---|
| 過リン酸石灰 | 150g/m² |
| 堆肥 | 4kg/m² |
| 化成肥料 | 100g/m² |
| 乾燥生ゴミ | 250g/m² |
| 硫安 | 100g/m² |

100〜120cm／60〜80cm／20cm／割り肥

# 保温

## 1 ホットキャップをかぶせる

植え付け後、虫の食害を防ぎ、生育を促進するためにホットキャップをかぶせて保温する。

# 着果

▼着果して肥大の始まった幼果。

# 摘心

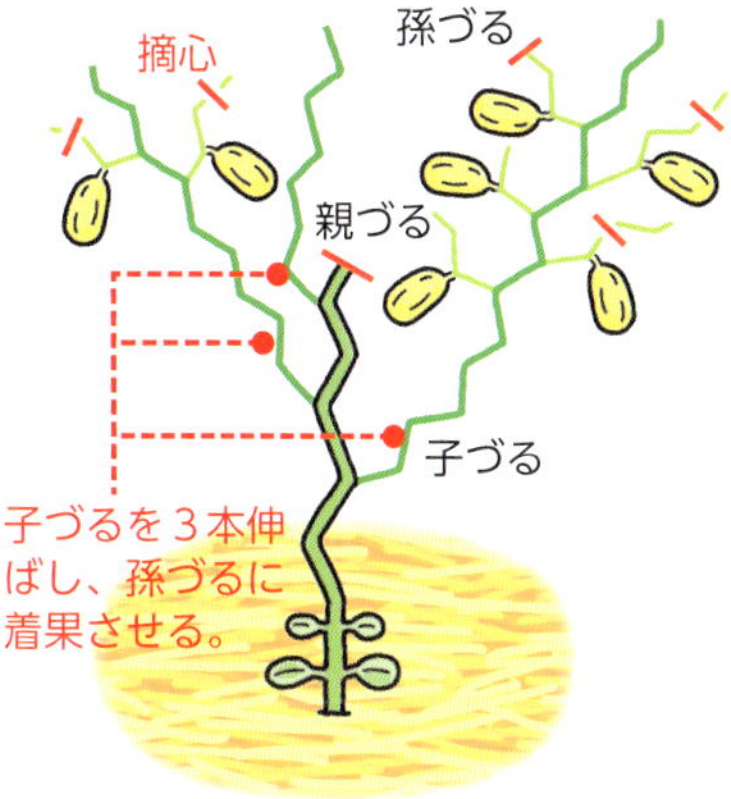


# 収穫

## 1 収穫する

果皮全体が黄色くなって熟してくると収穫適期となる。開花後40～50日が目安。少し貯蔵しておくと香りもよく、サクサクしておいしくなる。

**プロのコツ**

収穫適期にもなると、ヘタが簡単に取れるようになる。

ウリ科
# ズッキーニ

難易度
★★☆

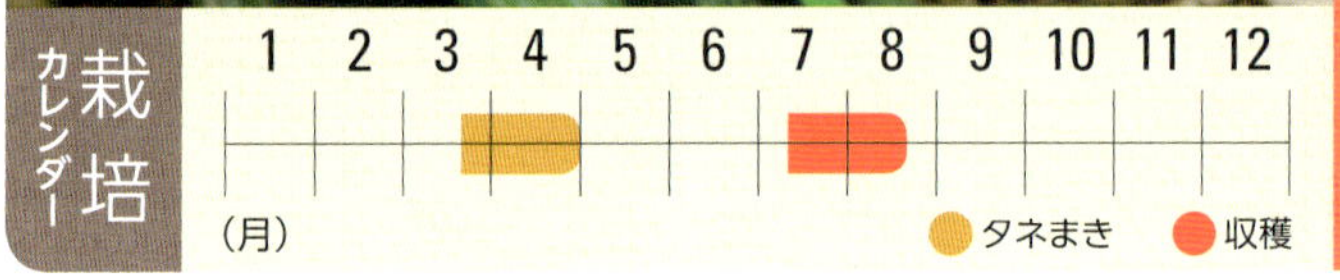


※連作不可（1～2年休む）

## すぐに大きくなるので次々に収穫する！

ズッキーニはカボチャのようには長期保存に向きません。鮮度が命です。花がしぼんでから1週間くらいの、長さ18～20㎝、太さ3～4㎝ごろが収穫適期です。花つき幼果の花の部分に、肉や魚を詰めて蒸し煮するイタリア風の調理法もあります。

着果後すぐに大きくなるので、収穫遅れに注意してください。乾燥に弱いので、株元は枯れ草や堆肥などの有機物でマルチングしてやるとよいでしょう。

### プロが教える栽培ポイント

誘引を行わずに、放任した状態のままでも収穫できますが、株が風に振り回されて傷みやすいので、株元に短い支柱を立てて固定してやるとよいでしょう。

## 畝作り

### 1 元肥を投入する

植え付け予定地の中央に深さ40㎝ほどの溝を掘り、ここに堆肥、過リン酸石灰、乾燥生ゴミなどを投入する。

▼投入した元肥を均一に投入した状態。

▼これを埋め戻す。

## 2 畝を作る

きれいに埋め戻したら、幅60cm、高さ20cmの畝を作る。

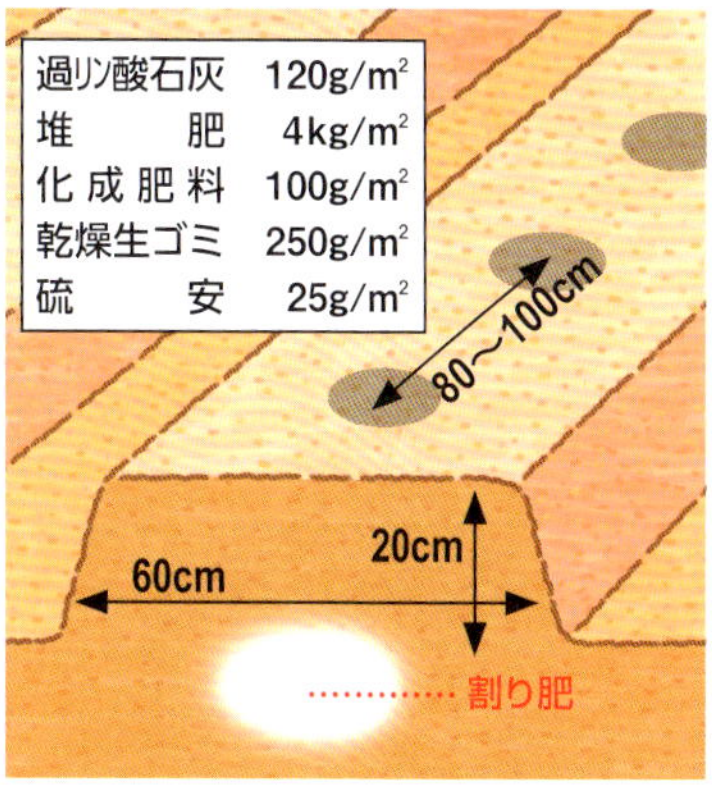

| | |
|---|---|
| 過リン酸石灰 | 120g/m² |
| 堆肥 | 4kg/m² |
| 化成肥料 | 100g/m² |
| 乾燥生ゴミ | 250g/m² |
| 硫安 | 25g/m² |

# タネまき

## 1 タネを準備する

カボチャの仲間であるがやや細長の形状。地温の上がる4月下旬〜5月上旬にタネまきをする。

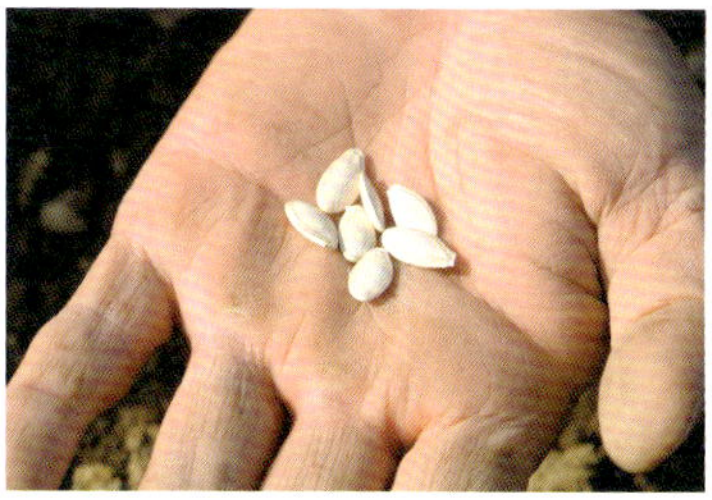

▼株間80〜100cmを目安にして、1か所2〜3粒直まきする。

## 2 タネに土をかぶせる

土をかぶせ、タネとよく密着するように手で軽く押さえる。

# 発芽と生育

## 1 発芽と生育の様子

タネまき後、10日間ほどで子葉が展開してくる。

▼順調に生育して、本葉が大きく開く。

# 収穫

## 1 収穫時期を見る

開花から4〜5日目、キュウリよりひと回り大きい長さ20〜25cmが収穫適期。

▼ヘタの部分を2cmほど残して、収穫する。

### 収穫したズッキーニ

開花後の肥大が早いので、時間に余裕のないときは小さいものでも早めに収穫する。

ナス科

# ピーマン（シシトウ）

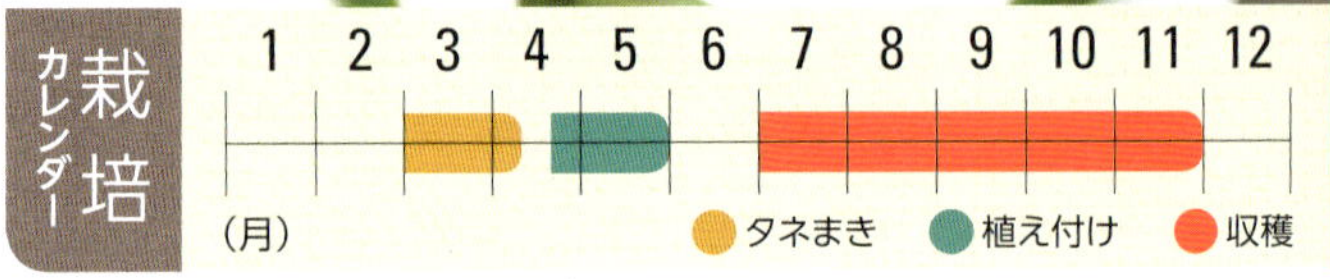


難易度 ★★☆

※連作不可（3～4年休む）

## 嫌いだった子も好きになるピーマンとは

「生でも食べたい！」と言うほどにおいしいピーマンは、タネが密にきれいに並んでつき、肉厚で歯切れがよく甘みがあります。果実は元々タネを充実させるためのものですから、おいしいピーマンを収穫するには、果実にどれだけ養分を供給できるかにかかっています。その活力の源は葉と根にあります。有機質を割り肥にした通気性、水はけよい土作りをして、リン酸、石灰、カリのバランスのとれた肥料を施すことが大切です。

### プロが教える栽培ポイント

ピーマンの根は、主根を中心に縦に広がっていきますが、ジメジメした土では酸欠を起こします。トマトのように通気性をもたせることが大切です。

## タネまき
—ポット移植—

### 1 タネをまき、移植をする

ポットに1粒ずつタネをまいて発芽させ、本葉1～2枚のころ1株に分けて移植する。

▼1株ごとに移植した苗。

### 2 植え付け適期の苗

本葉8～10枚の大きさになるまで、このまま養生する。

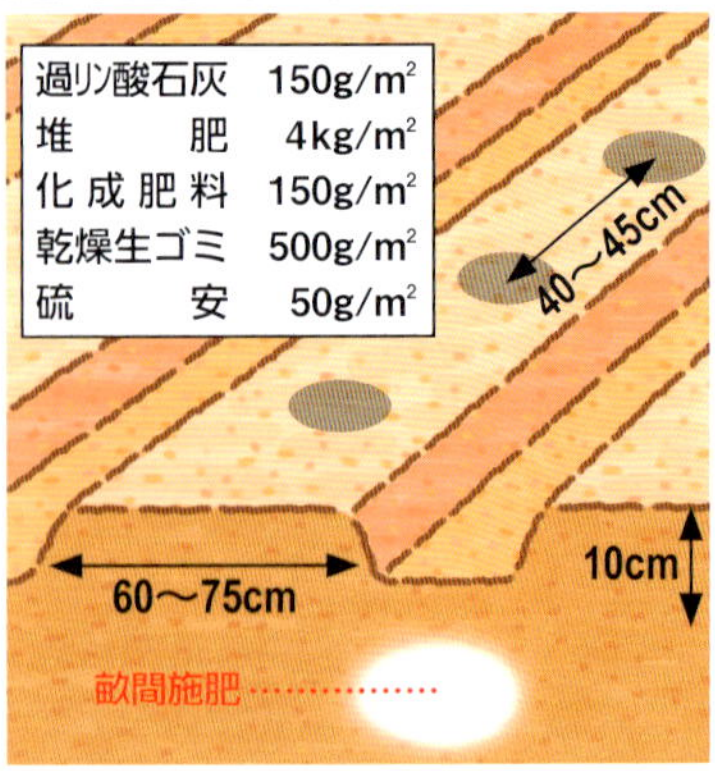

| 過リン酸石灰 | 150g/m² |
|---|---|
| 堆肥 | 4kg/m² |
| 化成肥料 | 150g/m² |
| 乾燥生ゴミ | 500g/m² |
| 硫安 | 50g/m² |

40〜45cm／60〜75cm／10cm

畝間施肥

## 畝作り

### 1 割り肥をする

植え付け予定地に溝を掘り、元肥として堆肥、化成肥料などを投入して整地し、幅60～75㎝の畝を作る。

## 植え付け

### 1 苗を準備する

植え付け前に十分水をやる。根鉢をくずさないように苗をポットから取り出す。

### 2 植え付ける

株間40～45㎝を目安に、子葉が埋まらない深さでていねいに植え付ける。

### 3 水やり

植え付け後、土の中までしっかりとしみ込むように十分な水やりを行う。

## 支柱立て

### 1 支柱を立てる

１株に１本あてがって早いうちに支柱を立てる。今回は合掌式で支柱を立ててみた。

**プロのコツ** 風でゆり動かされないように、しっかりと差し込む。

### 2 ヒモで固定する

支柱が動かないようにヒモで固定する。

### わき芽かきと枝の間引き。

ピーマンやシシトウ、トウガラシの類は、植え付けて１～２週間後は、いじましいほどにわき芽が出てきます。最初に枝分かれするところに１番花が咲きますが、この下の主枝から出るわき芽は、株を大きくするために最初のうちはこまめにとります。株が大きくなったら、あとは気にせず放任です。

株が大きくなって枝が混み合ってきたら枝を間引き、トウガラシなどは葉トウガラシとして煮て食べます。実よりおいしいくらいの味わいです。

## 誘引

### 1 誘引する

植え付け後は、風で株元が振り回されないように早めに誘引する。株を固定することが目的なので、最初は根元から10㎝で誘引する。

### 2 誘引はヒモに余裕を

株が肥大して、ヒモが茎に食い込まないように、ヒモを８の字に交差して余裕をもたせて誘引する。

## 整枝

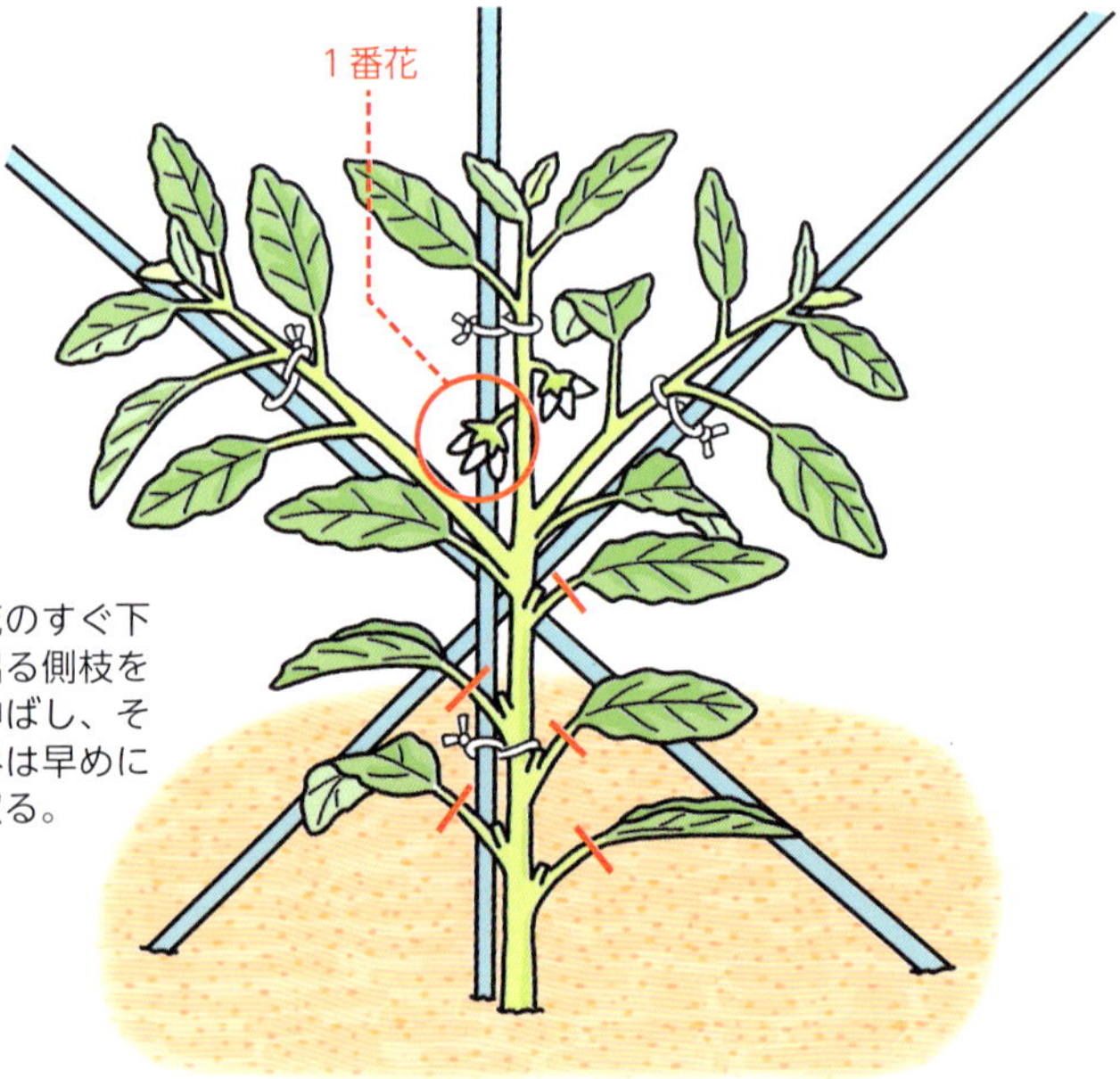


１番花のすぐ下から出る側枝を２本伸ばし、それ以外は早めに摘み取る。

### 収穫したピーマン

果実が小さいうちに収穫すれば株の消耗も少なく、霜が降りるまで長期間収穫できる。

### シシトウの栽培方法

1. シシトウはピーマンの仲間。栽培手順はピーマンと同じ。

2. 果数多く、開花から収穫までも早いので、とり遅れのないようこまめに収穫すること。

3. 大きくするより、やや小ぶりのほうが香りが高く、やわらかくておいしい。

## 収穫

### 1 収穫する

１番果は株の負担をなくすため、小さくても早めに収穫する。

**プロのコツ** 次々に開花結実していくので、果皮の光沢が強くなって手ごろな大きさになったら順次収穫し、２週間に１回程度、畝間に追肥を施して株の勢いを維持する。

## 品種紹介

最近は、赤、黄、オレンジなどのカラフルピーマンも登場しています。暑さに強く、病害虫も少ないので栽培しやすい野菜です。

### 下総《しもふさ》２号《ごう》

低温での生育安定しており、初期の収量特に多い。ウィルス、エキ病に強く、果実は鮮緑色で光沢があり高品質。

### セニョリータ

偏円形のカラーピーマン。甘みが強くピーマン特有の匂いが少ない。最近では家庭菜園用として人気が高い。

Photo：サカタのタネ

### 京《きょう》みどり

果肉は薄くてやわらかく、食味に優れ、夏でも色あせず、低温期にも黒アザが出ない。

Photo：タキイ

### あきの

安定多収のピーマンの代表格。ピーマンの大敵、タバコモザイクウイルスに強く、次々と実り晩秋まで楽しめる。

Photo：サカタのタネ

ナス科

# 甘長トウガラシ

難易度 ★★☆

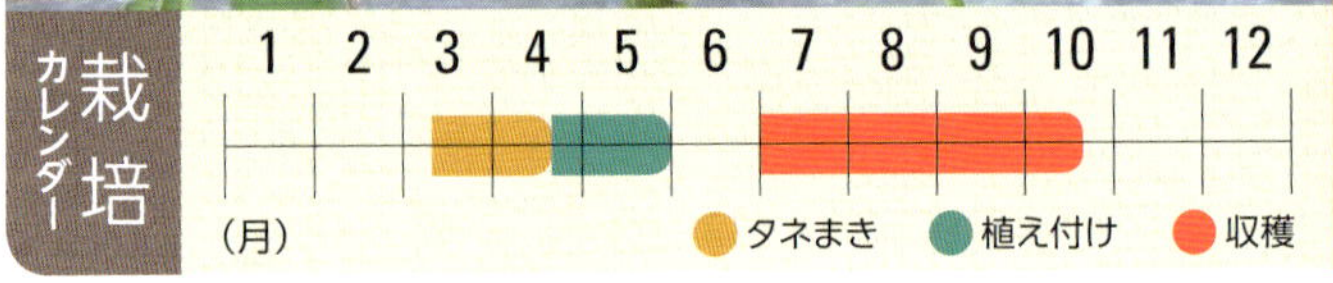


※連作不可(3～4年休む)

## シシトウに代わる新しい食材として注目

果実の長さ15㎝前後で、ジャンボなシシトウのような果形です。辛味がなく、肉厚でやわらかな食感。素焼きで食べてもおいしいですが、肉詰め、炒め物、天ぷら、串焼きなど、シシトウに代わる新しい野菜として注目されている品種です。

栽培は長期間にわたるので、同じナス科の仲間であるピーマンやシシトウに準じて、通気性・水はけよく、有機質のたっぷり入った土作りが大切です。

### プロが教える栽培ポイント

収穫が遅れると赤く熟してきますが、株は疲れてくるので早め早めに収穫するのがポイント。また、収穫の際には、枝が折れやすいのでハサミを用いるようにします。

## タネまき
—ポット移植—

### 1 タネを準備する

甘長トウガラシのタネ。シシトウガラシとほとんど区別がつかない。

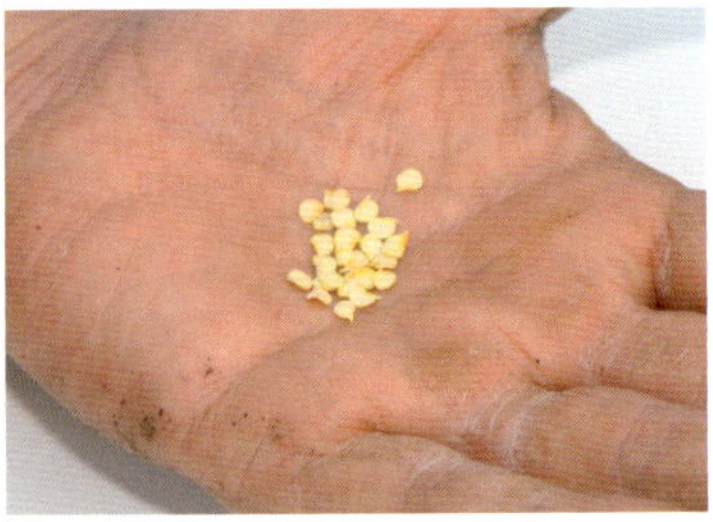

### 2 タネをまく

2～3㎝間隔を目安に、1粒ずつ培土に押し込むようにていねいにまいていく。

### 3 発芽の様子

ようやく発芽したタネ。トウガラシの仲間は、発芽に28℃前後の高温が必要。

## 支柱立て

▼植え付け後、早めに支柱を立てる。

## 誘引

▼ひもを８の字に交差して、支柱に誘引する。

## 収穫

### 収穫した甘長トウガラシ

果長 10 〜 15 ㎝になったら、順次収穫する。

## 植え付け

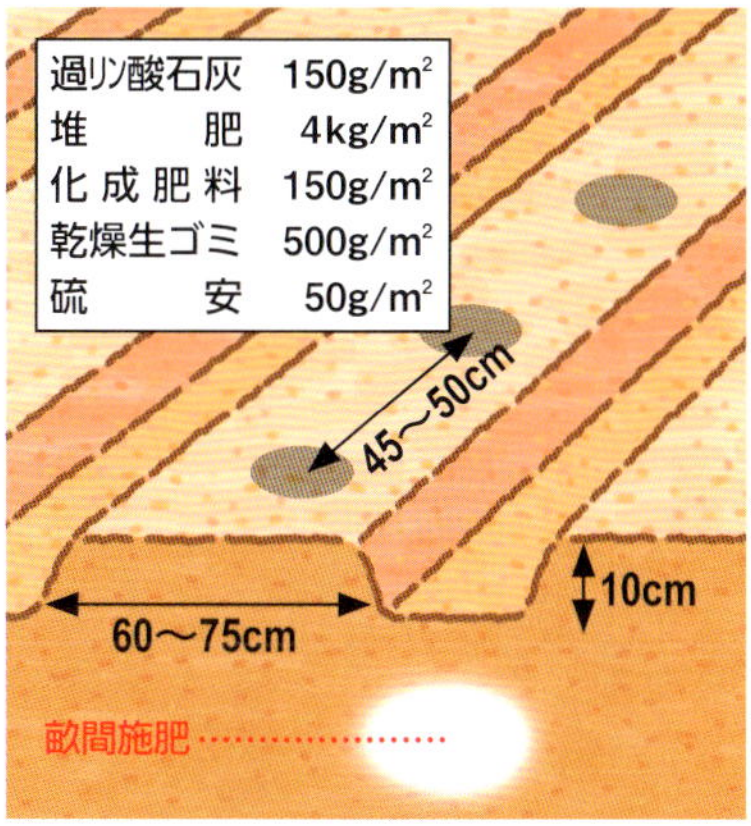

| 過リン酸石灰 | 150g/m² |
| 堆　　　肥 | 4kg/m² |
| 化 成 肥 料 | 150g/m² |
| 乾燥生ゴミ | 500g/m² |
| 硫　　　安 | 50g/m² |

60〜75cm

畝間施肥

### 1 苗を用意する

移植して大きくなった本葉８〜10枚の植え付け適期の苗。根鉢をくずさないように、株元を指ではさんで押さえながらポットから苗を取り出す。

### 2 苗を植え付ける

子葉が地表に出るきわまで植え込む。株間45〜50㎝で植え付ける。

▼株間45〜50㎝で植え付け、水を十分にやる。

ナス科

# トウガラシ

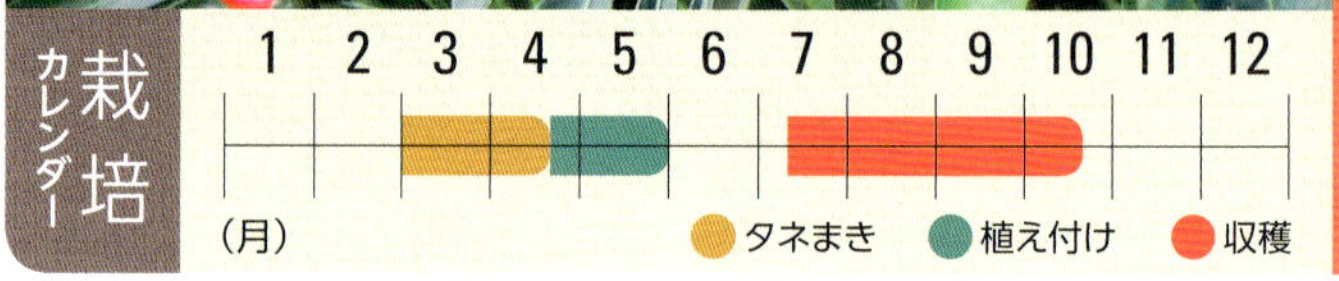


難易度 ★★★

※連作不可（3～4年休む）

## 高温・多照を好む熱帯植物

盛夏までにできるだけ充実した株に育てることがポイント。それには育苗が必須であり、トウガラシでも苗半作といわれるほどに適期の定植は大切です。過湿に弱い半面、高温・多照を好む植物なので、水はけと日当たりがよい場所を選びます。

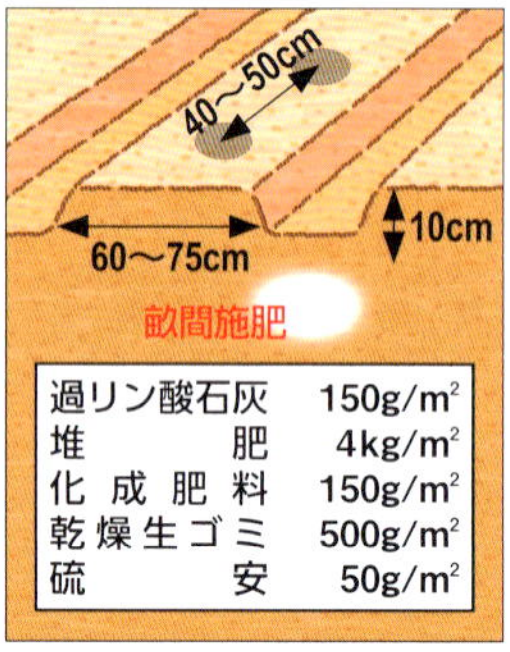


| | |
|---|---|
| 過リン酸石灰 | 150g/m² |
| 堆肥 | 4kg/m² |
| 化成肥料 | 150g/m² |
| 乾燥生ゴミ | 500g/m² |
| 硫安 | 50g/m² |

▲畝の仕上がり

### プロが教える栽培ポイント

追肥が必要な場合は6月までに行うようにしましょう。窒素成分が遅くまで効きすぎると、未熟果が多くなって秋までに完熟しなくなるので要注意です。

## 1 タネまきと植え付け

タネはポットにまいて発芽させる。ただし、発芽には高温条件が必要なので、植え株数が少ない場合は、市販の苗を購入したほうが無難。本葉8～10枚の苗を、株間40～50cmで植え付ける。

## 2 支柱を立て誘引する

風で株元が振り回されないように、早めに支柱を立てて誘引する。枝がこみあってきたら、間引き、整枝を行う。若い葉は煮て食べてもおいしい。

## 3 収穫する

開花後60日前後で赤く熟してくるので、赤く色づいたものから順次収穫する。乾燥させれば長期保存できる。葉トウガラシとして利用する場合は、果実がまだ青く小さいうちに、茂っている葉を収穫する。

マメ科

# エダマメ

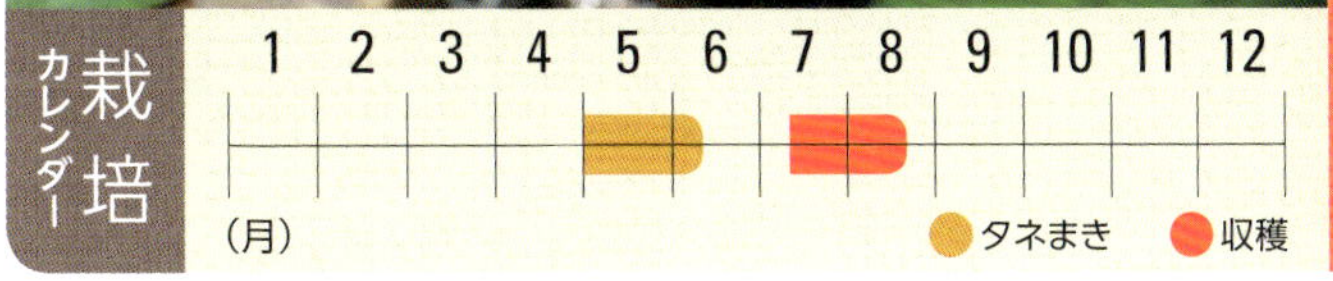


※連作不可（1～2年休む）

難易度 ★★☆

## 開花時期のカメムシなど害虫防除が生命線

夏の味覚として人気のエダマメは、とれたてを食べると手が止まらなくなるほど、香り高く甘みがあって、おいしさは格別です。

エダマメ栽培で最も警戒しないといけないのは、開花時期からマメの形成期にかけての害虫による食害です。サヤはついていても中の汁は吸われてしまって収穫皆無ということも珍しくありません。メッシュ（網目）の小さいネットで被覆するか、最低限の薬剤散布で防除します。

### プロが教える栽培ポイント

開花期に降雨が少なく土壌水分が不足すると受精力が落ち、空サヤが増えるので、株元を枯れ草や堆肥などの有機物でマルチングして乾燥防止に努めます。

## 畝作り

### 1 畝を作る

前作にキャベツやダイコンなどを栽培した場所は無肥料でよいが、豆類は石灰分をほしがるので、過リン酸石灰か苦土石灰のみを施し、幅60cm高さ10cmの畝を作る。

▼条間25～30cmでまき溝をつける。

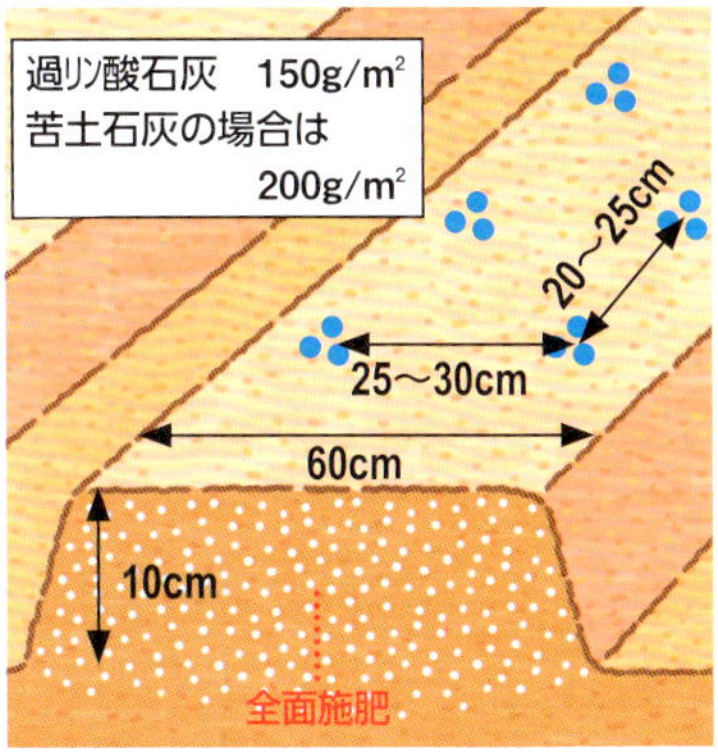

## タネまき

### 1 タネを準備する

エダマメには品種が多いが、今回は香りのよい茶豆系品種をまく。

### 2 タネをまく

まき溝のなかに、株間20～25㎝を目安に、1か所2～3粒ずつ点まきしていく。

### 3 まいたタネに土をかける

まき終わったら、タネの大きさの3～4倍の厚さを目安に周りの土をかける。

### 4 土を踏んで密着させる

土をかけ終わったら、タネを土としっかり密着させるために、足で踏んで転圧する。

### 空中窒素を取り込んでくれる根粒菌

エダマメなどマメ科植物の根には、空気中の窒素を固定できる根粒菌が共生する。この根粒菌が、窒素成分を植物に供給するので、その分ほかの野菜類より肥料を少なめにできる。(根についている丸いコブのように見えるのが根粒菌の菌巣)

## トンネル

### 1 トンネル支柱を立てる

発芽初期の鳥や虫による食害を防ぐため、トンネルで覆って防ぐ。そのトンネル支柱を立てているところ。

### 2 水をまく

土が極度に乾燥しているような場合は、トンネルで覆う前に水を十分あげる。

## 収穫

### 1 収穫の時期を見る

品種にもよるが、タネまきから80〜90日で収穫適期となる。株についているサヤ全体が、平均的にふっくらしてきたら収穫する。

▼株ごと引き抜いて収穫する。

**プロのコツ** エダマメが最もおいしくなる収穫適期は3〜4日とされる。豆を大きくしてから収穫すると風味が薄れ大味となるので、早めに収穫すること。

とりたてのエダマメはその日のうちに食べてみよう！　風味、食味ともに一級品の味わい。

**プロのコツ** エダマメの開花が始まったら、生育状態を見て、葉が黄化しているようなら化成肥料を1㎡に一握りを畝の肩あたりに追肥する。

### 3 トンネルの完成

不織布で覆ってトンネル完成。大きくなってトンネルに頭がつかえるまで、このままの状態におく。

## 発芽と生育

▼タネまき後、１週間から10日で発芽、子葉も展開して本葉も見えてくる。

▼タネまき後約60日の樹形。順調に生育している。

マメ科

# ラッカセイ

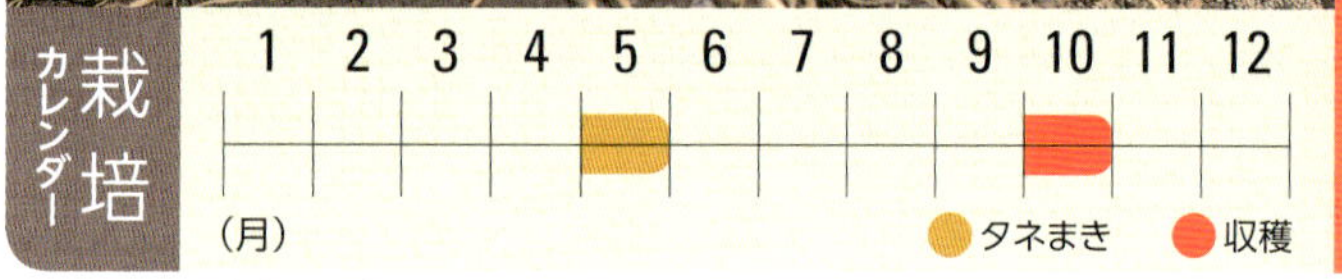


難易度 ★★☆

※連作不可（2〜3年休む）

## 連作を避けて窒素肥料を控えめに

ラッカセイは前作に肥料を施したところでは、元肥は少なめでいいでしょう。新しい畑では、1㎡あたり堆肥2kgを目安に施してからタネまきします。追肥は、葉の色がうすく、生育が思わしくないときに、除草や土寄せする際にあわせて与えます。

開花したあと子房柄が土中に伸びて、土の中で肥大充実しますが、この子房柄が土の中に入りやすいように、除草や中耕を適宜行って株元をやわらかい状態にしておきます。

### プロが教える栽培ポイント

10月上中旬に、葉が全体的にやや黄ばんで下葉が少し枯れ落ちてきたら収穫時期。収穫が遅れるとサヤが土中に残ってしまうので注意しましょう。

## 畝作り

### 1 畝を作る

前作の肥料分が残っている場所では、石灰分だけ施し、幅60〜80㎝、高さ10㎝くらいの平らな畝を作って、まき溝をつける。

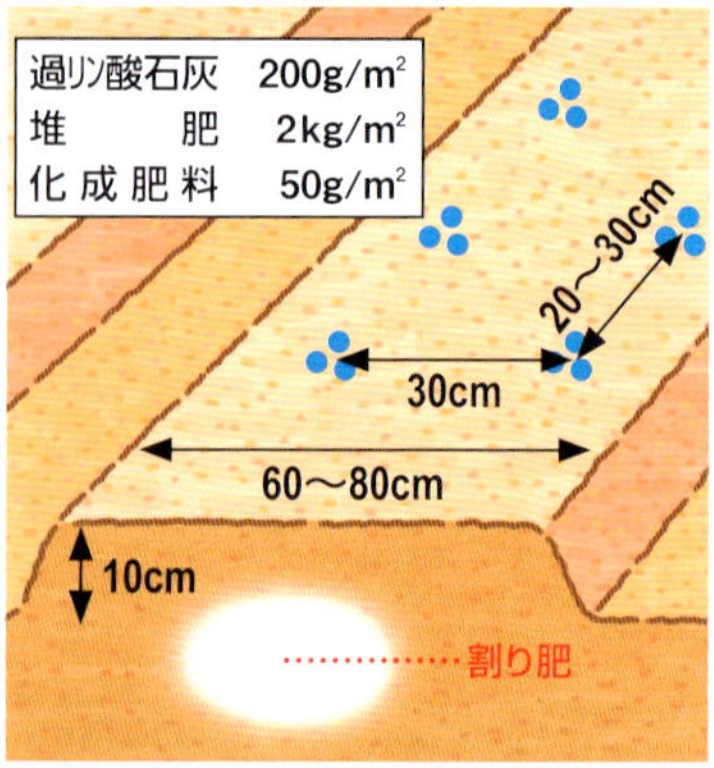


## タネまき

### 1 タネを準備する

タネはいつも食べているラッカセイそのもの。

## 2 タネを置く

株間は20～30㎝を目安にする(写真の小指と親指の間隔で約20㎝である)。

## 3 タネをまく

タネは１か所に２～３粒ずつの点まきとする。タネが大きいので、１粒ずつ、押し込むように置いていく。

## 4 タネに土をかける

まき終わったら、まき溝全体にレーキなどで土をかけていく。

## 5 土を踏んで密着させる

まき溝を足で踏みつけるように歩き、タネを土にしっかりと密着させる。

# 生育

▼順調に発芽生育している様子。

▼開花が始まって数日たつと、子房柄が伸びて地中にもぐり始める。これが、ラッカセイ（落花生）の名前の由来である。

**プロのコツ** 子房柄が伸びだす前に、株元を少しやわらかくして土寄せなどしておくと、先端が土にもぐり込みやすくなる。

# 収穫

## 1 試し掘りをする

10月になって、葉が全体的に黄化してきたら収穫適期。試し掘りをしてサヤの肥大具合をみる。

## 2 収穫する

サヤに網目がはっきりしてきたら、少し小さいものがあっても掘り上げる。

掘り出した株は逆さまにして、１週間ほど乾燥させる。

イネ科

# スイートコーン

難易度 ★★☆

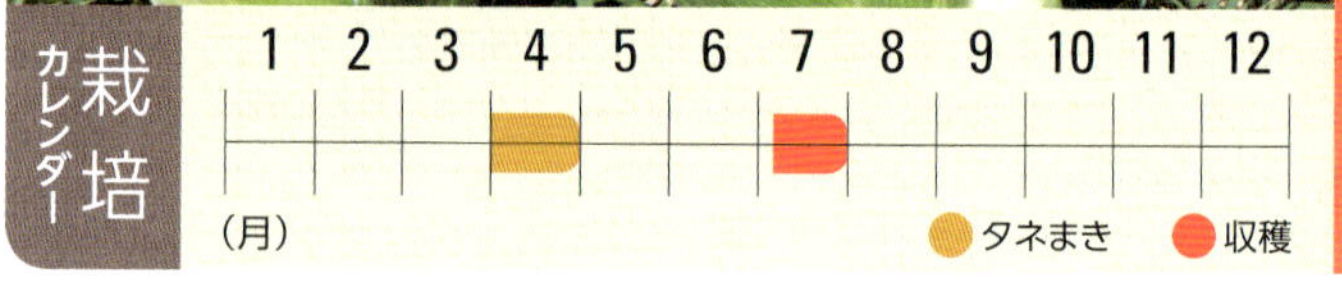


※連作不可（1～2年休む）

## プリプリのスイートコーンは適期播種と元肥が決め手

最近のスウィートコーンは粒皮が薄くて甘みが強く、フルーツのような香りのよい品種が多くなりました。肥料をぐんぐんと吸い上げますから、植え場所には堆肥や有機質肥料を事前に十分施しておくことが大切です。

病気の発生はほとんど心配いりませんが、茎に食入るアワノメイガは穂の出始めのころに卵を産みつけるので、防虫効果のあるアサガオを株間に生やして絡ませたり、事前に薬剤散布して防ぎます。

### プロが教える栽培ポイント

スイートコーンの発芽には高温を必要としますが、本葉4～5枚、草丈30㎝ほどになったら、根を深く張らせることを優先させて、マルチ資材をはずしておきます。

## 畝作り

### 1 元肥を投入する

植え付け予定地の中央に深さ40㎝ほどの溝を掘り、堆肥、過リン酸石灰、乾燥させた家庭の生ゴミ、硫安など投入する。

### 2 畝を作る

これを埋め戻す。畝を作り、平らにならす。

# タネまき

スイートコーンのタネは、発芽初期の病害を予防するために殺菌剤などをまぶしてあるものが多い。赤い色は、同じトウモロコシでも食用ではなく、タネ用であることを示すため色づけしてある。

## 1 タネを土の中に押し込む

1か所3～4粒ずつタネをまき、全部まき終わったところで、タネを土の中に押し込む。

## 2 まき穴を踏み付ける

最後にまき穴を足のかかと部分で、踏み付けてタネと土をしっかりと密着させる。

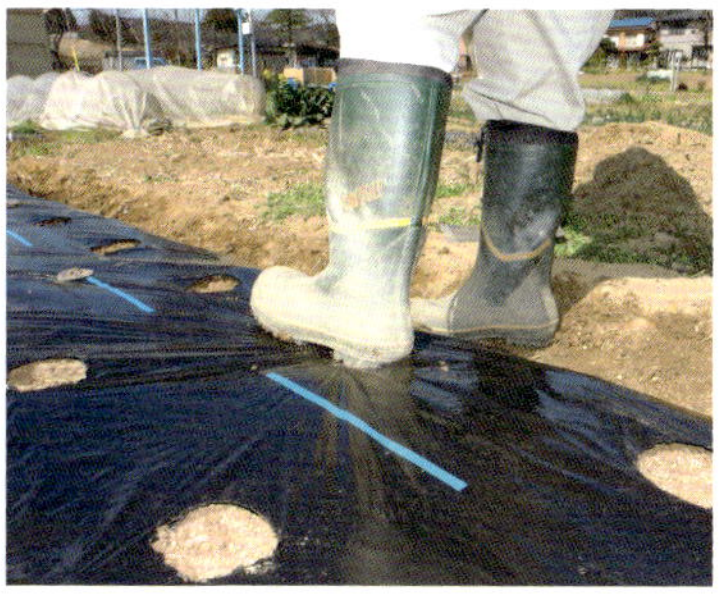

# マルチがけ

## 1 マルチをかける

地温の確保と雑草抑えのために、黒ポリマルチで畝全体を覆う。風で飛ばされないように、マルチ両端に土を寄せてとめる。

**プロのコツ** マルチ資材も多種多様。地温をもっと上げたい場合には、透明のポリマルチなどあるが、光を通すので雑草も同時に発芽してくる。収穫を急がないようであれば、雑草抑えの効果が高い黒マルチがおすすめ。

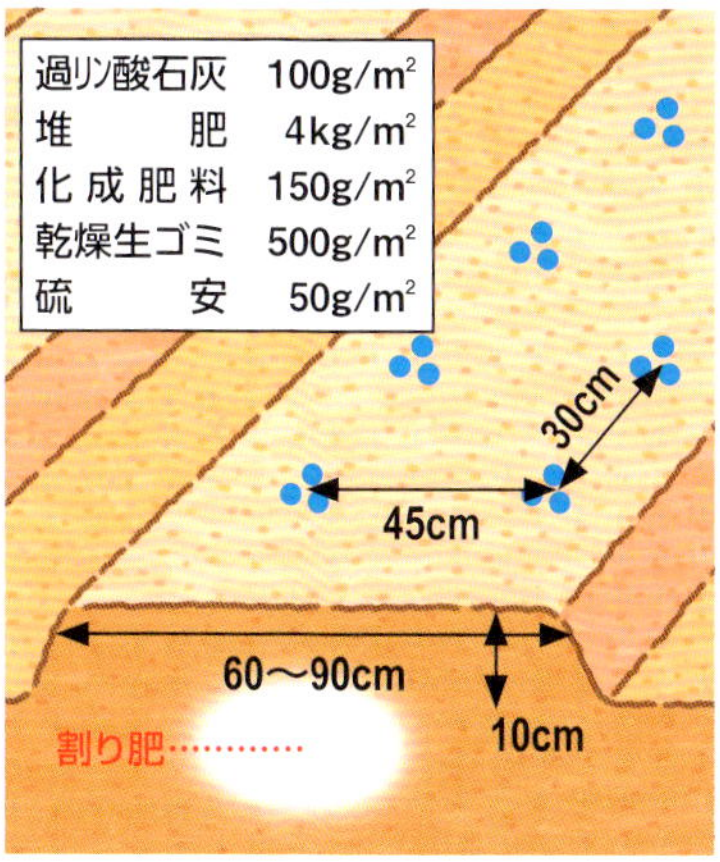

| | |
|---|---|
| 過リン酸石灰 | 100g/m² |
| 堆肥 | 4kg/m² |
| 化成肥料 | 150g/m² |
| 乾燥生ゴミ | 500g/m² |
| 硫安 | 50g/m² |

幅60〜90cm、深さ10cm

## 2 タネまき穴をあける

株間30㎝、条間45㎝を目安にまき場所を決め、ハサミなどを使ってポリマルチを切り取る。

## 間引き

### 1 ベタがけを取り除く

発芽初期の様子。この段階でベタがけは取り除く。

### 2 間引きする

草丈15～20㎝ほどに成長したら、畝全体の生育具合を見て、最も平均的な大きさの苗を確認してから、1穴1株を残して、ほかは株元からハサミなどで切り取って間引きする。

## ベタがけ

**プロのコツ** ベタがけは、いつまでもそのままにしておかないこと。苗が徒長して弱々しくなるため、発芽して本葉が伸び始めたらすぐ取り除く。

### 1 ベタがけをする

発芽初期には鳥害にあう危険性があるので、不織布をベタがけしておく。

◀不織布の上から、十分に水をやっておく。

**鳥害の対策法**

実の高さにタングステンなどのヒモを張って、カラスやスズメなどの食害を防ぐ。

# マルチ除去

## 1 マルチを取り除く

草丈30cmほどに成長したら、できるだけ根を深く強靭に張らせるために、黒ポリマルチを取り除く。

**プロのコツ**
株が大きくなりすぎると、マルチの除去ができなくなるので適期を見のがさないこと。

## 3 間引き完了

間引き完了。間引きの際、株を抜き取ると、残した苗の根も動いて、一時的に生育が止まるので、切り取り方式のほうが手軽で安全。

## 病害虫の防ぎ方

**虫害の対策法**

スイートコーンの株間にアサガオのタネをまいて、スイートコーンの株自体を支柱代わりにつるを巻かせる。アサガオの茎葉部表面に生えている産毛が、アワノメイガやほかの虫の飛来を妨げる防虫効果を発揮する。写真では、前年栽培したツルムラサキもいっしょに絡み付いて、さらに効果的である。

アサガオは花も楽しめて一石二鳥。

ツルムラサキも協力して。

# 収穫

## 1 収穫の時期を見る

品種ごとに必要な生育日数が示されているが、これは一定ではなく気象条件によって変化する。

**プロのコツ** 実のひげ（絹糸）が茶色になったころを収穫適期の目安として、試しどりしてみる。

## 2 収穫する

穂先まで、びっしり実がつまっている。

収穫が遅れると、果粒に凹やシワが生じて皮もかたくなって食味が落ちてくるので、早めの収穫を心がける。

# 追肥と有機マルチ

▼黒マルチを取り除いたら条間に追肥を施し、畝全体を有機物でマルチングする。

# 管理

## 1 株元から出るわき芽は残す

生育が進んでくると、株元からのわき芽が増えてくるが、これは倒伏防止と、葉数が多いため光合成が活発となり、実の太りがよくなる効果あるので、そのままにしておく。

プロの知恵袋

## とても働き者のスイートコーンは、栽培品目の常連です。

スイートコーンなどのイネ科の植物は、養分を吸い上げる力が強く、地下に沈んだ養分を吸い上げたり、過剰な肥料分を吸ったりして土壌改善に役立ちます。また、根が畑の底の固い層に穴を開けて透水をよくしてくれるなどの効果ももたらしてくれます。残った多量の茎や葉は、堆肥の材料や敷きわら代わりにも使えます。

## 品種紹介

### キャンベラ90

草丈約2m近くになる、甘さがとくに強くて熟期は中生。このタイプだと7月にタネをまいて秋収穫もできる。

Photo：タキイ

### ゴールドラッシュ

生で食べられるほど粒皮がやわらかく、さわやかな甘みで食べやすい。低温期の生長に優れる。

Photo：サカタのタネ

### サニーショコラ

粒皮が薄くてやわらかく、ジューシーで爽やかな食味のフルーツコーン。先端不稔が少なく、草丈低いので家庭菜園でも栽培しやすい。

Photo：みかど協和

アオイ科

# オクラ

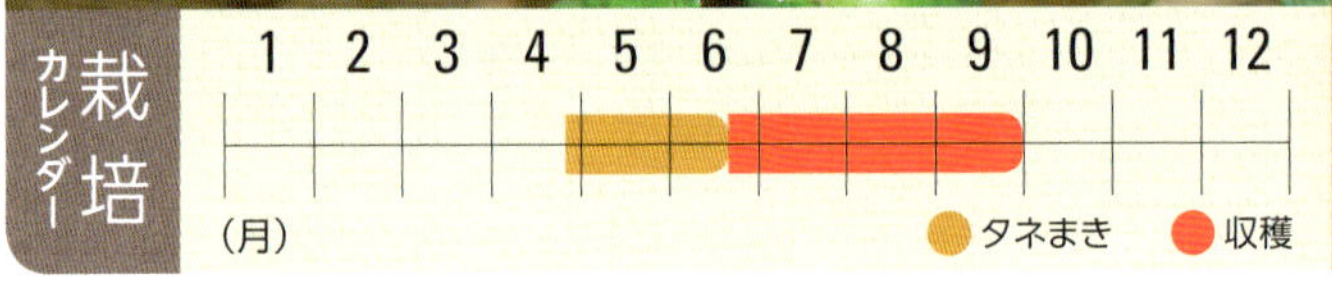


難易度 ★★★

※連作可

## 成長の早いオクラは果実の収穫遅れに注意

オクラはハイビスカスに似た南国を思わせるようなきれいな花を咲かせますが、一日花で、早朝に開花し午後にはしぼみ結実します。夏の高温期には開花後、四日程度で収穫適期となりますので、サヤの長さが7～10cmぐらいになったら、収穫遅れにならないようにこまめに収穫していきます。

このとき、収穫した節の下1～2枚の葉を残し、それから下の葉は順次切り落として、風通しをよくしてやります。

### プロが教える栽培ポイント

オクラの根は直根性で吸肥力が強く生育旺盛なので、1か所1株ではなく、2～3株を寄せ植えにすると生育が穏やかになり、果実の揃いもよくなります。

## 畝作り

### 1 元肥を投入する

畝の中央に深さ40cmほどの溝を掘り、堆肥、過リン酸石灰、乾燥させた家庭の生ゴミなどを順次投入する。

### 2 畝を作る

これを埋め戻して、土をならして整地し、幅60～75cm、高さ20cmほどの畝を作る。

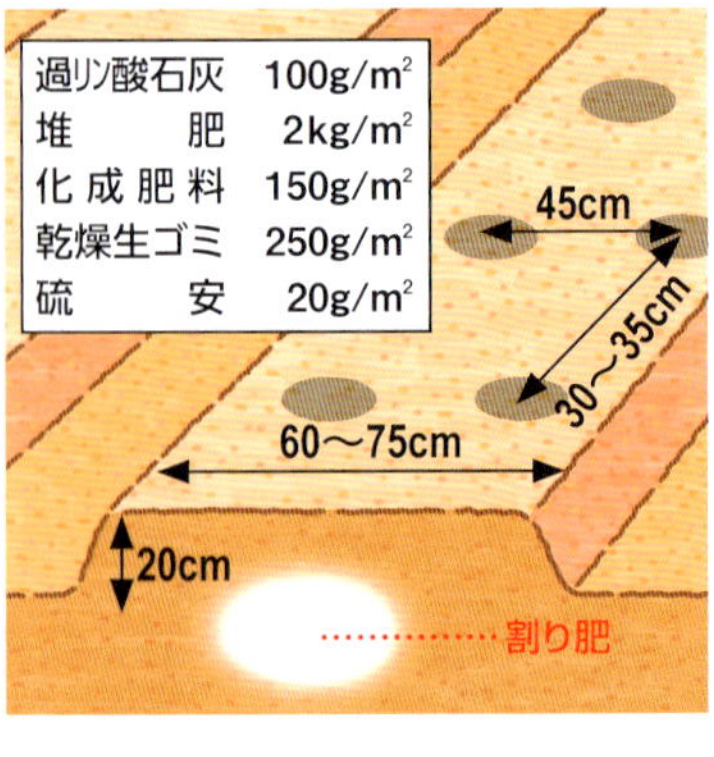

| | |
|---|---|
| 過リン酸石灰 | 100g/m² |
| 堆肥 | 2kg/m² |
| 化成肥料 | 150g/m² |
| 乾燥生ゴミ | 250g/m² |
| 硫安 | 20g/m² |

## 管理

### 1 下葉を切り落とす

風通しをよくするために、収穫した実の下の葉2枚を残して、そこから下の葉は切り落とす。

▼順調に生育したオクラの草姿。開花も始まっている。

**プロのコツ** 1か所1株植えではなく、1か所2～3株で栽培したほうが、果実の揃いがよくなる。

## 収穫

### 1 収穫する

果実の長さが7㎝くらいになったものから順次収穫していく。

**プロのコツ** 次から次に開花し、果実も著しく生長が早いので早めに収穫する。

## タネまき

### 1 タネを準備する

オクラのタネ。色がついているのは立枯れ予防のための殺菌剤をまぶしてあるため。

### 2 タネをまく

株間30～35㎝、条間45㎝を目安にして、1か所4～5粒の点まきとする。

## 間引き

### 間引きの時期を見る

本葉が4～5枚になったら、1か所2～3株を残して、ほかは株元からハサミなどで切り取って間引きする。

マメ科

# インゲン

難易度 ★★★

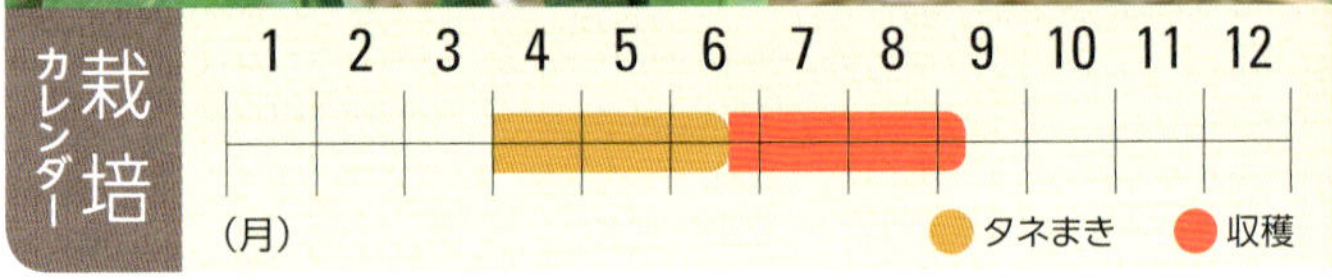


※連作不可（2～3年休む）

## ゼリーの多い、甘くてやわらかいインゲンを栽培

やわらかくて歯切れよく、甘さと香りのあるインゲンは、果実の先端部分の尻尾が、見事な弧を描いてカーブし、サヤに細かな毛がたくさん立っています。

インゲンはある程度生長すると、次々に開花結実するので、次第に養分が不足し、繁茂しすぎ状態になって茎葉が軟弱になります。通気性のよい土作りと、過繁茂を抑えるために、少量の肥料を回数多く施すことと灌水が大切な作業となります。

### プロが教える栽培ポイント

結実期に乾燥が続くと、サヤが曲がったり短小になったりするので、開花結実が始まったら、少量の水を欠かさずに与え土壌水分の維持に努めます。

## 畝作り

### 1 元肥を投入する

畝の中央部に深さ40cmほどの溝を掘り、ここに堆肥と過リン酸石灰などを投入する。

### 2 畝を作る

溝を埋め戻して整地し、幅60cm、高さ10～20cmの畝を作る。

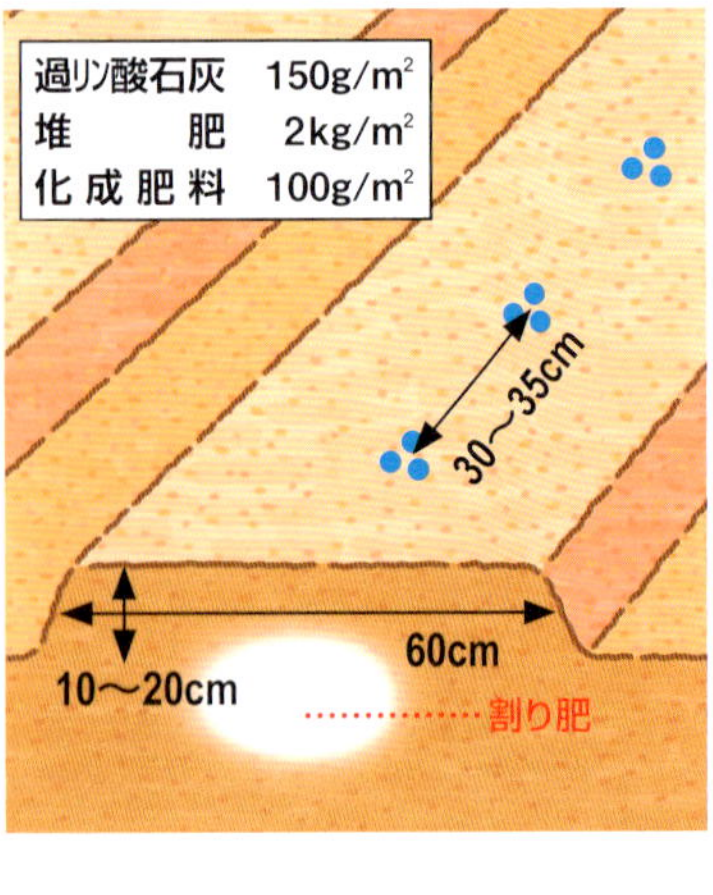

## タネまき

### 1 タネを準備する

インゲンには多くの種類があるが、これは丸サヤインゲンのタネ。

### 2 タネをまく位置を決める

株間30～35cm前後とし、１か所３～４粒の点まきとする。

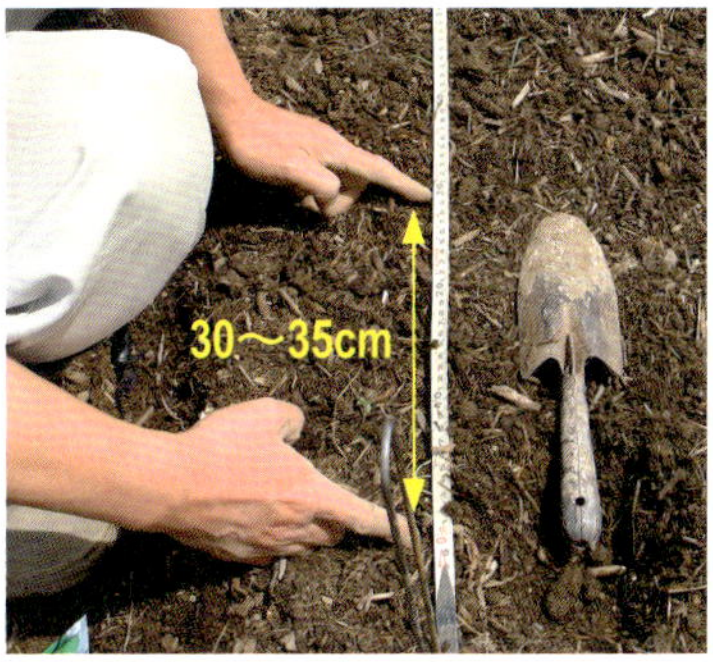


### 3 タネをまく

タネをまく。まき終わったら、土をかぶせて押さえる。

### 4 土を踏んで密着させる

インゲンのタネは大きいので、足で踏んでさらに土と密着させる。

発芽し本葉が展開を始めたところ。

## 支柱立て

### 1 支柱を立てる

つるが伸びだす前に支柱を立てる。

**プロのコツ**

条植えの場合には、つるがよく絡みつくように、支柱の先端部が交差する合掌式で支柱を立てる。

## 収穫

### 1 収穫する

サヤが15cmほどになったら順次収穫していく。

### 収穫したインゲン

平サヤの「ビックリジャンボ」インゲンは見た目と違ってやわらかで、天ぷらには最高の一品です。

シソ科

# ゴマ

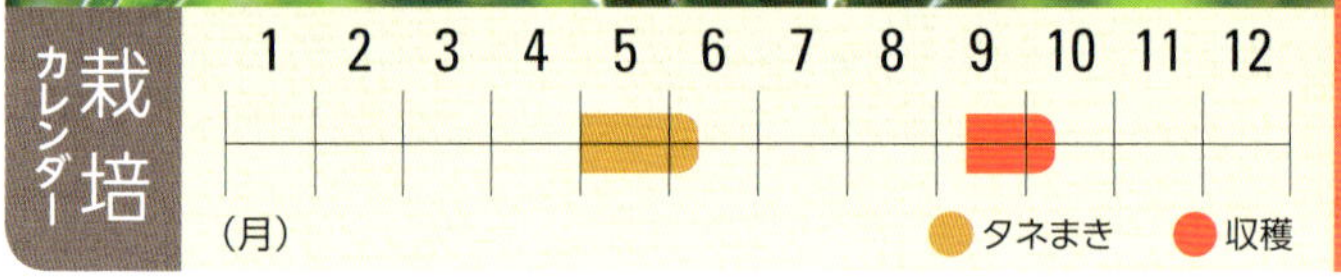


※連作可

難易度 ★★★

## 地温の上がる5月中旬以降が タネまき時期

ゴマの発芽には、20℃以上の温度が必要なので、地温が十分に上がる5月中旬以降にタネをまきます。土質を選ばず、病害虫による被害も少ないので、比較的栽培しやすい野菜です。

タネの色の違いによって、白ゴマ、黒ゴマ、金ゴマと呼んでいますが、なかでも比較的収穫量の多いのは黒ゴマです。ピンクの可憐な花もきれいなので、日当たりと水はけのよい畑の片隅にでも、毎年植えたい一品です。

### プロが教える栽培ポイント

タネが小さいので、土を厚くかけると発芽が不ぞろいになりがちです。厚さ５㎜程度にうすく土をかけるように心がけましょう。覆土後は軽く押さえておきます。

## 畝作り

### 1 元肥を投入する

畝の中央に深さ40㎝の溝を掘り、堆肥、過リン酸石灰、乾燥させた家庭の生ゴミなど投入する。

### 2 畝を作る

これを埋め戻して整地し、幅60㎝、高さ10㎝ほどの畝を作る。

▼畝にまき溝をつける。

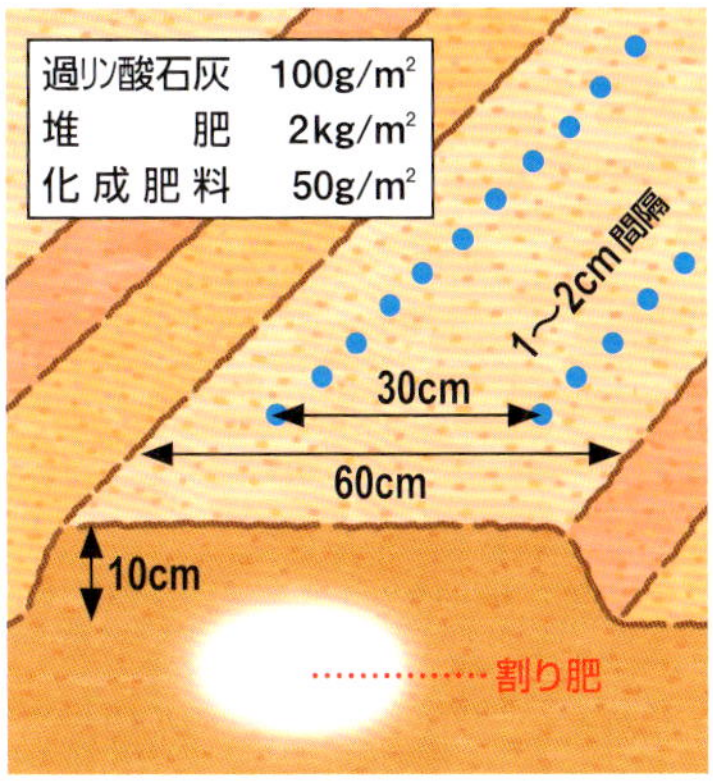


## タネまき

### 1 タネを準備する

白ゴマのタネ。まき溝に用意したタネを1～2㎝間隔で、均一になるようにすじまきする。

▼金ゴマのタネ。

▼黒ゴマのタネ。

### 2 タネをまく

すじまきの場合は、親指と人差し指でタネをひねるようにしてまくと、均一にまける。

### 3 覆土する

タネをまいたあと、レーキなどで軽く土をかけて転圧する。

## ベタがけ

### 1 ベタがけをする

発芽初期に雨にたたかれたり、虫の食害にあったりしないように、不織布などでベタがけをする。ベタがけが風で飛ばされないように、マルチ杭などで端をとめる。

**プロのコツ**
ベタがけ資材は初期生育にだけ必要なもの。発芽して本葉が展開してきたら取り除く。

### 2 水をまく

不織布の上から、十分に水をやる。

### 2 サヤができてくる

びっしり結実したゴマの株。葉が垂れ下がっているのは、収穫間近の目安となる。

### 3 収穫の時期を見る

タネが熟してくると、サヤの先端が割れてくる。こうしたサヤが株の先端に出てきたら、収穫適期となる。

収穫が遅れると、サヤからタネがはじけ飛んでしまう。

## 追肥と土寄せ

### 1 追肥の時期を見る

開花が始まったころに、畝間に化成肥料50ｇ／㎡を目安に追肥を施す。

### 2 株元を踏み固める

中耕して土寄せを行い、倒れかかっている株は、株元を足で踏み固めて立て直す。

## 開花と結実

### 1 開花

開花の始まり。うすいピンクのかわいい花が次々と咲く。

## 間引き

▼発芽初期。きれいに発芽している。

### 1 間引きの時期を見る

本葉２～３枚のころ、株間15～20㎝になるように間引く。

### 2 間引きをする

生育がそろうように、大きさの同じような苗を選んで残していく。

▼間引いた状態。

## 4 収穫する

根元から刈り取って株ごと収穫する。一輪車には収穫したてのゴマ。

# 乾燥

## 1 乾燥させる

タネが飛び出ないように、刈り取った株を不織布などで包み、雨の当たらない風通しのよい場所に立てかけて乾燥させる。

## 2 ゴマをサヤから落とす

乾燥したゴマの株を、不織布ごと逆さにしてたたくと、ゴマがきれいに落ちてくる。

**プロのコツ** 不織布は風を通すし、こぼれ落ちたゴマを逃がさないシートの役目をしてくれるので好都合。

収穫された黒ゴマと金ゴマ。ゴマも何種類か栽培すると使い勝手がよく楽しい。

**プロの知恵袋**

### ゴマを乾燥させるときは風などで倒れないよう工夫しましょう。

場所が確保できる場合は、写真のように数株をしばって、軒先などに立てかけて置く方法もあります。この場合、風などで倒されて、せっかく収穫したゴマが飛散することのないように、全体をヒモで固定するなどもう一工夫必要です。

ナス科
# ジャガイモ

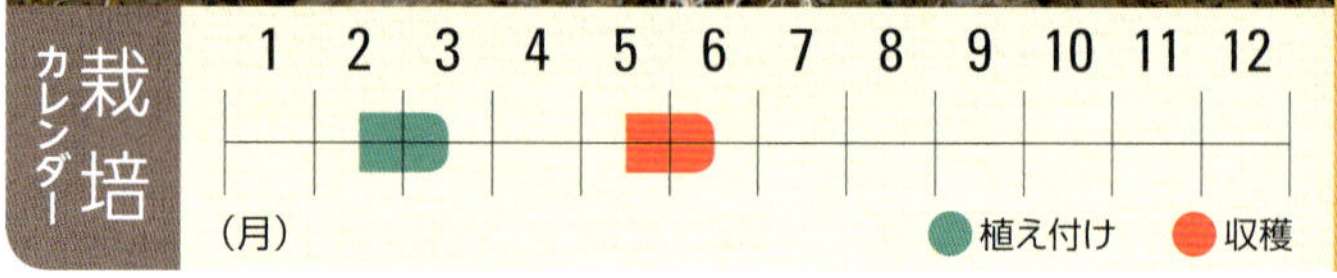


※連作不可(2～3年休む)

難易度 ★★★

## 品種が多く用途に合わせて栽培するのも楽しい

ジャガイモは土質を選ばず、短期間で収穫できる繁殖力の強さから世界中で栽培され、用途に合わせた品種も作出されています。

おなじみの「男爵」「メークイン」のほかに、ポテトサラダに向く「キタアカリ」、チップスに「トヨシロ」、栗のような食感の「インカのめざめ」、秋ジャガイモ栽培もできる「デジマ」「アンデス」などが知られています。いろいろな品種の食べ比べも自家菜園ならではの楽しみです。

### プロが教える栽培ポイント

ジャガイモは短期作物なので、収穫時に肥料が切れる元肥一発栽培が基本。肥料分が切れ、黄化して枯れて完熟したほうが味が濃くなる傾向があります。

## 畝作り

### 1 1条植えを前提に

前作の肥料分が残っているようであれば、過リン酸石灰だけをまいて、事前によく耕しておく。

### 2 畝を作る

植え付け予定地に、深さ10～15cmの植え溝を掘る。その後の土寄せ作業などを考慮して必ず1条植えとする。

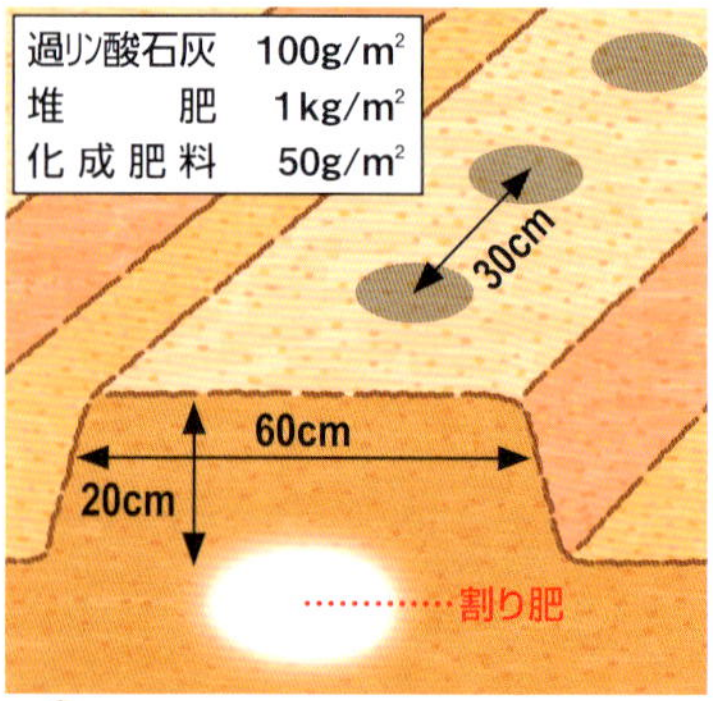

プロの知恵袋

### マルチする場合としない場合。

黒マルチなどをかけて栽培する場合は、畝作りが必要になりますが、マルチをかけない栽培なら、土寄せしていくと必然的に畝ができていくので、きちんとした畝作りは不要です。

## タネイモの準備

### 1 必要な個数を用意する

植え付け予定数にあわせて、市販のタネイモを準備する。大きなもの小さなものに分けておく。

### 2 切り分ける

タネイモには芽が集中している箇所が必ずあるが、そこが頂部なので、ここに包丁を入れて、1片が50g以上の大きさで、2～3芽つくように必ず縦に切り分ける。

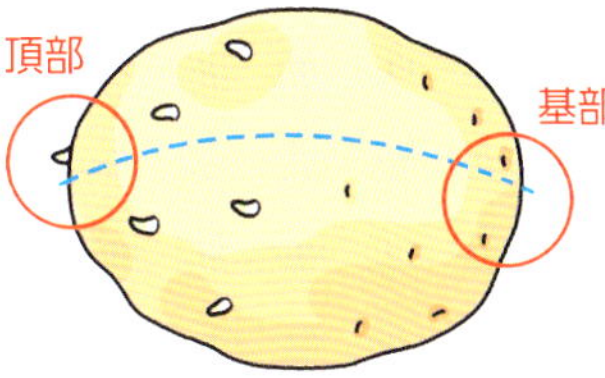


▲大きなイモは芽を2つ以上つけて、頂部から基部に向けて切り分ける。

### 3 草木灰をまぶす

そのまま植えても大丈夫だが、切り口から腐敗しない安全を期すために、草木灰をまぶす。

## 植え付け

### 1 タネイモを置く

切ったタネイモは、切り口を下にして、土とよく密着するように少し土に押し込むように置いていく。

**別の方法**

50g以下の小さなタネイモの場合は、切らずに丸ごと植え込む。

### 2 株間を測る

株の間30㎝ぐらいになるように植える。

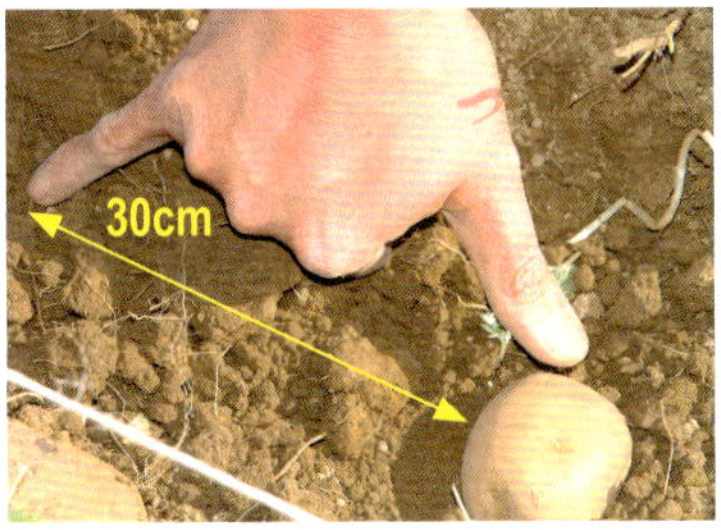


### 3 化成肥料を置く

タネイモを置き終えたら、イモとイモの間に化成肥料を20～30gずつ、イモに触れないように置いていく。

**プロのコツ**

肥料が付着したタネイモは腐ることが多いので、肥料をやるときは、絶対にタネイモに付着しないよう注意する。できるなら、植え込んだタネイモに少し土をかぶせてから、タネイモとタネイモの間に肥料をやるほうが安全。

## 土寄せ

### 1 1回めの土寄せ

芽かきをしたら、株元までしっかりと土寄せする。

### 2 2回めの土寄せ

イモが肥大して地表に顔を出すと、日光が当たって表皮が緑化されてしまい、品質を損ねるので、花芽が見え出したころを目安にして、早めに2回めの土寄せをする。

### 2 クズイモを少なくする

芽かきをしないとイモ数は多くなるが小さくなる。芽かきはそろいのよいイモを収穫するために必要な作業。

**プロのコツ**

芽かきは、タネイモの根元から引き抜かないと効果がない。タネイモが浮き上がらないように片手で株元を押さえながら、一方の手を土の中まで差し込んで、芽を横に引き抜くようにして摘み取る。

### 4 埋め戻す

タネイモの上に7～8㎝の厚さに土をかける。肥料がタネイモのかからないように注意しながら埋め戻す。

▼埋め戻して、幅60㎝前後の畝とする。

## 芽かき

### 1 芽かきをする

大きなイモになるように、芽が10～15㎝に伸びたら、勢いのよい太い芽を1～2本残してほかは抜き取る。

## 品種紹介

### アンデス赤

赤い皮のジャガイモ。煮くずれしやすいので、ポテトサラダ、コロッケなどに向く。この品種は休眠が短いので、8月に植えて秋収穫

Photo:タキイ

### メークィン

やや細長の形状。煮くずれしない肉質なので、カレーや煮物に適する。低温で貯蔵すると甘みが増す。

Photo:タキイ

### 男《だん》爵《しゃく》

ゴツゴツしていて芽の窪みが深い。熱を加えるとホクホクした感じで味が濃く、粉ふきイモやマッシュポテトに向く。

Photo:タキイ

# 収穫

## 1 試し掘りをする

地上部の黄化が始まったころを見計らって、試し掘りをしてみる。

## 2 収穫の時期を見る

試し掘りをして、イモの大きさがそろっているようなら、収穫適期である。

**プロのコツ**

地上部を見て、全体的に黄化して倒伏が始まっているころが、いっせい収穫時期の目安。雨でドロがついたイモは、保存がよくないので、できれば晴天の日を選んで掘り上げる。

## 3 掘り起こす

イモを切断しないように、株から少し遠めにスコップを入れて掘る。

**プロのコツ**

イモが土の中に残る場合が多いので、最後は手でていねいに収穫する。

### イモのつき方

ジャガイモは株まわりに新しいイモをつける。こうした特性がわかれば、どれくらいの株間で植え付けたらよいのか、畝幅はどれくらいで足りるのかわかってくる。

ヒルガオ科

# サツマイモ

難易度 ★★★

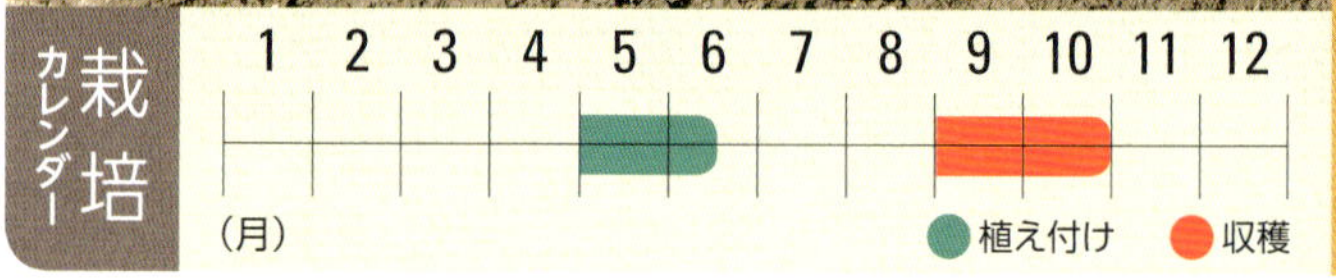


※連作不可（1～2年休む）

## 植えつける苗は土の中で発根させる

サツマイモは、節から出る根が肥大したものです。苗に出ている根は、活着はよいのですがイモにはならず、肥料吸収根となってつるボケを起こす要因となります。苗に一人前の葉が最低3枚あれば大丈夫なので、発根していない苗を選んで植え付けます。

植え付け後、土の中で新しく伸び出した根が、形のよくそろったイモに生育してくれます。植え付けて3か月もすれば、十分収穫できる大きさになります。

### プロが教える栽培ポイント

つるが繁茂した場合は切ってもよいし、ひっくり返して節々から発根した根を引き抜いてもかまいません。株元のイモの肥大を促すことがポイントです。

## 畝作り

### 1 溝を掘り、元肥を施す

植え付け予定地の中央に、深さ30～40㎝の溝を掘る。元肥として、微生物のエサとなる米ぬかと、野菜には欠かせないカルシウムを補う過リン酸石灰だけを少量投入する。

▼土で埋め戻し、幅60㎝、高さ30～40㎝の畝を作る。

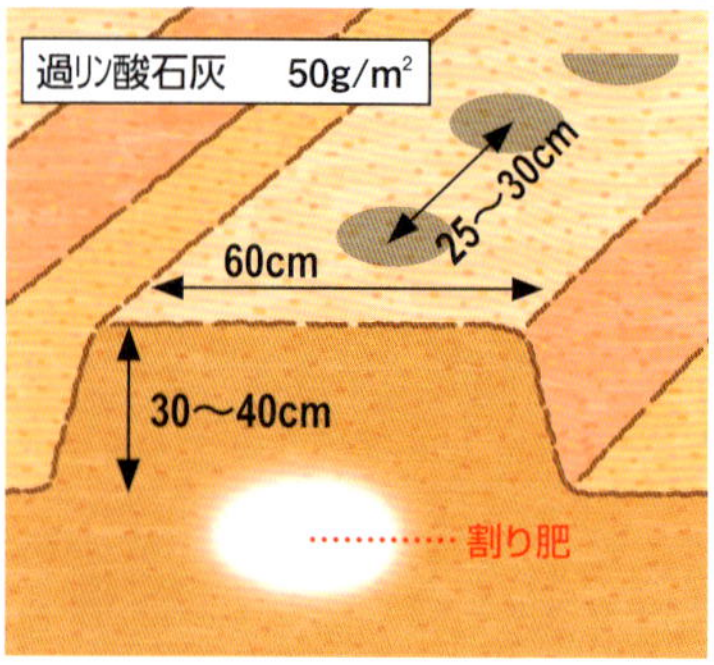

## 植え付け

### 1 マルチに穴をあけて植え込む

畝の中央に、株間25～30㎝でマルチに穴をあけ、1株に3枚の葉をつけた苗を、差し込むようにして植える。

### 2 土寄せする

短い苗なら、乾燥して切り口が乾かないように、直立にできるだけ深く差して植え込む。植えたら、マルチの中に風が吹き込まないように、土を寄せてふさいでおく。

**プロのコツ** 本葉がしおれていても、成長点がしっかり上を向いていれば枯れる心配はない。

**別の方法**

長い苗の場合は、深さ10㎝の溝を掘り、茎を水平にして植える。ただ、マルチを使用した場合は、水平に植えにくいので直立植えがおすすめ。

## マルチがけ

### 1 黒マルチを張る

畝を作ったら、すぐに幅90㎝の黒マルチを張る。

**植え付け前の作業**

市販の苗を購入したあと、一度しおれるまで2～3日日陰に放置し、植え付け前日に、バケツの水にさして吸水させる。この処理を行うことで、苗は親から離れたことを自覚して発根の準備を始める。

**プロのコツ** サツマイモは、植え付けたあとに、土の中で発根させることが重要。苗の段階で出ている根は（写真：右）、植え付けたときに肥料を吸収する根となるため、茎葉ばかり茂るいわゆる「つるボケ」を起こす原因となる。購入するときは、必ず発根していない苗を選ぶ（写真：左）。

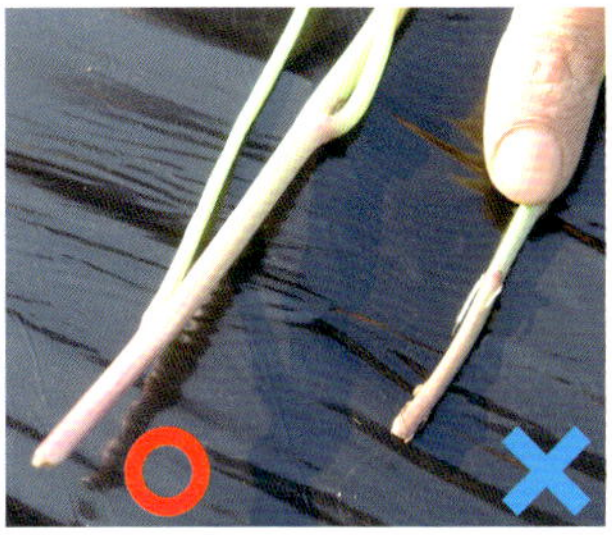

## つる返し

### 1 つるからの発根

つるが伸びはじめたのを放置すると、つるの節々から発根して、根付いてしまう。隣の作物の邪魔にもなるので、ときどきつるを持ち上げる「つる返し」の作業を行う。

**プロのコツ** つる返しでは、イモになる株元の根は残し、それ以外の根は、途中で根付くとつるボケを誘発することにもなるので、根ごと完全に引きはがすようにする。

### 2 つる返しを行う

ここまで生育したら、思い切ってつるを返しても大丈夫。つるが邪魔になったら途中で切ってもかまわない。

### 3 植え終わり

畝に苗を植え終わった状態。サツマイモの場合、肥料の吸収力が旺盛なので、必ず1条植えとする。植え付け後は十分に水をやる。

## 生育状態

▼スムーズに活着がすすみ、順調に生育しているサツマイモ。

# 収穫

## 1 茎葉を切りとる

収穫する前に、地上部の茎葉を株際から刈りとって掘りやすくする。

**プロのコツ** 株元を少し手で掘って、イモがあることを確認する。

## 2 掘り上げる

少し株元から離れたところにスコップを差し込んで掘り起こす。

**プロのコツ** ときにイモが畝間まで伸びていることがあるので、スコップなどで切断しないように注意しよう。

## 3 収穫する

短い苗の直立植えは、株元に形のそろったイモがゴロゴロできる。

### 収穫までの栽培期間

サツマイモは、植え付けてから3か月たったら十分に収穫できる大きさになる。栽培期間が長すぎると、イモが大きくなりすぎるので、3か月たったら試し掘りをして大きさを確認し、早めに収穫するのがよい。

## 品種紹介

### 紫《むらさき》イモ

やや粘質の食味。中まで濃い紫色をしている。この紫色、健康ブームにのって注目され、今やチップスやケーキ類の加工製品も多く出回っている。

### 紅《べに》あづま

食味が極めてよく、ホクホク粉質でおいしいサツマイモの代表的な品種。家庭菜園でも作りやすい。

Photo:タキイ

### 安納《あんのう》イモ

紫イモと並んで種子島を代表する品種。焼くとクリームのようにねっとりとした食感、16度にもなる糖度で人気が急騰している。

サトイモ科

# サトイモ

難易度 ★☆☆

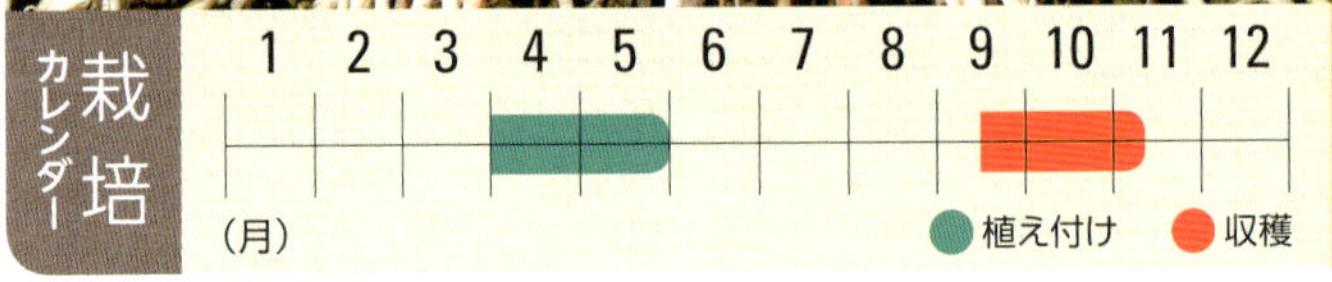


※連作不可(3～4年休む)

## 湿潤な土壌条件を好む熱帯原産のイモ

サトイモは高温多湿を好み、夏の暑さには強いものの乾燥には非常に弱いので、土壌は保水性が高く、常に湿り気のある場所が適しています。干ばつ気味のときは、葉が枯れて生育が止まってしまうので、畝間に灌水して湿潤な状態を保ちます。

サトイモの品種は多くありますが、子イモを食べる「石川早生《わせ》」「土垂《どだれ》」などが代表品種。親子イモ兼用品種としては赤芽の「セレベス」や「八つ頭《がしら》」などがあります。

### プロが教える栽培ポイント

土寄せは子イモの太りをよくする重要な作業です。最後の土寄せは子イモの芽を完全に埋めるようにして、遅くとも梅雨明け前には終えるようにします。

## 畝作り

**1 溝を掘る**

タネイモを植え付ける畝の中央に、深さ40cmほどの溝を掘る。

**2 元肥を施す**

元肥として、堆肥、化成肥料、乾燥生ゴミ、硫安、米ぬかなどをサンドイッチ状に投入する。

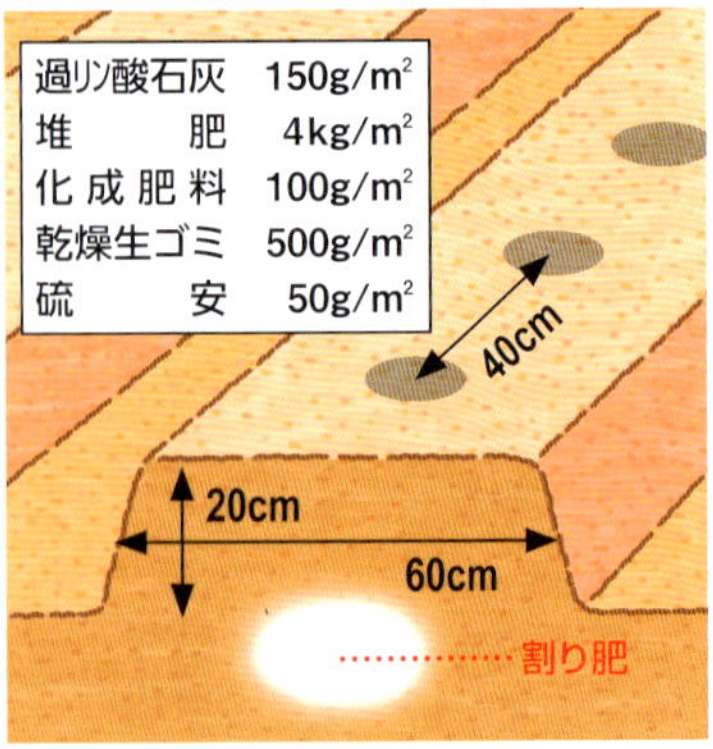

## 植え付け

### 1 植え付ける

タネイモの芽を上にして、深さ5～6㎝で植える。

▼株間は40㎝として、土に押し込むようにして1個ずつ植え付けていく。

### 2 覆土する

植え終わったら、全体に土をかぶせる。

## タネイモの準備

### 1 タネイモを掘り出す

前年収穫して、タネイモ用として畑に穴を掘って貯蔵しておいたイモを掘り出す。

### 2 子イモを切り離す

丸ごと埋め込んで貯蔵していたイモから、傷みがなくずんぐり太った子イモを切り離してタネイモとする。

▼赤い芽はセレベスという品種。

▼タネイモ用の土垂《どたれ》という品種。

**プロのコツ** 乾燥生ゴミは、ゆっくり肥料効果が出てくるので、長期間栽培するサトイモには非常に効果的。

### 3 畝を作る

溝を埋め戻して、幅60㎝、高さ20㎝の畝を作る。

# マルチがけ

## 1 発芽時の状態

地温が上がってくると、次々と地上部に芽を出してくる。

## 2 マルチをかける

芽が出そろったら、堆肥や枯れ草などの有機物でマルチングする。

# 土寄せ
—1度め—

## 1 土寄せする

植え付け後、株元から子イモとなる芽が次々と出てくるので、十分に土寄せをする。

**プロのコツ** 大きな子イモを収穫するには、出てくる子イモの芽に乾燥しないように、しっかり土をかけてやることが大切。

# 土寄せ
—2度め—

## 1 追肥し土寄せをする

株の周辺に化成肥料を追肥し、同時に２度めの土寄せを行う。

▼このころには、株も大きく育っているので、株元まで十分に土寄せすること。

# 乾燥防止

## 1 水やりをする

サトイモは乾燥に弱いので、夏場に乾燥が続いた場合には、生育が鈍るので、畝間にたっぷりと水をやる。これだけで見違えるほどよくなる。

# 収穫

## 1 試し掘りをする

10月中旬を過ぎれば、子イモも十分収穫できる大きさになっているが、試し掘りをしてみる。株を丸ごと掘り起こし、イモの大きさを確認する。

## 2 収穫する

イモを傷つけないよう、少し離れたところにスコップを差し込んで掘り起こす。

## 3 収穫したサトイモ

子イモが十分に育ったら株の地際で茎を切りとってから掘り起こす。子イモがびっしりついたサトイモ。

### イモのつき方の違い

左が赤芽のセレベス。右は土《ど》垂《だれ》。いずれも粘質が強く、濃厚な味わいの良質な品種。赤芽の品種は子イモの数が少ないが、代わりに葉茎をズイキとして食用にできる(写真：下)。

プロの知恵袋

### 収穫後のトウモロコシの茎葉を敷いて、乾燥防止に努めます。

サトイモをしっかり育てるためには、多量の水分と肥料を必要とします。乾燥が続いたり、肥料分が少ないと子イモの育ちが悪く、収穫量は極端に少なくなります。トウモロコシの茎葉部など、使える有機物を株元に集めて、乾燥防止に努めます。それ以外にも、バーク堆肥や除草した枯れ草など、周辺で入手できる有機物をかき集めて株元に敷きならしてもよいでしょう。

ショウガ科

# ショウガ

難易度 ★★★

栽培カレンダー

| 1 | 2 | 3 | 4 | 5 | 6 | 7 | 8 | 9 | 10 | 11 | 12 |
|---|---|---|---|---|---|---|---|---|---|---|---|
| | | | 植え付け | 植え付け | | | 収穫（葉ショウガ） | | 収穫（根ショウガ） | | |

（月）　● 植え付け　● 収穫

※連作不可（4～5年休む）

## 連作を避けて土壌水分を十分保つ

ショウガは土壌の乾湿の変化が激しいと、貧弱で繊維質の多い株にしかなりません。特に夏場の高温乾燥は致命的になるので、定植後は堆肥マルチなどを施して保温・保湿に努め、乾燥が続くときは迷わず灌水してやります。植え場所もトウモロコシやキュウリなどの陰になるような場所を選ぶとよいでしょう。

ショウガは夏に葉ショウガ（新ショウガ）を、また、葉が黄色くなってきたら根ショウガを収穫します。

### プロが教える栽培ポイント

連作は極端に生育不良になるので輪作を徹底させます。ジャガイモとの相性が悪く生育不良になるので、ジャガイモの後作には栽培しないようにします。

## 畝作り

### 1 溝を掘る

植え付け予定地に、深さ20～30㎝の溝を掘る。

### 2 元肥を施す

溝の中に、堆肥、過リン酸石灰、化成肥料などを投入して、敷きならす。

### 3 埋め戻す

投入した肥料の上に、10～15㎝の厚みになるように土を埋め戻して、幅60㎝の畝を作る。

## 乾燥防止

### 1 水やりする

夏場に日照りと乾燥が続く場合は、十分に水をやって乾燥を防ぐ。

#### 乾燥すると葉が巻いてくる

高温と乾燥が続くと葉が巻いてくるが（写真：上）、水をやるとすぐに葉が開いてくる（写真：下）。この葉形を水やりの目安とするとよいだろう。土がいつも湿っていれば、新ショウガは1kgにも育ち、土が乾いてばかりいると育ちが悪く、極めて貧弱である。

### 3 覆土する

深植えにならないように5㎝くらい土を埋め戻して、畝幅60㎝にする。

### 4 水やりする

タネショウガと土が密着するように、たっぷりと水をやる。

## マルチがけ

### 1 マルチをかける

ショウガには十分な土壌水分が必要。発芽してくるまでに30日以上かかるので、畝全体を有機物でマルチングして高温と乾燥防止に努める。

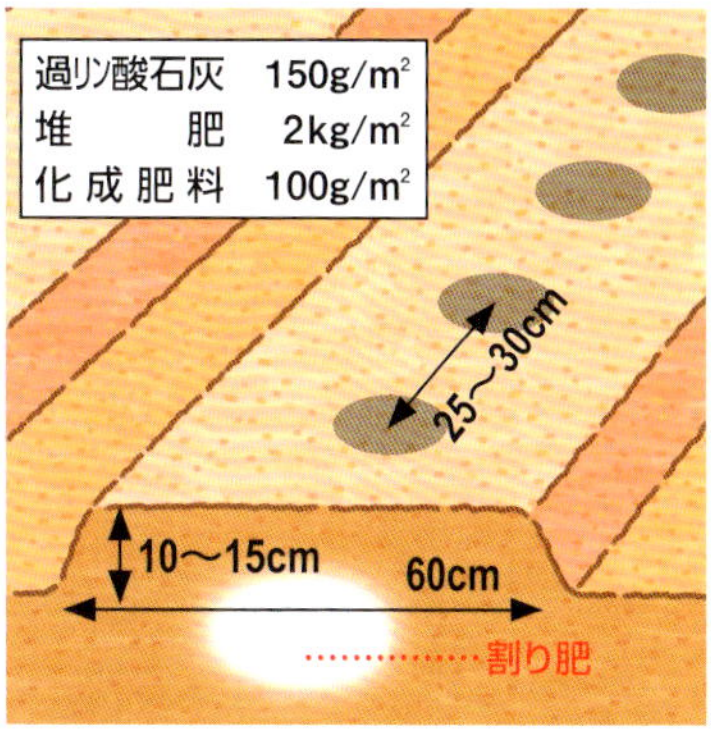


## 植え付け

### 1 タネショウガを用意する

市販のタネショウガを購入して準備する。3芽以上をつけて、1個50g程度の大きさに折って分ける。

### 2 タネショウガを置く

株間30㎝とし、芽が出ているほうを上にして、土に差し込むようにして、溝に水平に置いていく。

プロの
知恵袋

## 株元が赤くなってきたら ショウガの試し掘りをします。

ショウガは株元が赤くなってきたら、葉ショウガとして収穫できますが、思った以上に貧弱な場合もあるので、土の中に手を入れて、株の一部を抜き取って大きさを確認します。葉ショウガとしては十分な大きさです。

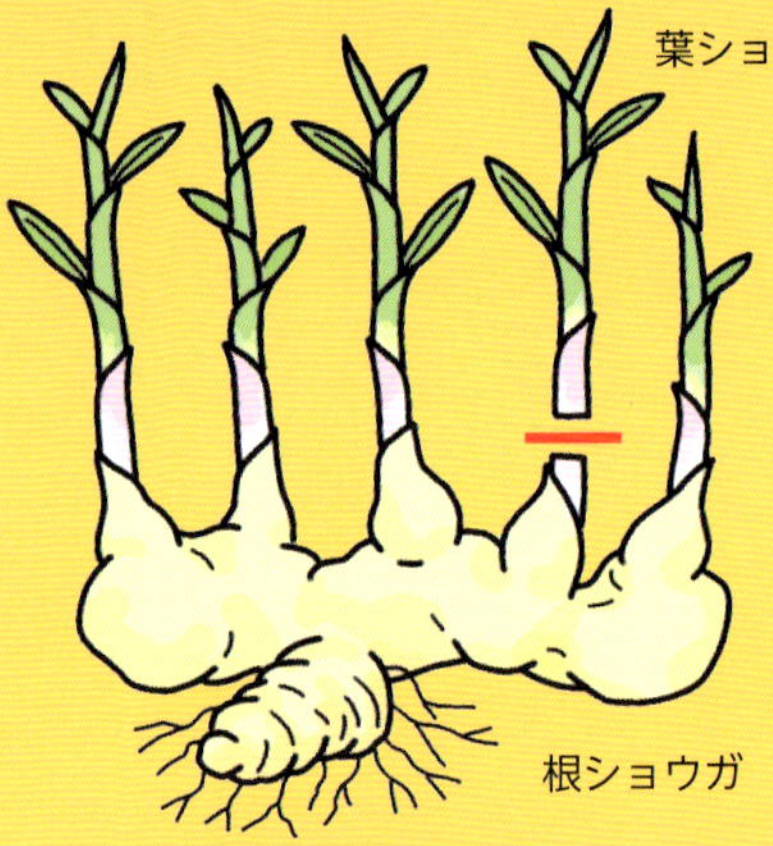


# 収穫

## 1 掘り上げる

夏は葉ショウガの収穫時期。スコップを畝に深く差し込んで、株ごと持ち上げるようにして掘り上げる。

▼手でつかんでゆっくり引き抜く。

プロのコツ

ショウガは横に並んで増えていくので、スコップは畝と直角ではなく、畝と平行の位置に差し入れる。

### 収穫直後の新ショウガ

新ショウガはそのまま食べてもよいし、煮物や漬物にもできる。古いタネの親ショウガはすりおろし用に使える。根ショウガとして大きくするには、このまま栽培を続け、地上部が黄化してくる 10 月中旬に、霜の降りる前に収穫するとよい。

ヤマノイモ科

# ジネンジョ

難易度 ★★★

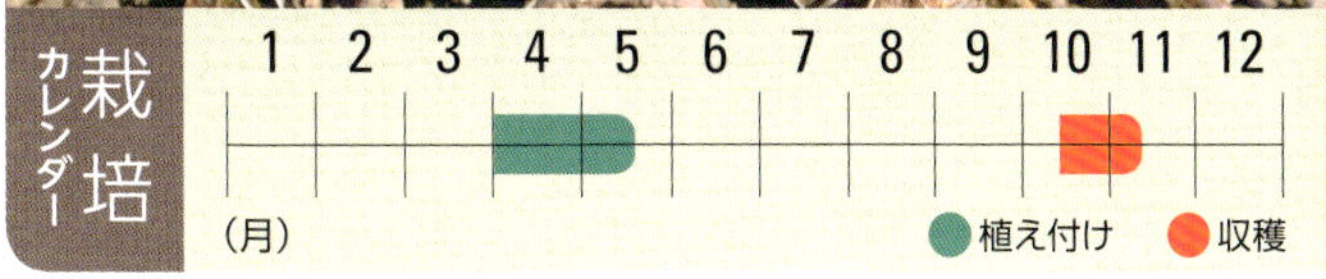


※連作不可（2年休む）

## 植え付け後の土壌の乾燥に要注意

タネイモの先端から新芽が伸びてきますが、そのすぐ横から出てくる太い根は肥料分を吸収する大切な根になるので、これを折らないように慎重に扱い、地中に広く伸びるように広げて植え付けます。

覆土は5㎝前後とし、つるが1～2m伸びだしたころに、株元から地表面全体に枯れ草や堆肥でマルチングして乾燥を防ぎます。つるが急激に伸びてくるので、早めに支柱を立てましょう。

### プロが教える栽培ポイント

イモの形状は土質の影響を受けます。深く根を下ろすので深い耕土は欠かせません。またイモの腐敗を防ぐため、排水がよく地下水位の低い場所を選びます。

## 植え付け

### 1 タネイモを用意する

病害虫の被害を受けていない市販のタネイモを入手して、植え付けの準備をする。

**プロのコツ** 家庭菜園では長さ25～30㎝の短形自然薯（ジネンジョ）が、収穫も容易で最適。頭部から芽を吹き、根が出始めていてもまったく問題はない。

### 2 植え込む

深さ40～50㎝の植え穴を掘り、穴まわりに堆肥、化成肥料、過リン酸石灰を投入してから、株間30～40㎝とし、芽を上にして植え付ける。

## 3 土を埋め戻す

植え付けたら、芽が地上部に少し出るくらいまで土を埋め戻す。イモは、肥料に直接触れると傷むので、植え穴に投入せずに周辺に埋め込むようにする。

## 4 目印を立てる

植え終わったら、踏み付けないように、植えた場所にピンなどで印をつけておく。

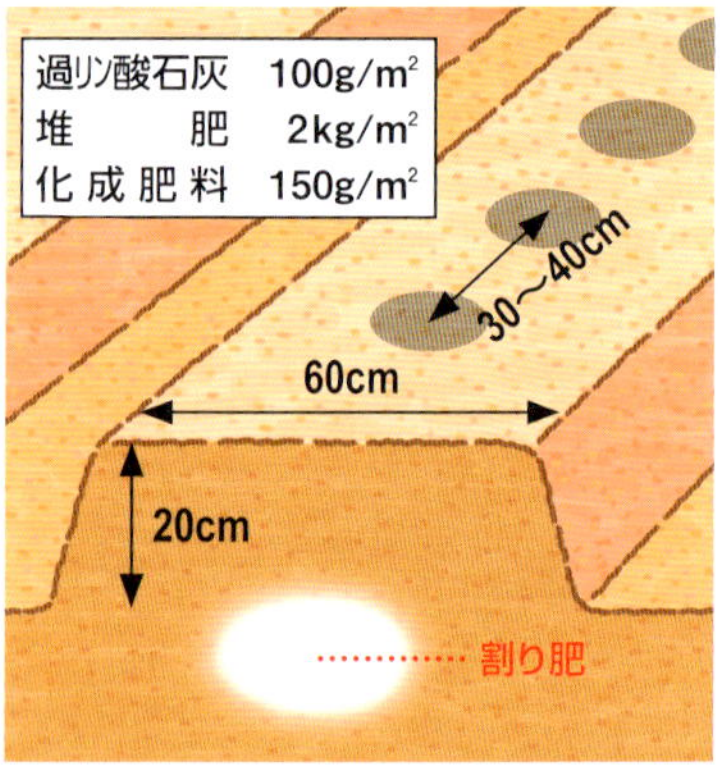


# マルチがけ

## 1 マルチをかける

芽が伸びだしてきたら、乾燥と雑草防止のために畝全体を有機物でマルチングする。

# 支柱立て

## 1 支柱を立てる

つるがどんどん伸びるので、つるが絡まないうちに早めに支柱を立てるようにする。

**プロのコツ**
体重をかけて深く差し込み、支柱自体がぐらつかないようにする。

プロの知恵袋

## イモの生育を妨げるムカゴは収穫してムカゴ飯にして食べます。

生育が進んだ8月中～下旬にもなると地上部にムカゴがついてきます。ムカゴはイモと同じ肉質をもち、これを育てて2年後にタネイモとすることもできますが、ムカゴがつきすぎると肝心のイモの肥大が抑えられるので、適宜収穫してムカゴご飯などでおいしくいただきましょう。

# 収穫

▼地上部を刈り取ってから、イモを切断しないように慎重に掘り進めて収穫する。

### 収穫したジネンジョ

新イモは、畑の土中にそのまま越冬させて、春先に掘り出しても品質に変わりなく食べられる。

プロのコツ

10月になって、地上部の茎葉が黄化してきたら収穫時期。

### 2 支柱を組む

支柱がつるの重さに耐えられるように、できるだけ長い材料を使って合掌式とする。

### 3 つるの誘引

つるは誘引しなくても、自力で支柱に絡みついていく。

# 追肥

### 1 追肥をする

タネイモの栄養分は60日ほどでなくなるので、以降一度、株まわりに化成肥料一握り（50g）を追肥して、除草中耕しておく。

ユリ科

# ネギ

難易度 ★★

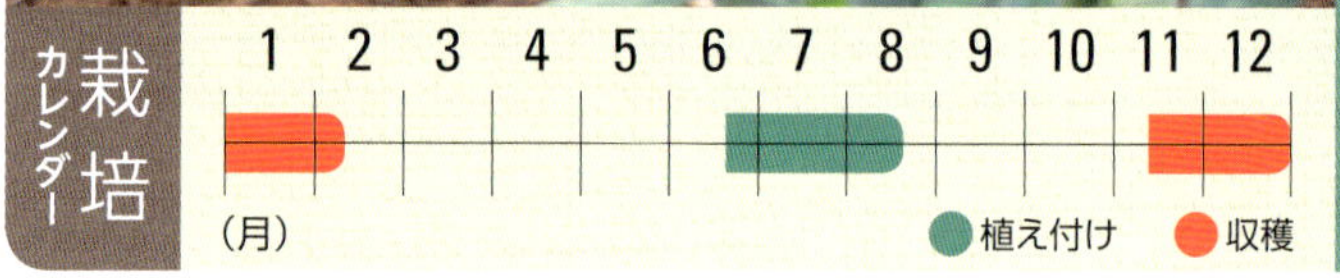


※連作不可（1年休む）

## 土寄せと堆肥の上手な利用が弱い根をパワーアップする

ネギはもともと根の張りが浅く、土寄せすると酸素を求めて上のほうに伸びてきます。そこで、土に良質堆肥を混ぜ込んでネギの株元に土寄せしてやると、通気性・保水性がよくなって、元気な白い根を広げてくれます。特に夏の高温乾燥時期には有効。土寄せのたびにこれを繰り返し、伸長期には水分を多めにあげ、収穫時期になったら乾き気味に管理します。春にタネをまき、秋～冬に収穫する方法もあります。

### プロが教える栽培ポイント

ちぢれて茶色がかった根は、土の乾燥のために根が水を求めて出たり消えたりを繰り返した証拠となるもの。堆肥を混ぜた土寄せと灌水で回復させます。

## 畝作り

### 1 植え溝を掘る

植え付け予定地の中央に、深さ30～40cmのほぼ垂直な植え溝を掘る。寒風を防ぐために北側がよい。

▼掘った土は溝の片側に積み上げておく。

### 2 石灰を散布する

ネギの初期生育にはリン酸分が効果あるので、過リン酸石灰を畝1m当たり50g散布する。散布後、10cmほど土を埋め戻して整地する。

▲苗の根が隠れる程度に、3～4㎝ほど株元に土をかけて埋め戻す。

## 2 枯れ草を敷く

ネギの根は酸素をほしがるので、植え付け後、乾燥防止と通気性をよくするために、株元に枯れ草や堆肥などを敷きならす。

# 土寄せ
## —1度め—

## 1 追肥をする

植え付けた苗が活着して葉が伸びだしてきたら、株元に敷いた枯れ草の上から、畝1m当たり化成肥料一握り(50g)を目安に追肥する。

◀追肥をしたら、葉が分かれている地際まで土寄せする。

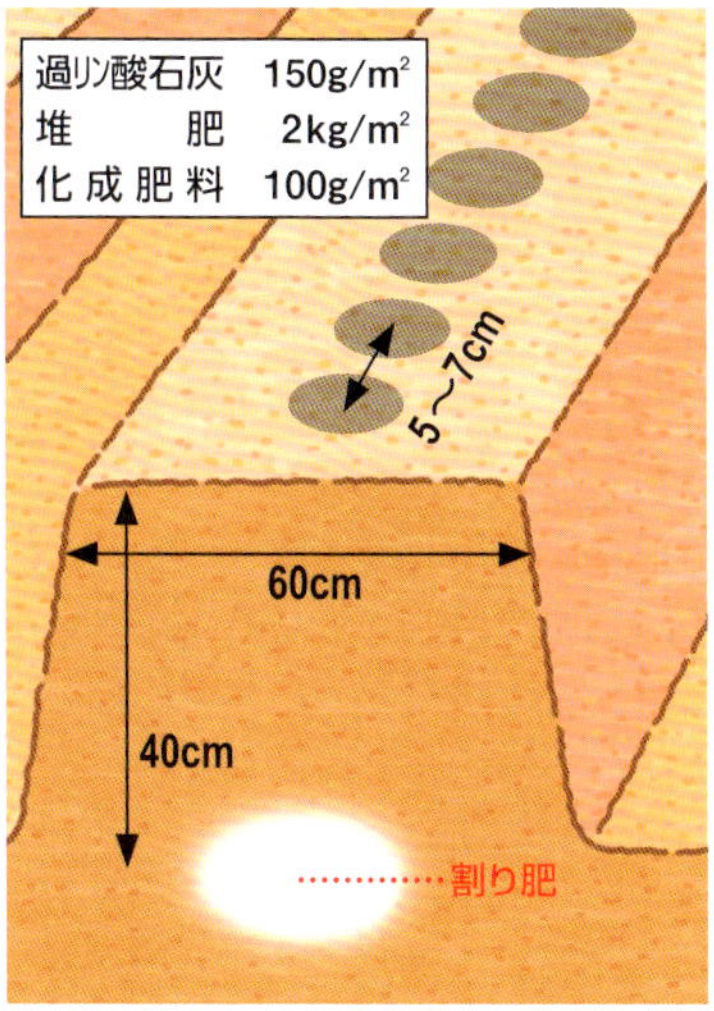


# 植え付け

## 苗の準備（一本ネギ）

長さ30㎝前後、茎の太さ1㎝ほどのしっかりした苗を準備する。苗の太さがばらばらだと収穫期に差が出るので注意。

## 1 苗を置く

植え溝に、株間5～7㎝をとって苗を立てかけていく。

## 土寄せ
### ―2度め―

### 1 土寄せをする

生育に応じて２度めの土寄せをする。成長点まで土をかけないように気をつけながら、そのぎりぎりまで土を盛っていく。成長点まで土がかかると生育が止まるので要注意。

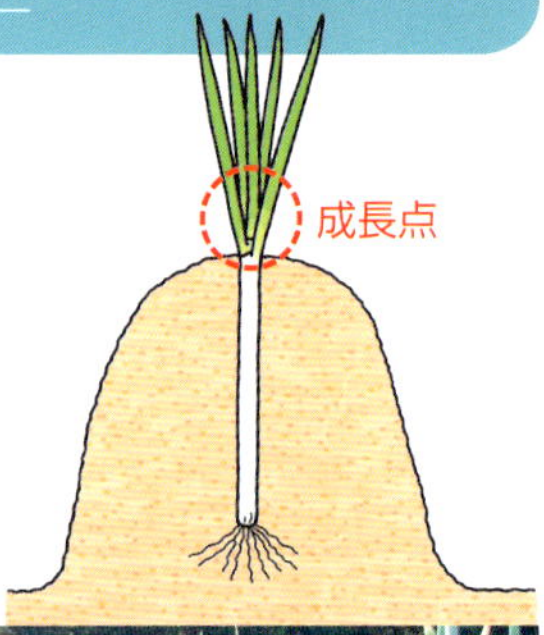

### 収穫したネギ

収穫直後のネギ。白い軟白部分は長さ 30 ～ 40 ㎝もある。葉も甘みがあっておいしいので、捨てずに食卓にのせるようにしたい。

## 収穫

▼ネギは十分に大きくしなくても、いつでも収穫できる。必要なときに、適宜掘り上げて収穫していく。

## 分けつネギの栽培方法

1 分けつネギとは、1本のネギから、同じ太さのネギが何本も増えていく性質のあるネギのこと。家庭菜園では非常に重宝する。

2 分けつしたネギを1本ずつに切り離す。

3 これを、前述の一本ネギと同じようにして植え付けていく。

4 分けつネギは1株の本数が増えて大きくなるので、株間は15㎝前後とする。

5 一本ネギと同様に、生育に応じて土寄せをしていく。

6 必要に応じて、株ごと掘り上げて収穫する。

## 品種紹介

### 夏《なつ》扇《おうぎ》2号《ごう》

そろいがよく、病気にも強い一本太ネギ。葉折れも少ないので栽培管理が容易。

Photo:サカタのタネ

### 下《しも》仁《に》田《た》葱《ねぎ》

軟白部分が20㎝前後で極太のネギ。熱を加えるととろけるような特有の甘みがあり、鍋物、すきやきなどでは絶品の味わい。

Photo:カネコ

### 長《ちょう》悦《えつ》

春先のネギ坊主が出にくい一本太ネギ。タネまき時期を変えれば、周年栽培もできる。

Photo:みかど協和

シソ科

# アオジソ

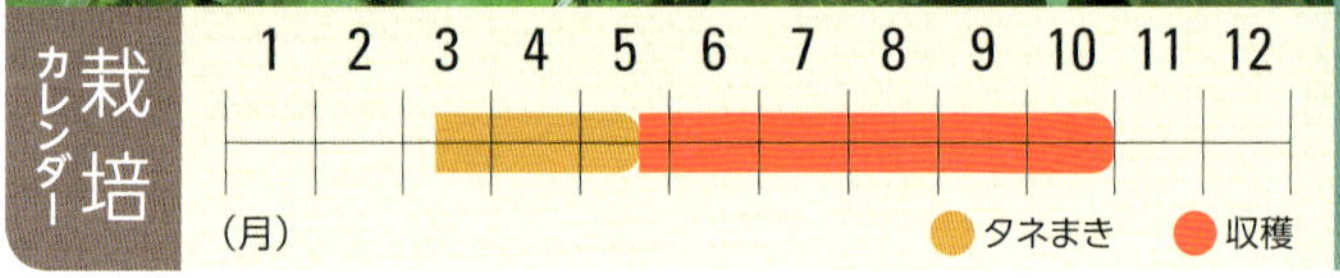


※連作可

難易度 ★☆☆

## わき芽をドンドン伸ばせば収量増加

直まきもできますが、植え付け本数が少なくてよい場合は、ポットにタネをまいて30日ほど育苗してから定植したほうが安全です。タネまき後約2か月で収穫が始まりますが、肥料切れすると小葉になり、葉色が淡く、葉の縮みも少なくなるので、元肥で完熟堆肥を十分に施し、適宜追肥と灌水を行って土壌水分を適度に保つことが大切です。

### プロが教える栽培ポイント

分枝性が強いので、草丈が40cm前後になったらやわらかな葉をドンドン収穫すること。これでわき芽の発生が促進され収量増につながります。

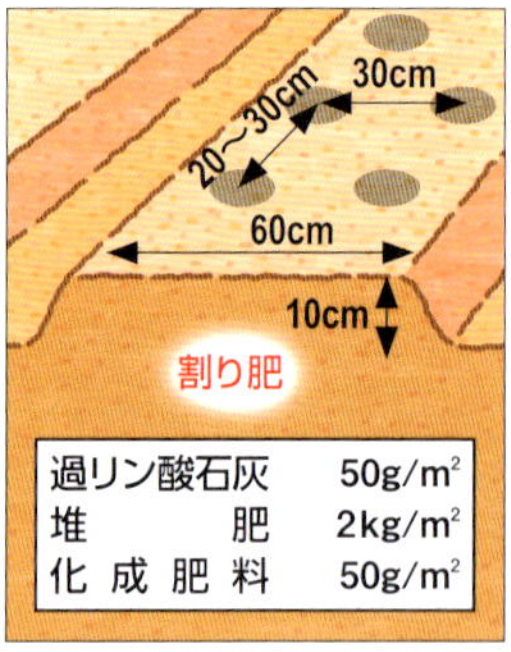


| | |
|---|---|
| 過リン酸石灰 | 50g/m² |
| 堆　　肥 | 2kg/m² |
| 化成肥料 | 50g/m² |

▲畝の仕上がり

## 1 タネまき～間引き

堆肥を2kg／㎡、過リン酸石灰、化成肥料を、それぞれ50g／㎡施して整地した畝に植え溝をつけて、すじまきする。発芽後、混み合っているようなら、本葉2～3枚のころ間引きをして、最終株間25～30㎝になるように株を残す。

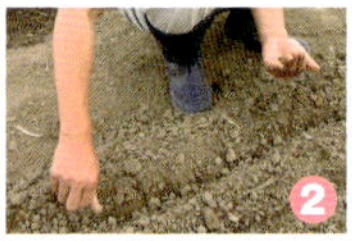

## 2 収穫する

草丈30㎝以上に生育したら、必要に応じて葉をかきとって収穫する。

### 穂ジソは刺身の添え物に利用

シソにはアカジソとアオジソがあるので、それぞれ栽培して使い分けると楽しい。また、生長すると穂ジソも利用できるようになり、長い間収穫できる。

穂シソ

アカジソ

セリ科
# ミツバ

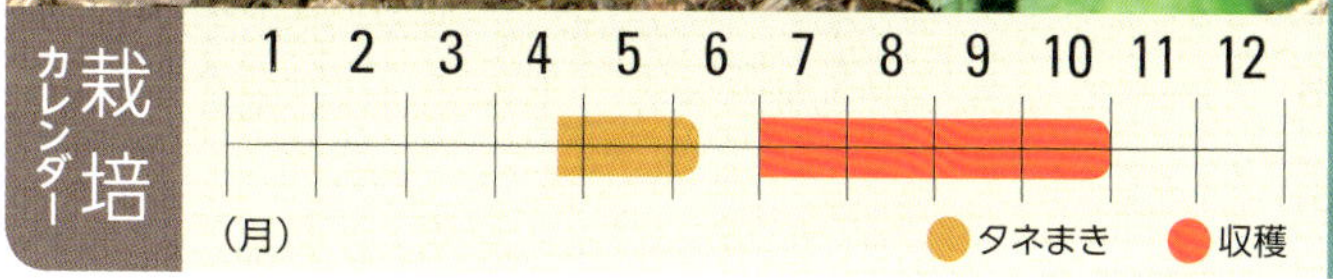


※連作不可（3～4年休む）

難易度 ★★★

## 1 畝を作る

畝にする予定の場所全面に、堆肥、過リン酸石灰および化成肥料をまいて土とよく混ぜ合わせて整地し、幅60㎝、高さ10㎝の畝を作って、植え溝をつける。

## 2 タネをまく

植え溝にタネをひねりながらすじまきする。発芽には光が必要なので、土は極うすくかけるにとどめ、手で軽く押さえる。

## 3 収穫する

草丈20㎝以上になったら、地際から3～4㎝残して切り取って収穫する。切ったあとから、また再生してくるので適宜収穫する。

## タネまきの覆土はうすく乾燥に注意

株間5～7cm、条間15～20cmが標準的な栽植間隔なので、これを目安に深さ1cm前後で、すじまきします。タネが見え隠れする程度にごくうすく土をかけ、板切れなどで軽く押さえてムラなく水をやりましょう。

土壌が乾燥すると生育が悪くなります。本葉5～6枚に生育するまでは、乾ききらないように、適宜水をあげてください。

### プロが教える栽培ポイント

暑さ寒さに弱く、半日陰の冷涼な気候を好むので、真夏や厳寒期には、日よけ・霜よけに、寒冷紗などで覆うと長期間収穫できます。

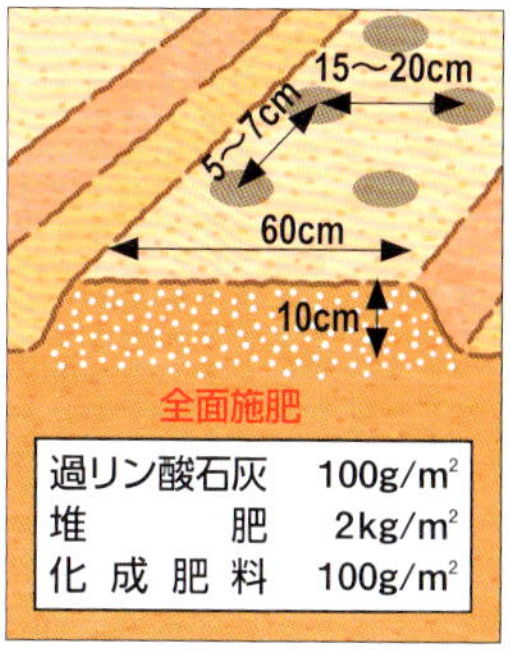


▲畝の仕上がり

キク科

# レタス

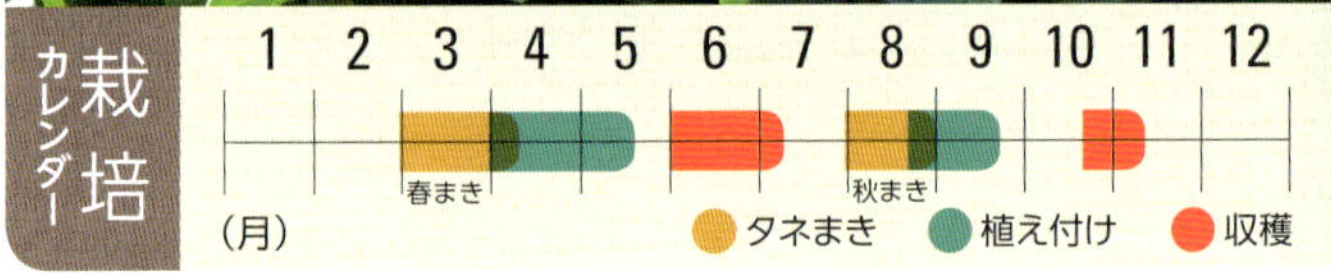


※連作不可（1～2年休む）

難易度 ★★☆

## 気温の安定した春と秋の栽培が好適

レタスのタネの発芽はよいので、ポットで育苗してから本葉4～5枚の頃、株間25～30㎝で定植します。ただし、25℃以上の高温状態では、タネが休眠状態になって発芽しにくくなります。

また定植後に30℃前後の高温状態が続くと腐敗が生じ、霜にあうと凍害を受けて枯死するので、気温が穏やかな春と秋の栽培が安心です。

### プロが教える栽培ポイント

白と黒の寒冷紗活用がおすすめ。7月に黒の寒冷紗をかければ、4月か10月の日差し、白をかければ5月か9月の日差しに軽減できます。

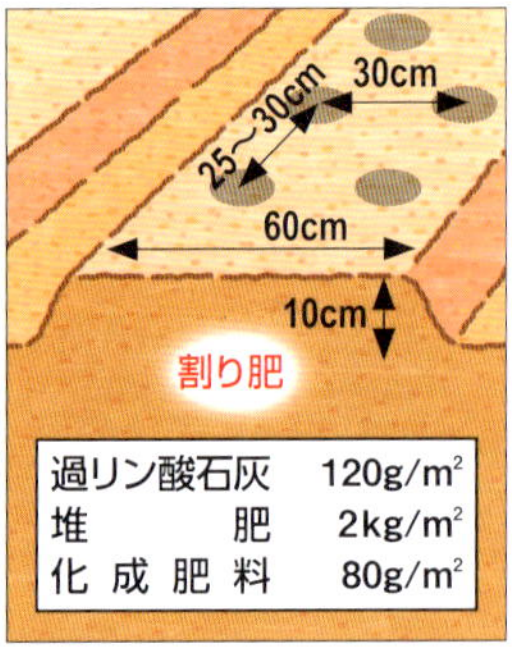


| | |
|---|---|
| 過リン酸石灰 | 120g/m$^2$ |
| 堆　　　肥 | 2kg/m$^2$ |
| 化成肥料 | 80g/m$^2$ |

▲畝の仕上がり

## 1 苗を用意する

自分でタネをまいて苗を育ててもよいが、植え付け株数が少ない場合は、市販の苗を購入したほうが無難。本葉4～5枚の苗を準備する。

## 2 植え付けする

幅60㎝、高さ10㎝の畝にマルチを張る。子葉が表面に出るように浅めに植えつけ、株元に土を寄せて固定する。株間25～30㎝が目安。

## 3 収穫する

結球してきて、頭を押えて少し固さを感じたら収穫する。根元から切り取り、不要な外葉を取り除く。結球のゆるいほうが、葉肉の厚いレタスが収穫できる。

▲とれたてのレタスは、歯ごたえがあっておいしい。

アカザ科

# オカヒジキ

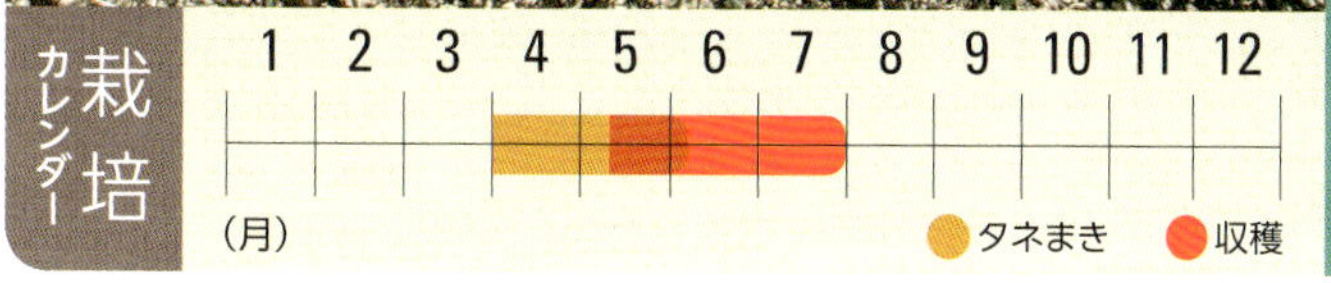


難易度 ★☆☆

※連作不可（1～2年休む）

## 茎の先端の若い茎葉を利用する

海岸の砂地に自生する1年草で、名は葉の形がヒジキに似ていることから。タネをすじまきして順次間引き、株間8～10cmくらいにします。

初期生育がゆっくりなので雑草に負けないようにこまめに除草し、草丈10cm前後を目安として抜き取るとか、長く収穫する場合は摘心して、伸びてくる側枝を15cmくらいで摘み取って収穫するとよいでしょう。

### プロが教える栽培ポイント

乾燥して土壌水分が不足になると、茎葉がかたくなるので適宜灌水が必要。風通しをよくするため、繁茂したら間引くことも忘れずに行います。

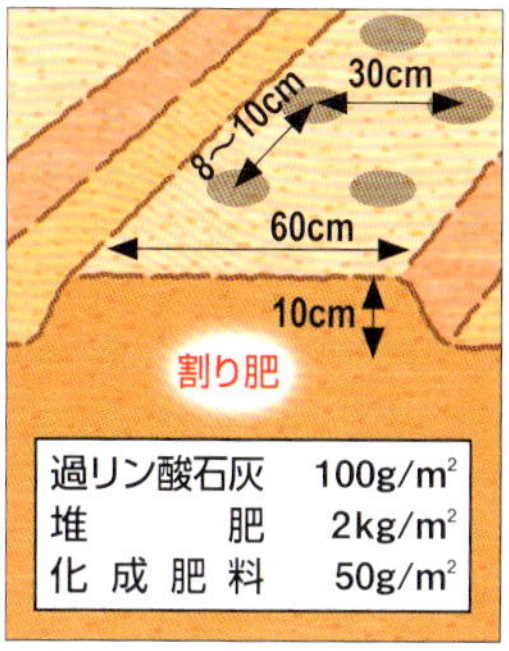


| | |
|---|---|
| 過リン酸石灰 | 100g/m² |
| 堆肥 | 2kg/m² |
| 化成肥料 | 50g/m² |

▲畝の仕上がり

### 1 タネまきをする

準備した畝に植え溝をつけ、タネをひねりながらすじまきする。

### 2 発芽と間引き

発芽したばかりのオカヒジキ。本葉3～4枚になったら、株間8cm前後に間引く。枝葉を伸ばし始めたが、もう少し大きくしたい。

### 3 収穫する

株が大きくなったら、適宜やわらかい枝先15cmほどを摘み取って収穫。伸びてきたわき芽も収穫できる。

▲収穫期を過ぎると葉先が固くなるので早めに収穫する。

ユリ科

# アスパラガス

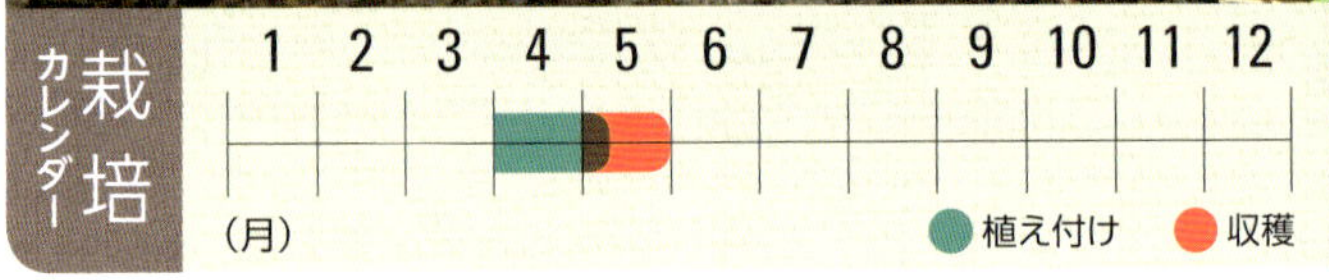


難易度 ★★★

※１年後の５月に収穫

## アスパラガスは肥料食いの野菜！

アスパラガスは肥料食いなので、春先収穫が終わったあと、8～9月の秋芽が出る前と、茎葉を刈り取った直後の年3回に分けて、1株あたり10gを目安に、化成肥料などを株間に施します。そして翌年の根株の養成のために、最低4～5本の茎数は残します。

過度の収穫は株の消耗が激しく、翌年の収量が極端に減少するので、新芽を何本か残しましょう。

### プロが教える栽培ポイント

土壌が乾燥すると極端に生育が鈍るので、夏の高温期には、最低でも１週間に１度の頻度で潅水し、土壌水分を十分に確保するようにします。

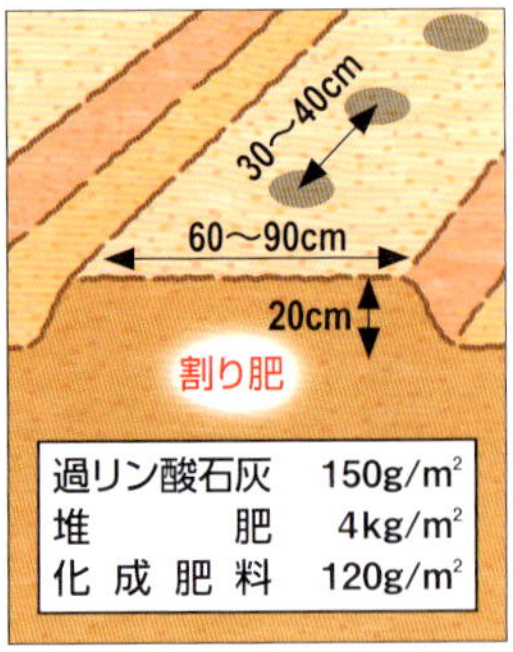


| | |
|---|---|
| 過リン酸石灰 | 150g/m² |
| 堆　　　肥 | 4kg/m² |
| 化成肥料 | 120g/m² |

▲畝の仕上がり

## 1 苗を植え付ける

市販の１～２年生の株を購入するのが無難。株の中央付近から出る芽を上にして、根をできるだけ広げて、株間30～40㎝を目安に植え付ける。

## 2 生育の様子

乾燥に弱いので、畝に有機マルチを施す。

## 3 収穫とその後の管理

太い芽が伸びて25㎝くらいになったら、適宜株元から切り取り収穫。その後は、支柱を立てて支える。

▲乾燥が続くと極端に生育が衰えるので、適宜水をやる。

# PART 3

VEGETABLES THAT GROW IN THE SUMMER AND FALL

# 夏―秋作野菜の栽培方法

マメ科

# スナップエンドウ

難易度 ★★★

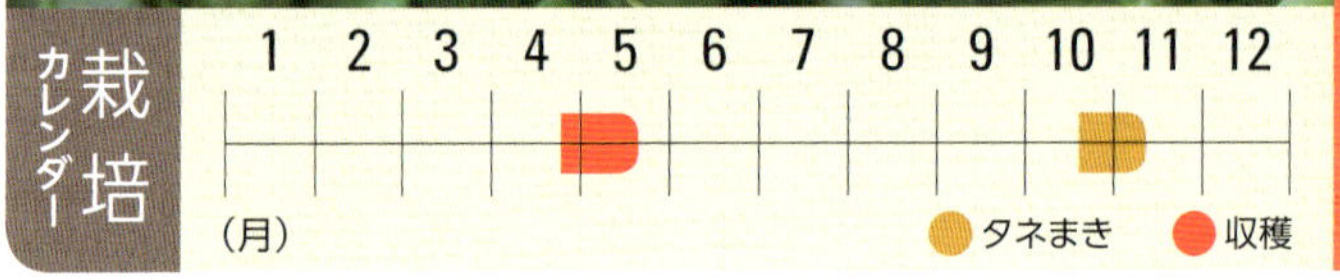


▷収穫は翌年
※連作不可（4～5年休む）

## 春まきと、秋まき春どりが可能だが早まきに注意

エンドウの栽培で注意しないといけないのは、早まきを避けること。早まきして株が大きくなりすぎると、防寒しても、露地栽培の場合は冬の寒さにやられて枯死してしまいます。平地では10月下旬から11月上旬がタネまきの適期です。

また、エンドウは酸性土壌に弱く極端に連作を嫌いますので、石灰質肥料で酸度調整をすると同時に、できれば植え場所は4～5年は空けたいところです。

### プロが教える栽培ポイント

エンドウは実がつき始めると、水分と肥料をかなり必要とします。したがって、元肥には肥効が長持ちする鶏糞などの有機質肥料を用いるのが効果的です。

## 畝作り

### 1 元肥を割り肥する

栽培予定地の中央に溝を掘って、元肥として過リン酸石灰を多めに入れたあと、土を埋め戻して整地する。

### 2 植え溝をつける

幅60㎝、高さ10㎝の畝を作り、畝中央に植え溝をつける。

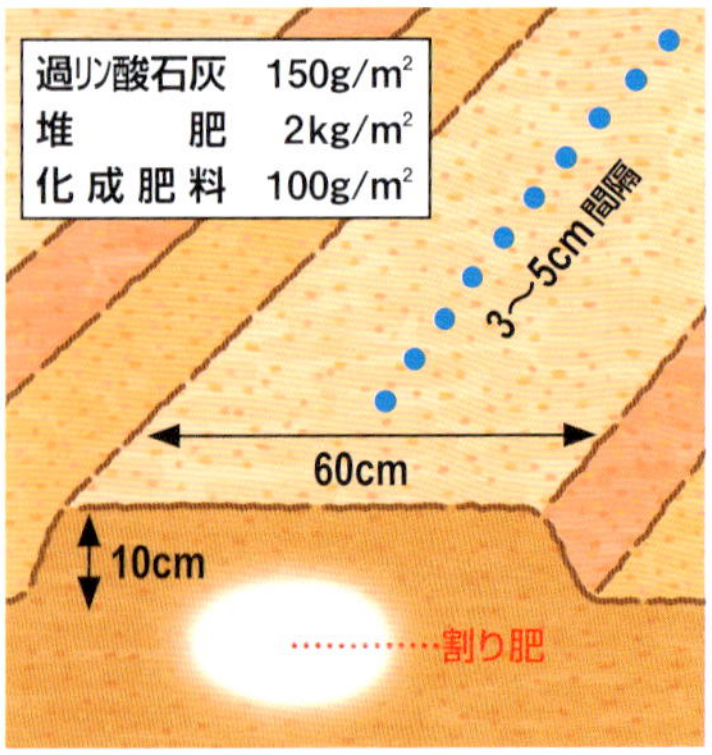

## ベタがけ

### 1 不織布をベタがけする

タネをまいたあと、乾燥と鳥の食害を防ぐため不織布をベタがけする。

▼発芽を確認したら、不織布は取り除く。

## 収穫

### 1 収穫する

実が大きくなって1サヤ約8g前後のころ、付け根から摘み取って収穫する。

## 防寒

▼霜による凍害を防ぐため、笹竹などを立てる。

## タネまき

### 1 タネを準備する

市販のタネを準備する。キヌサヤエンドウやグリーンピースと見分けがつかない。

### 2 タネをまく

スナップエンドウは主茎を伸ばす特性があるので、密植してすじまきする。

▼おおよそ3～5cm間隔に1粒ずつまく。

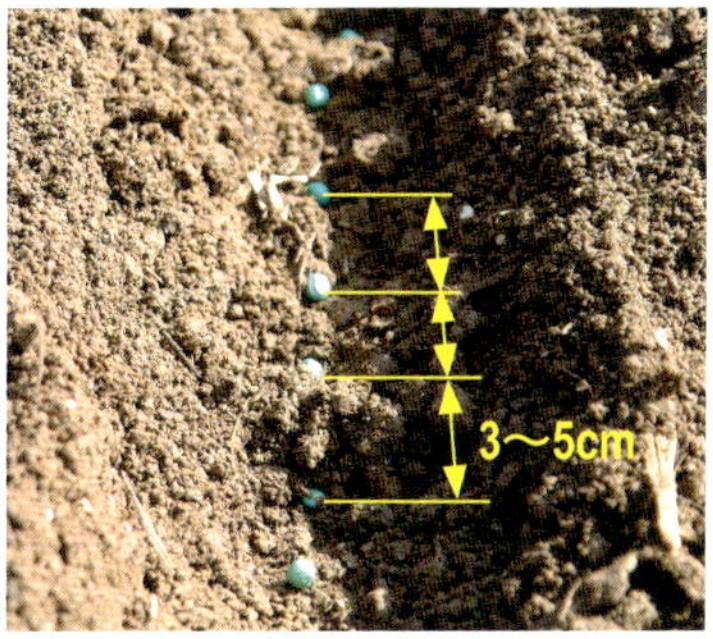

マメ科

# キヌサヤエンドウ

難易度 ★★★

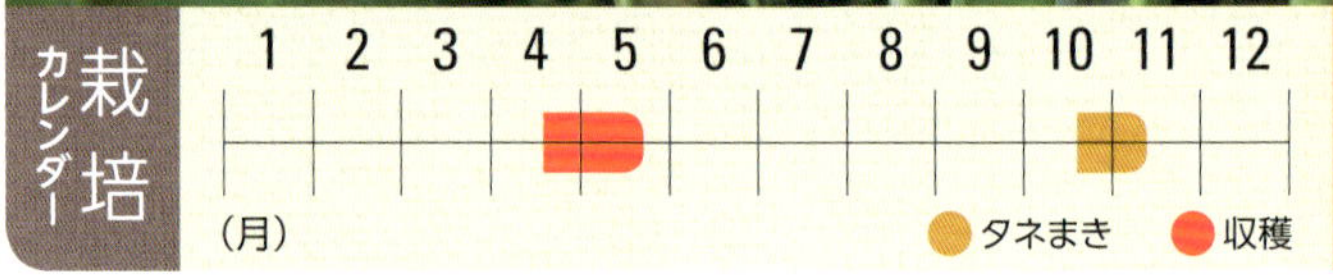


▷収穫は翌年
※連作不可(4～5年休む)

## 連作を避けて播種適期を守る

エンドウ類は連作を極端に嫌います。連作すると生育不良を起こし収量が激減します。また酸性土壌も不適ですので、この点を十分に注意して場所を選び、土壌改良を行います。

タネまき時期は、早すぎると凍害を受けて越冬できずに枯死するので、適期播種を厳守します。春先、土壌温度が上がりすぎると、地上部の衰弱が一気に進みますので、事前に有機物でマルチングするなどして土壌温度の上昇を抑えます。

### プロが教える栽培ポイント

株が小さいうちから開花しますが、10～12節まではサヤをつけさせずにこまめに摘み、株の充実をはかってからサヤをつけさせて収穫するのがポイントです。

## 畝作り

### 1 畝を作る

酸性土壌に弱いので元肥に過リン酸石灰を多めに投入し、土を埋め戻して整地する。

▼幅60cm、高さ10cmの畝を作る。

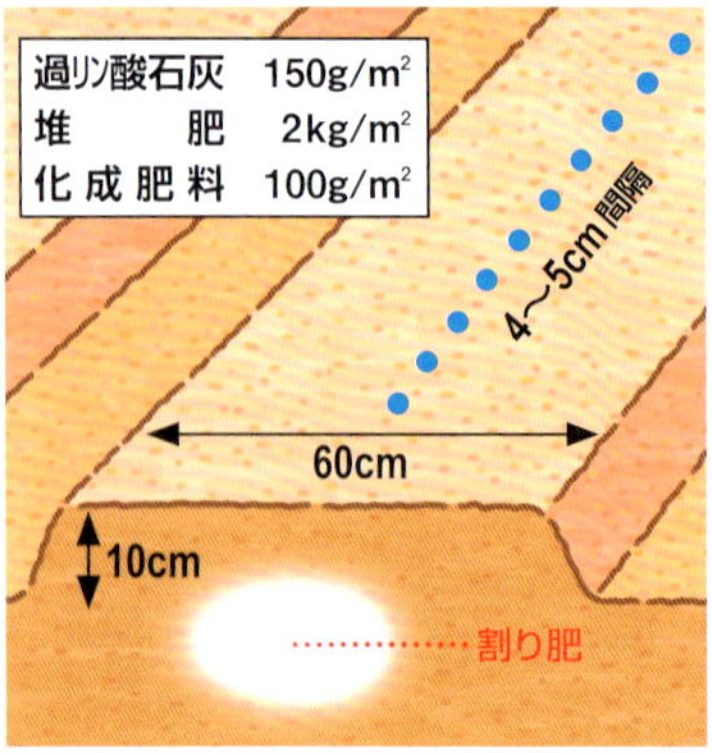

## タネまき

### 1 タネを準備する

市販のタネを購入して準備する。色がついているのは殺菌剤処理しているため。

### 2 植え溝をつけてタネをまく

畝の中央に植え溝をつけ、4～5㎝間隔で1粒ずつすじまきする。

### 3 土をかけて押さえる

タネが隠れる程度の2～3㎝厚で土をかけて、手で軽く押さえる。

### 4 発芽初期の様子

いっせいに発芽してきたキヌサヤエンドウ。この大きさになれば鳥害も少なくなる。

## 防寒

▼霜による凍害を防ぐため、笹竹などを立てる。

## 支柱立て

▼笹竹を抜いて支柱を立て、ヒモを張って倒伏を防ぐ。

## 収穫

### 1 収穫する

キヌサヤは実がふくらみ始めるころの若いサヤを、付け根から摘み取って収穫する。通常、開花してから10日から２週間ほどで収穫できる。実が大きくなると生育が急に衰えるので、こまめに収穫する。

マメ科

# ソラマメ

難易度 ★★★

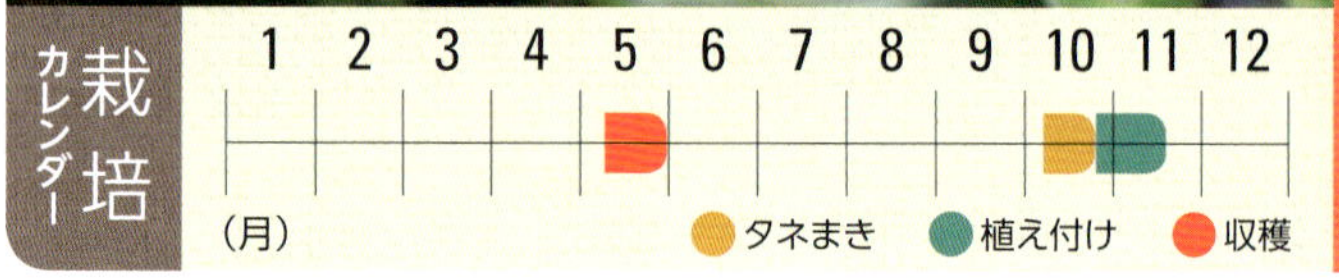


▷収穫は翌年
※連作不可（4～5年休む）

## ウィルスとアブラムシの襲来が大敵

　ソラマメは直まきをすると発芽しなかったり、生育が不揃いになりやすい傾向があります。また、生育初期にアブラムシが媒介するウィルスに感染すると、株が萎縮して致命的になります。これらを避けるためには、集中的に管理ができ、定植時に苗質の選別ができるポット育苗を行ったほうが賢明です。

　また、生育しすぎると越冬時期に寒害を受けてしまうので、早まきは避けて適期での播種・定植を心がけます。

### プロが教える栽培ポイント

タネをまいた後は、アブラムシ防除のために白い寒冷紗で覆います。種子が吸水した後に乾燥させると腐敗や発芽不良になりやすいので注意してください。

## 苗作り

### 1 タネを用意する

ソラマメのタネは大きい。直まきもできるが、鳥や病害虫の食害を避け、生育をそろえるためにも、ポット育苗してから植え付ける。

### 2 「おはぐろ」を下に

「おはぐろ」と呼ばれる黒い筋の入ったところから、根と芽が出てくるので、植えるときは、この「おはぐろ」を斜め下に押し込むように植える。

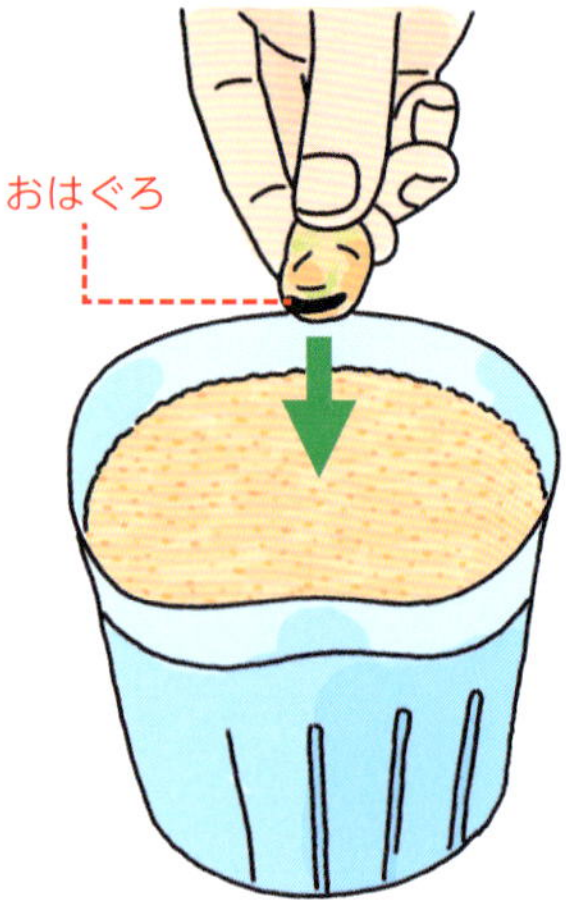


タネの黒い筋の部分「おはぐろ」を必ず下向きにして植える。

## 畝作り

### 1 元肥を入れる溝を掘る

苗を植え付ける予定地に深さ30〜40cmの溝を掘る。

### 2 元肥を投入する

ここに元肥として堆肥、過リン酸石灰、化成肥料を投入する。

### 3 畝を作る

土を埋め戻して整地しながら、幅60cm、高さ10cmの畝を作る。

### 3 1ポットに2〜3粒植える

市販のタネまき用土を入れた10.5cmポットに、タネが半分見えるくらい浅めに2〜3粒ずつ植え込む。

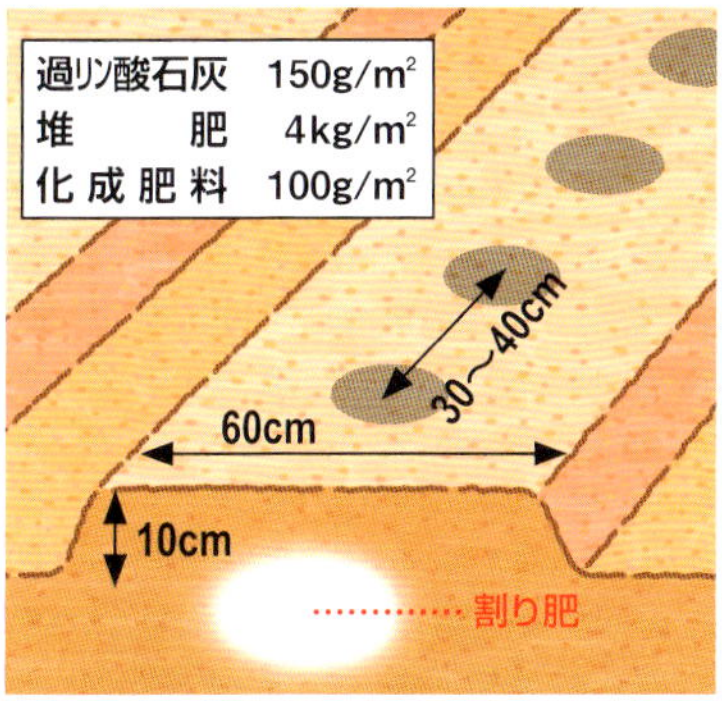


▼植え付け後たっぷりと水をあげる。

▼力強く発芽してきたソラマメ。本葉が出たあとに生育のよい1本を残して間引く。

**プロのコツ** 肥料を入れすぎると、さらにアブラムシがつくので元肥は適量を厳守。

## マルチがけ

### 1 有機マルチで乾燥を防ぐ

植え付けたあと、水をたっぷりとあげ、堆肥など有機物でマルチングして土の乾燥を防ぐ。

▼植え付け完了直後の苗。

## 防寒

▼寒さが厳しくなったら、笹竹などを立てて防寒してやる。

## 植え付け

### 1 ポット育苗の苗

本葉3～4枚の植え付け適期のポット苗を用意する。

### 2 植え付け位置を決める

ポット苗を株間30～40cm目安に、畝に並べて植え付け位置を決める。

### 3 苗を取りだし植え付ける

ポットから苗を取り出して、根鉢を壊さないように植え付ける。

**プロのコツ**

根がポットの底で巻いているが、これは切らずにそのまま植え付ける。

**プロのコツ** 養分を豆に向けるため、草丈60～70㎝になったら先端を摘心する。

## 倒状防止

### 1 株が倒れないようにヒモで囲う

春先、草丈が40～50㎝前後に伸びてきたら、茎の大きいもの7～8本に整枝する。その後、さらに伸びてくるので、株が倒れないように周囲をヒモで囲う。

## 収穫

### 1 収穫する

空を見上げていたサヤが、豆の重みで次第に下を向いてくる。さらにサヤの背筋に黒いスジが見え始めたら収穫適期。ハサミで切り取って収穫する。

## 病害虫の防ぎ方

### アブラムシ

春先の新葉や若いサヤには、ウィルスを媒介するアブラムシが好んで群がる。初期数十匹でも、1週間で数十倍に増える。生育初期は寒冷紗で覆う、シルバーポリマルチを敷くなどで防除もできるが、完全ではないので、見つけたら増える前に薬剤散布で防除に努める。

## 生育

▼株元から分岐して大きくなってきた苗。

## 開花

▼植え付け翌年の5月になると、開花を始める。

バラ科

# イチゴ

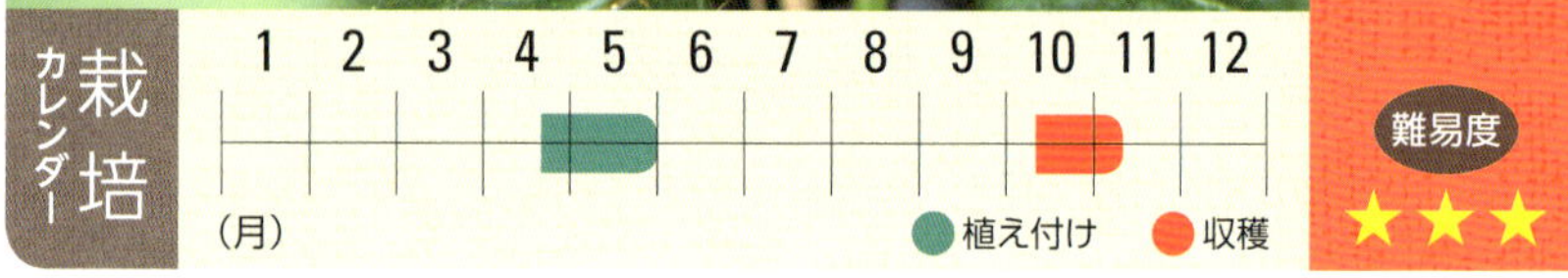


※連作不可(1～2年休む)

## 今流行の品種は露地栽培には不向き

イチゴは人気果物でもあり、「女峰《にょほう》」「あまおう」など新品種がスーパーに並びますが、これらはハウス栽培向き品種なので、露地で栽培すると茎葉の生長がよすぎて実が成りにくいものです。露地栽培には「宝交《ほうこう》早生《わせ》」がおすすめ。果実の大きさは品種にもよりますがついた花数の影響も大です。大苗は花数が多いですが果実は小粒。小苗はその10分の1くらいの花数ですが大粒。この際大粒をねらってみましょう。

### プロが教える栽培ポイント

収穫時期の乾燥は禁物です。畝は中心をくぼませて二山盛りの感じにしてからビニールマルチをかけ、ところどころに穴を開けて降雨が入るようにします。

## 畝作り

### 1 元肥を投入する

畝にする予定地の中央に深さ40cmほどの溝を掘り、堆肥、過リン酸石灰、米ぬかなどをまく。

### 2 有機物を入れる

溝には周辺の枯れ草や収穫物の茎葉などを入れ込んでもよい。

### 3 溝を埋め戻して畝を作る

周囲の土を整地しながら溝を埋め戻す。埋め戻しながら、幅60cmの畝を作る。

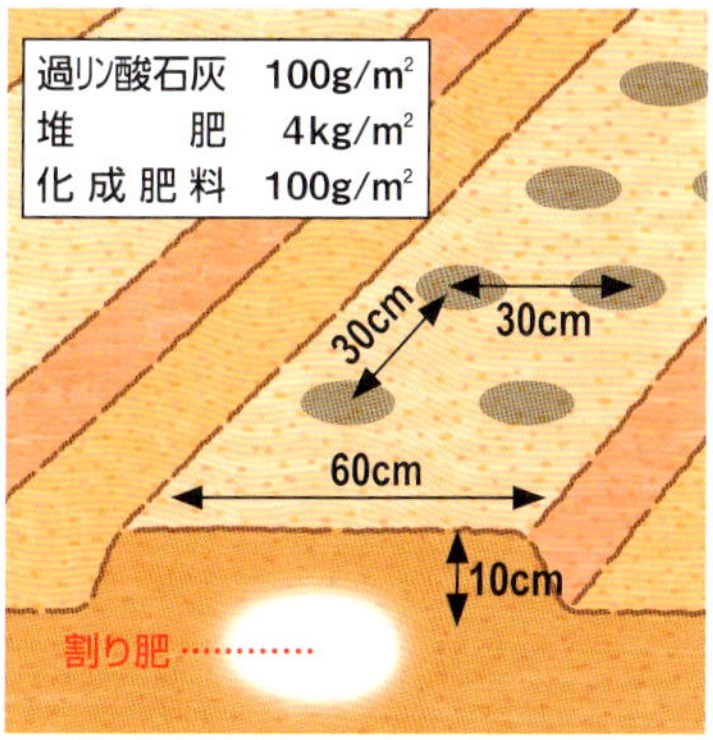


## 植え付け

### 1 ポット苗を準備する

畑に余裕ある場合は、自分で育てた苗でもよいが、小面積の場合には市販のポット苗を購入して準備する。

### 2 植え付け位置を決める

条間30㎝、株間30㎝を目安として、畝にポットを並べて植え付ける位置を決める。いくつかの品種を植える場合は、同じ列に植えるようにする。

### 3 枯れた下葉は取り除く

ポットから苗を取り出し、枯れた下葉は、茎元からていねいに取り除く。

### 4 植え付け1週間後の畝

冬を迎える準備に入り、葉が広がって赤くなる。左右の苗で葉色が違うのは、品種の違いによるもの。

### 5 植え付け直後の苗

まだ緑濃く、葉も立ち上がっている。本葉が3～4枚あれば十分。ガッチリした葉数多い大苗だと、花数は多いが果実はそのぶん小さくなる。

### ランナーの確認

イチゴは、ランナーの正反対の側に花房をつけるので、植え付けるときによく確認する。確認できない場合は、株全体が少しくの字になって、でっぱりのある側に花房をつけるので、それで判断する。

### 苗を植える深さの目安はクラウン。

○ 苗の株元をクラウンと呼びますが、このクラウンが地表に出るよう浅めに植え付けます。

× クラウンまで埋め込んでしまうと、春先新葉が出にくくなり生育不良の原因となります。

## マルチがけ

### 1 マルチをかける

冬の寒さで、イチゴの根を下に深く伸ばしたあと、新葉が動き始める２月下旬～３月上旬に、畝全体に実を保護するマルチをかける。

### 2 マルチの上に苗を出す

苗の真上のマルチを破って、下葉を残さないように、株を丸ごとマルチの上に引き出す。

## 生育

### 1 苗の生長

春の気温上昇と、マルチによる地温の上昇で、苗は一気に動き出して葉も大きくなってくる。

**クラウンから顔を見せた新葉**

厳寒期を乗り越え、株元のクラウンから新しい葉を見せはじめたイチゴ。

## 摘葉

### 1 枯葉は摘み取る

冬場はほとんど葉数は増えないが、茶色く枯れた下葉は摘み取る。

▼クラウン周辺に緑色の葉が２～３枚あれば大丈夫。

**花房は通路側につけます。**

花房をすべて通路側につけると、収穫しやすくなります。またポリマルチによって、果実が直接土に触れないので、傷みが少なくなります。

## 収穫

### 1 1番果が大きい

果実全体が赤く熟してきたら、収穫する。果実は、1番果が大きく、生育が進むにつれて小粒になってくる。

プロの知恵袋

### 鉢植えで栽培してみましょう。

自宅で収穫を楽しみたい場合などは、大きめの鉢を上手に使って、多段式で栽培して楽しむこともできます。目の届くところであれば、果実を鳥に食べられて、悔しい思いをすることも少なくなるでしょう。

### イチゴのきれいな摘み方

イチゴを摘むときは、果茎に対して果実を直角方向にして、そのまま軽く引きちぎると、株を傷めずきれいにとれる。

## 開花と結実

### 1 開花の始まった花房

4月にもなると、それぞれの株がいっせいに花を開きはじめる。

**プロのコツ** イチゴの花の奥には甘い蜜があり、これを目当てにハチが集まってくる。ハチは大切なお客さん。このハチがまんべんなく受粉してくれて、初めて形のよい果実となる。

### 2 受粉と結実

ハチに受粉してもらい、果実が膨らんできた。この時期ランナーも出るが、これは切り取る。

アブラナ科

# ダイコン

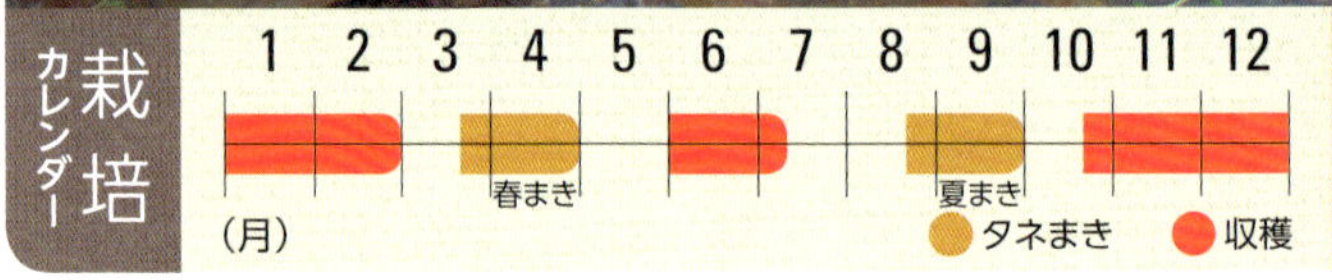


※連作不可（1～2年休む）

難易度

## 秋は遅まき、春は彼岸過ぎのタネまきが病虫害を防ぐ

ダイコンには多くの品種があり、栽培適期も細かく分かれていますが、基本は秋まき。それでも、あわてて8月にタネをまくと、虫に幼苗の芯を食害されたり、ウィルスに感染して葉がモザイク状になって生長が止まったり、またス入りが早くなったりと、手痛い被害をこうむる場合がしばしばです。

ダイコンは遅まきしても立派にダイコンになりますから、あわてずに適期播種を心がけましょう。

### プロが教える栽培ポイント

葉をちぎって茎の中心部に白い部分が見えるようなら、ス入りが始まっている証拠です。ときどき確認しながらスが入らないうちに、早めに収穫するようにしましょう。

## 畝作り

### 1 溝を掘る

元肥を割り肥するために、栽培予定地の中央に深さ40㎝ほどの溝を掘る。

### 2 元肥を投入する

溝に堆肥、化成肥料、過リン酸石灰を投入する。

## マルチがけをする場合

① 畝にマルチを張って、直まきする栽培である。この方法だと少し早く収穫できる。

② 20～30㎝間隔の1穴ごとに4～5粒のタネをまく。

③ タネまき後、病害虫防除を兼ねて、不織布でトンネルをかける。

④ 生育してきて間引き時期のトンネル内の様子。

# タネまき

## 1 タネを用意する

市販のタネは、初期の病気を防ぐ目的で、殺菌剤で処理されている。

## 2 株間25～30cmが目安

畝に植え溝をつけたあと、株間25～30㎝を目安にタネをまく。

## 3 タネをまく

一か所に3～5粒をまく。ダイコンの発芽は概ねよいので、間引きを減らすために、少なくしてもよい。

## 3 土を埋め戻す

土を埋め戻して、ならして整地する。幅60～75㎝、高さ20～30㎝で畝を作る。

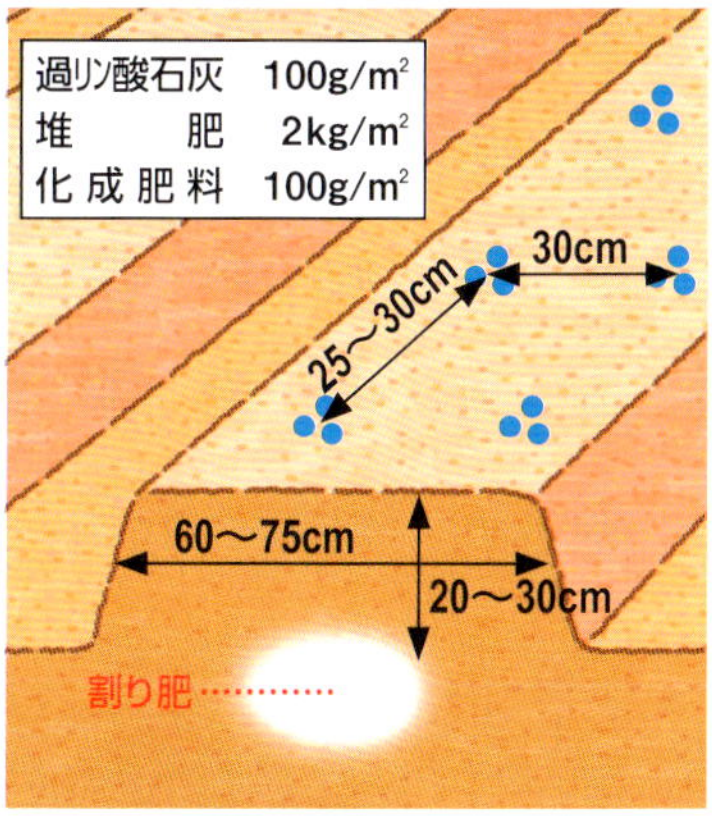

**プロのコツ** タネをまいたあと、土をかけすぎると発芽が不ぞろいになるので、覆土は1㎝以内とする。

## 間引き

### 1 1回めの間引き

子葉が展開して、本葉が見始めた頃が１回めの間引き時期。

### 2 間引きをする

間引く苗を株元からハサミで切る。これだと残す苗の根を傷めないですむ。

**別の方法**

間引く苗を、そのまま引き抜く方法。残す苗を手で押さえながらやる。

### 3 順調な生育

２～３回の間引き後、順調に生育してきたダイコン。

### 病害虫の防ぎ方

**ダイコンシンキリムシ**

間引き後の苗の成長点に食い込まれたダイコン。こうなると致命的、収穫まで至らない。タネまき直後から、寒冷紗で覆って成虫の侵入を防ぐか、薬剤散布で防除する。

### おいしい間引き菜

ダイコンの間引き菜は茎葉が柔らかく、お吸い物やお浸しで食べるとおいしい。

▼首元をしっかりと握って、真っ直ぐに引き抜く。

▼肉質がカブのようで、浅漬けに向く赤皮ダイコン。

▲肉質緻密でおでんに向く、根長22〜25㎝のミニダイコン。

## 収穫

### 1 収穫の目安

品種にもよるが、ダイコンの首元の直径が７㎝前後になったら収穫適期。

### 茎を折って見分けるダイコンの収穫期。

ダイコンは、長期間畑に置くと熟期が進んでス入りしてきますが、これは葉茎の中心部にも症状として現れます。下葉を１枚かきとって茎を折り、その中心部に白くス入り症状がみられるようなら、熟期が過ぎている証拠。収穫期の目安になります。

**失敗例** ×

根菜類の場合は、小石や未熟な有機物があって根に障害を受けると、岐根や又根となりやすい。事前に土をよく粉砕し、障害物を取り除くことが大切となる。

アブラナ科

# カブ

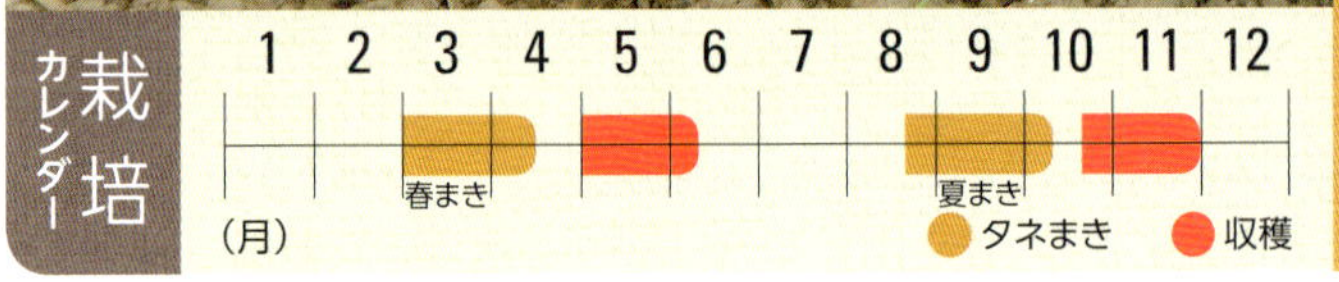


※連作不可（1～2年休む）

難易度 ★★★

## タネまき直後の乾燥と害虫による食害に注意

カブは冷涼な気候を好み、春まきと秋まきが栽培しやすい時期ですが、乾燥や害虫による食害にあう危険性が高いので、寒冷紗や不織布で畝全体を被覆して予防します。発芽したら、2回に分けて間引きをし、最終株間がコカブで8～10㎝、中カブで10～15㎝にします。品種を選んで適期に栽培すれば一年中収穫が可能です。間引き菜はやわらかくおいしいので、捨てずに、お浸しや味噌汁の具に利用します。

### プロが教える栽培ポイント

タネを2㎝間隔に1粒ずつていねいにまくと、あとの間引き作業が楽になります。収穫が遅れるとス入りするので適期収穫を厳守することが大切です。

## 畝作り

### 1 肥料をまき土と混ぜる

堆肥・過リン酸石灰・化成肥料を均一に散布する。肥料と土を（全体的に）よく混ぜておく。

### 2 畝を作る

幅60㎝、高さ20㎝を目安に整地して畝を作る。

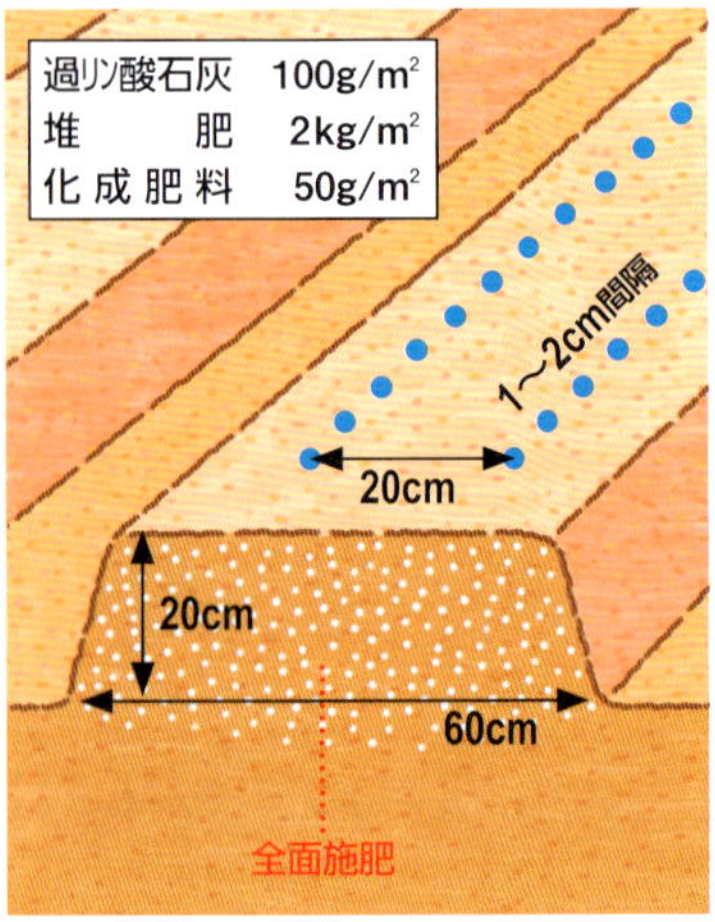

## タネまき

### 1 タネを用意する
カブのタネは、概して発芽がよいので厚まきしない。

### 2 タネをまく
植え溝をつけ、タネの間隔が1～2cmになるのを目安に、タネをひねりまきしていく。

### 3 覆土する
タネがとても小さいので、まき終わったら手で土を軽くかけて少し押さえ付けておく。

## 間引き

### 1 間引きの時期
発芽したのち、本葉が2～3枚になったら、株間4～5cmになるのを目安に間引く。

### 2 間引きをする
本葉5～6枚になったら、最終株間8～10cmを目安にして2度目の間引きをする。

**別の方法**

間引きは根ごと引き抜いてもよいが、混みすぎているところは、強引に引き抜くと他の苗も抜けてしまうので、ハサミで株元から切り取る。

## 収穫

カブは引き抜いて簡単に収穫できるので、大きさを選んで収穫していく。（写真：上） 以降残ったカブもそれぞれ肥大してそろってきます。（写真：下）

### 1 収穫する
カブの径が5cm前後に肥大してきたら、順次収穫する。収穫が遅れると肉質が硬くなり味が落ちる。また根部に割れも起きてくるので早めに収穫する。

セリ科

# ニンジン

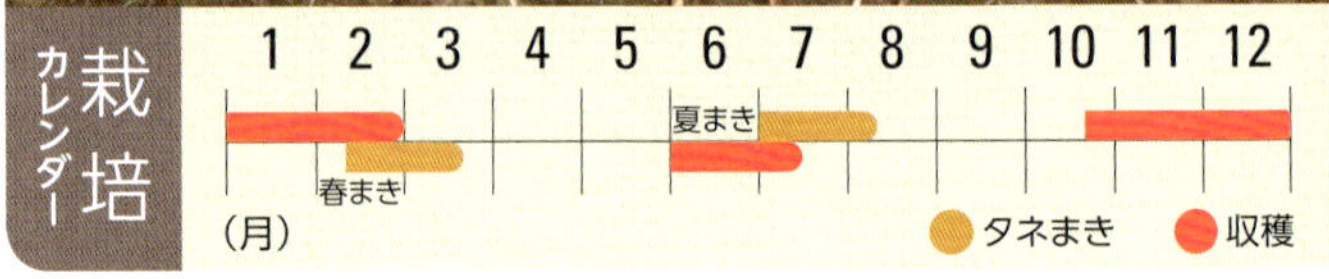


難易度 ★★

※連作可

## いっせいに発芽させることが栽培の決め手

ニンジンのタネは吸水力が弱く発芽しにくいので、畝にまき溝をつけたあと、土が乾燥しているようなら、水やりしたあとに、ていねいにすじまきします。強雨や乾燥の被害を防ぐために、発芽するまで不織布か新聞紙などで覆います。

ニンジンは幼苗期に葉が触れ合っているほうが順調に生育するので、本葉2～3枚と本葉6～7枚の2回に分けて間引きを行い、最終的に株間12cmくらいにします。

### プロが教える栽培ポイント

ニンジンは肥大する直根を、いかに真っすぐに伸ばせるかが栽培のポイントです。早めの畝作りと施肥で土質改良した畑を準備しておくようにします。

## 畝作り

### 1 畝を作る

土をおこして細かく砕き、元肥としては何も入れない。幅60cmの畝を作る。

### 2 植え溝をつける

幅15～20cmで植え溝をつける。ここでは2条植えになるように2本の溝をつけている。

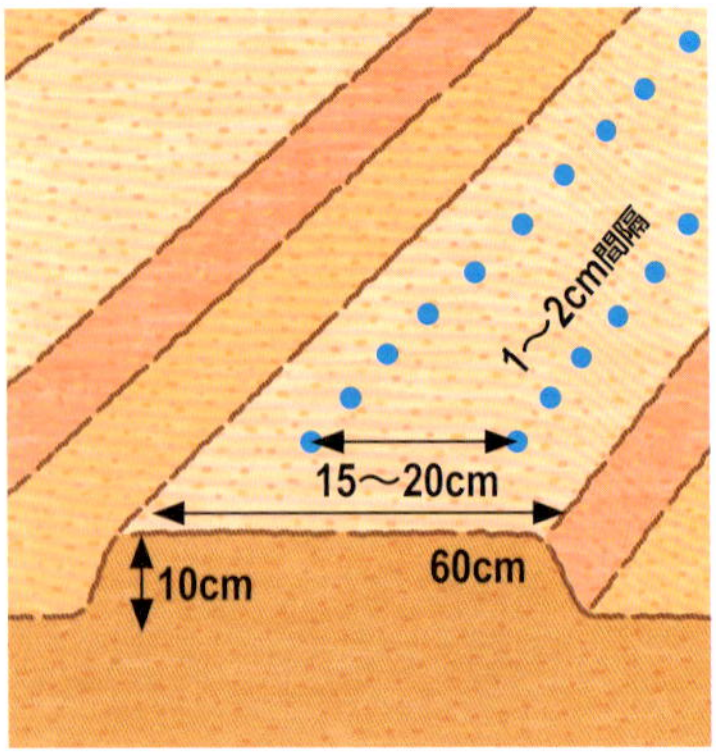

## タネまき

### 1 タネを用意する

ニンジンのタネは小さくて、吸水力が弱い傾向にあるので、発芽するまでは水を切らさないこと。

### 2 タネをまく

タネをひねりながら、すじまきして、発芽に光が必要な好光性なので、軽く土をかけて押さえる。

## トンネル

### 1 トンネルをかける

タネをまいたあと水をやり、夏場の乾燥と高温からタネを保護するために、すぐにトンネルをかける。

### 2 発芽

発芽初期の様子。これ以降も土を乾燥させないように注意する。

### 防虫を兼ねてトンネル栽培

トンネルの天井に生長した葉が届くまで、防虫を兼ねてトンネル内で栽培を続ける。

## 病害虫の防ぎ方

### キアハゲハの幼虫

ニンジンのようなセリ科の野菜は、独特の芳香があるので病害虫は比較的少ないが、大敵はキアハゲハの幼虫による食害。小さくて黒っぽいのが、若い幼虫。緑と黒の縞模様が老齢の幼虫。いつの間にか大量に発生して、茎葉を丸坊主にしてしまうこともある。

**対策法**

日々の観察を怠らないようにしたいもの。見つけしだい捕殺する。

## マルチ栽培の場合

1. ニンジンは穴あきマルチを利用して、マルチ栽培もできる。幅90㎝の畝を作り、120㎝幅の穴あき黒マルチをかぶせる。1穴に3〜4粒のタネを点まきする。

2. 発芽して本葉3〜4枚になったら、生育のよい株を選ぶ。

3. その他は、すべて間引く。1穴に1株を残し、以降このまま栽培を続ける。

### 形のそろった根にする

土の中に石ころや有機物の固まりなどがあると、根はそこで分かれて岐根となってしまうので、タネまき前によく土を砕いておくことが大切。

# 間引きと追肥

### 1 間引きをする

間引きは、生育に応じて2〜3回に分けて行い、最終株間10〜12㎝とする。間引きの都度、化成肥料一握り（50g ／㎡）を条間に追肥して、中耕・土寄せを行う。間引きの際、根の肥大ぐあいを確認。

### 2 追肥の時期

根がまっすぐに15〜20㎝ほど伸びていれば、以降は横に肥大してくる。この時期が、最後の追肥のタイミングである。

▼品種にもよるが、ニンジンの肩口が張り出して、土の表面に割れが生じてくると、収穫時期である。通常、タネまき後、100〜110日になれば収穫できる。

# 収穫

キク科
# ゴボウ

栽培カレンダー

| | 1 | 2 | 3 | 4 | 5 | 6 | 7 | 8 | 9 | 10 | 11 | 12 |
|---|---|---|---|---|---|---|---|---|---|---|---|---|

(月)　● タネまき　● 収穫

※連作不可（4～5年休む）

難易度 ★★★

## 香り高いやわらかゴボウを栽培する

やわらかく、養分を蓄えた香りのよいゴボウには肌に明るさがあり、根の出る横シマ模様がきれいにそろっており、まっすぐな細根が左右対称に出てきます。直根が素直に長く伸びるためには、土中深くまで酸素が十分あることが必要ですから、畑にはよく深耕して、良質な完熟の有機質を投入して、できれば50cm以上下層まで排水性、通気性を改善しておきます。短根品種は30～50cmと短めなのでおすすめです。

### プロが教える栽培ポイント

根の芯に白いスカスカがあるのは「ス入り」。ス入りが激しいのは石灰とカリ不足が原因です。深耕とともにバランスのよい施肥が決め手となります。

## 畝作り

### 1 溝を掘り、元肥を施す

畝の中央に深さ40cmの溝を掘る。溝に堆肥、化成肥料、米ぬかなどを投入する。

### 2 埋め戻す

土を埋め戻し、幅60cm、高さ20cmに整地して畝を作る。

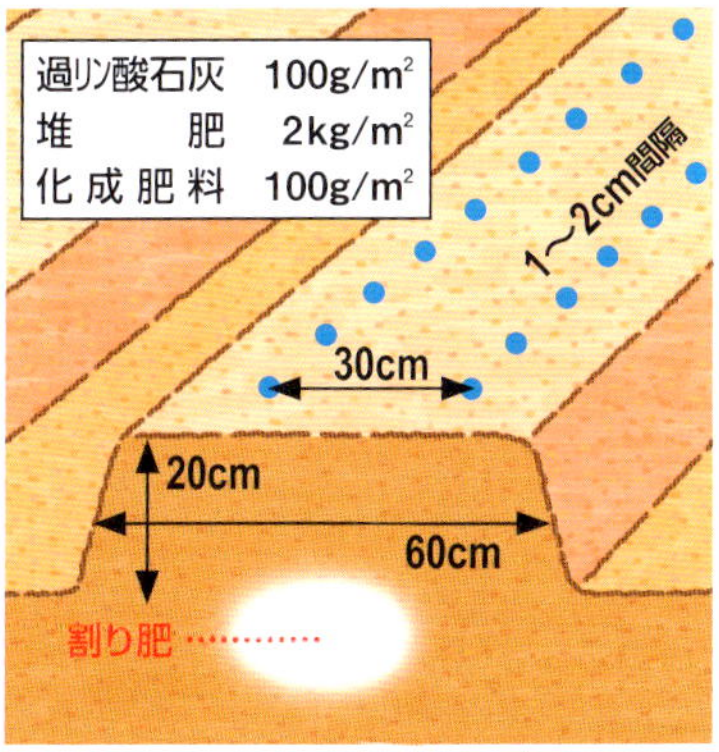

# 間引き

▶発芽して子葉が展開したころ、間引きをする。

## 1 間引く

株間が7～8㎝となるように間引く。1本ずつ引き抜いてもよいが、近くの苗の根が動いたり、いっしょに抜けたりするのを避けるため、間引きする株をハサミで切り取る。

# 追肥と中耕

## 1 追肥と中耕を行う

本葉を大きく展開して生育旺盛なこの時期に、株間に化成肥料一握り（50g／㎡）を追肥して、表層を軽く中耕して土寄せを行う。

## 3 まき溝をつける

条間30㎝を目安として、タネのまき溝をつける。

# タネまき

## 1 タネを用意する

ゴボウのタネ。ブルー色がついているのは、発芽初期の立ち枯れ病などを防ぐ殺菌剤をまぶしてあるため。

## 2 タネをまく

最終株間10㎝を目安にして1～2㎝間隔で1粒ずつていねいにタネをまく。まき終わったら土をうすくかけ、タネが流れないように注意しながら水をたっぷりやる。

# 収穫

## 1 収穫適期のゴボウ

株元から見える、根の直径が2㎝ほどになったら収穫適期。

## 2 掘り進める

根を切断しないように、周りからていねいに掘り進んでいく。

## 3 掘り上げる

掘り上げたゴボウ。若いほうがやわらかく、風味のあるゴボウが味わえる。

### プロの知恵袋 土を吹き飛ばして、根を折らずに収穫。

土の中に深くに根を張ったゴボウを収穫するのは、なかなかたいへんです。途中までスコップで掘ったあとは、ホースから勢いよく放水して、土を吹き飛ばしてやると、根を切断せずに先端まできれいに掘り取れます。

### ス入りになる前に収穫する

ゴボウは長く畑に放置すると、肥大を続けてス入りするので早めに収穫します。品種にもよりますが、根の直径2㎝を限界の目安としましょう。

アブラナ科

# ラディッシュ

難易度 ★★★

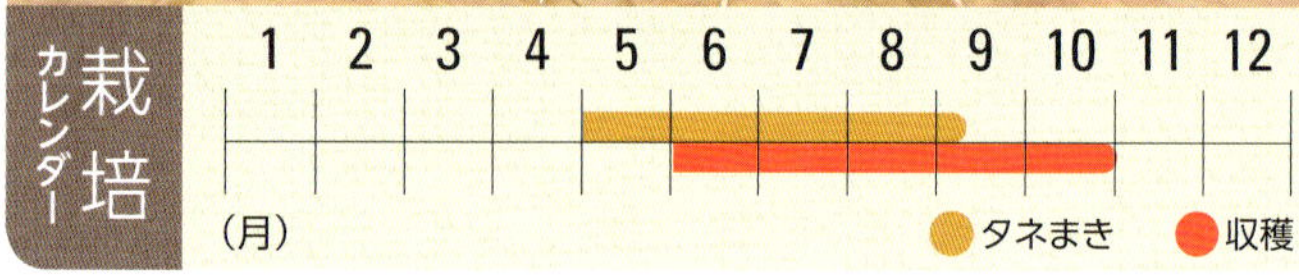


※連作不可（1～2年休む）

## 収穫が遅れるとすぐにスが入るので注意

タネまきから1か月前後で収穫できるお手軽野菜ですが、大量に栽培すると後の処置に困るので、肥料や畝作りは気にしないで、ちょっとした空間を見つけては、こまめにタネをまくようにしたほうが賢明です。

ラディッシュは根部の彩りも豊かなので、さまざまな品種をまいてみるのも楽しいでしょう。収穫遅れはス入りが激しく食用にならないことが多いので、早め早めに収穫します。

### プロが教える栽培ポイント

肥料をやりすぎると一雨でラディッシュに割れが入り、肥料が切れるとラディッシュの肉質が硬くなるので要注意。短期間で生育するので、通常は前作の肥効だけで十分です。

## 畝作り

### 1 畝を作る

栽培予定地に堆肥、過リン酸石灰、硫安をまく。前作の肥料が残っている場合は、無肥料でもよい。

▼これを土とよく混ぜて整地する。

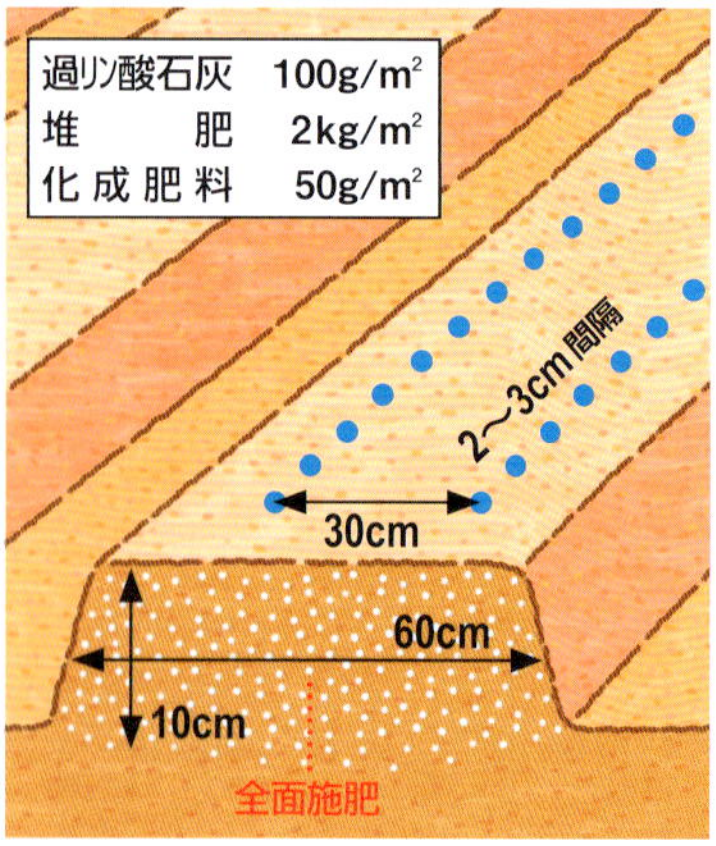

## タネまき

### 1 タネを用意する

ダイコンのタネよりやや大きい。殺菌剤をコーティングしてあるため緑に着色してある。

### 2 タネをまく

タネの間隔２～３㎝を目安に、ていねいにすじまきしていく。

**プロのコツ** ラディッシュは収穫が遅れるとすぐにスが入る。タネは１度にたくさんまかないで、使う量に合わせて１週間～10日ごとに少量ずつまいていく。こうして収穫時期をずらすことで長期間にわたってみずみずしいラディッシュを楽しむことができる。

## 発芽と間引き

### 1 １回めの間引きをする

発芽して大きな子葉を展開した時期に、３～４㎝間隔になるように１回めの間引きをする。

### 2 間引きの終了

間引きを終えた畝。間引きが遅くなると、徒長気味になり根部の形が悪くなる。

### 3 ２回めの間引きをする

本葉２～３枚伸びだしたころ、必要なら２回めの間引きをする。間引き後、苗がぐらつかないように、株元に少し土を寄せる。

## 収穫

### 1 収穫の目安

土から顔を出した根部の直径が２～３㎝になったら収穫する。収穫適期を過ぎると裂根やスが入るので、早めの収穫が大切。

### 気温の高低と根の形状

ラディッシュは気温が高い時期には根部が縦長に、低い時期には球形になる傾向があるが味に変わりはない。

ユリ科

# 葉ネギ

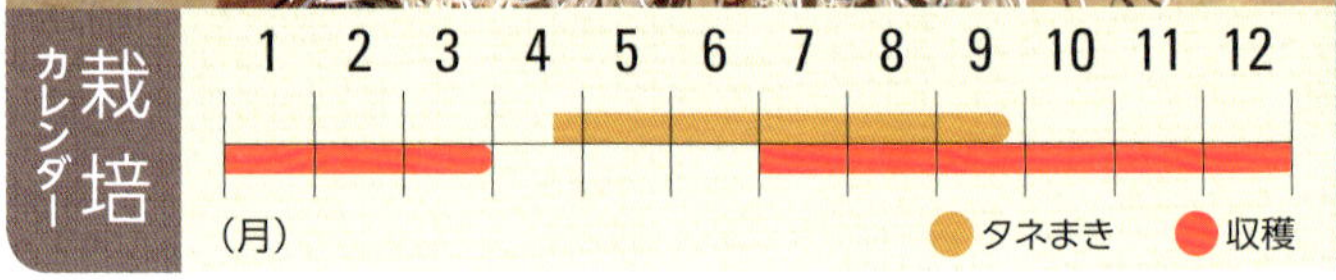


難易度

※連作不可（1～2年休む）

## 1年中いろいろな作り方ができる葉ネギ

葉ネギは、タネまきの時期によって品種を選ぶと、ほぼ一年中いつでもタネをまいて栽培できます。細い小ネギからやや茎の太いネギまで、使い勝手に合わせて適宜収穫して利用できるため、とても重宝します。まとめて収穫したら、刻んで冷蔵保存して利用するのもよいでしょう。

品種の特性にもよりますが、小苗を株間5～7cmで移植して、土寄せしながら栽培すれば、軟白長ネギのように収穫することもできます。

### プロが教える栽培ポイント

葉ネギの場合も、大きくなってからの追肥は病気発生の要因となるので、元肥施肥一発での栽培を行います。生育中は土を乾燥させないために、水やりを怠らないようにします。

## 畝作り

### 1 畝を作る

堆肥、過リン酸石灰、化成肥料をまいて土と混ぜ合わせ、幅60cm、高さ10cmの畝を作って整地する。

▼条間20cmで植え溝をつける。

## タネまき

### 1 タネを用意する

葉ネギのタネは、長ネギのタネと全く同じ形状なので間違わないようにする。

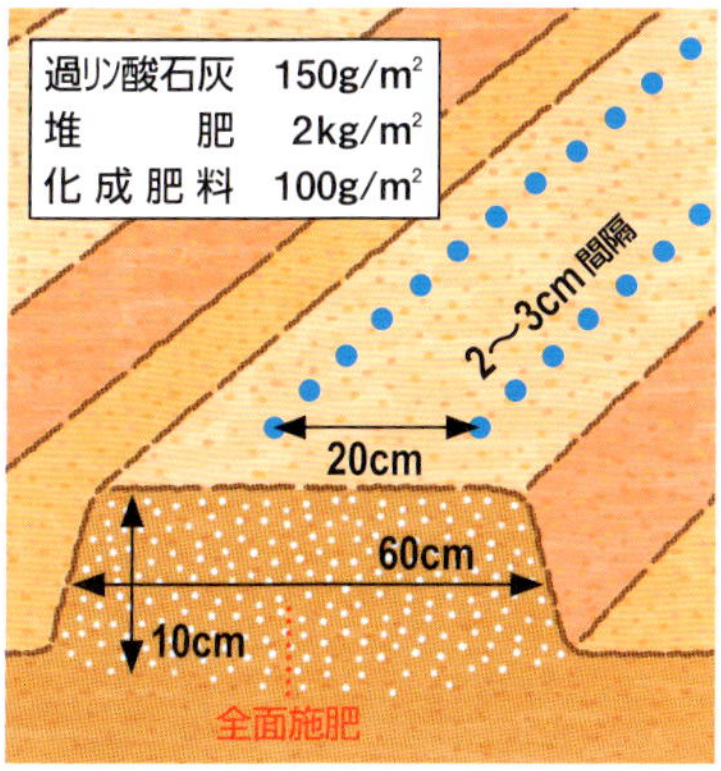


### 2 タネをまく

植え溝に、タネの間隔2～3㎝になるように、すじまきする。

### 3 覆土する

タネをまいたら、流されないように軽く土をかけて押さえる。

### 4 水やりする

タネまき後は、土の中までしみ込むくらいにたっぷり水をやる。

## 発芽と生育

### 1 発芽

タネをまいてから1週間もすれば、きれいに発芽してくる。

### 2 生育

土が乾燥しないように、適宜水をやりながら栽培する。

## 収穫

### 1 収穫する

長ネギと違って、葉ネギの場合は草丈15㎝以上になったら、用途に応じて適宜収穫できる。

ユリ科

# ニラ

難易度 ★☆☆

ニラ(グリーンロード) Photo:サカタのタネ

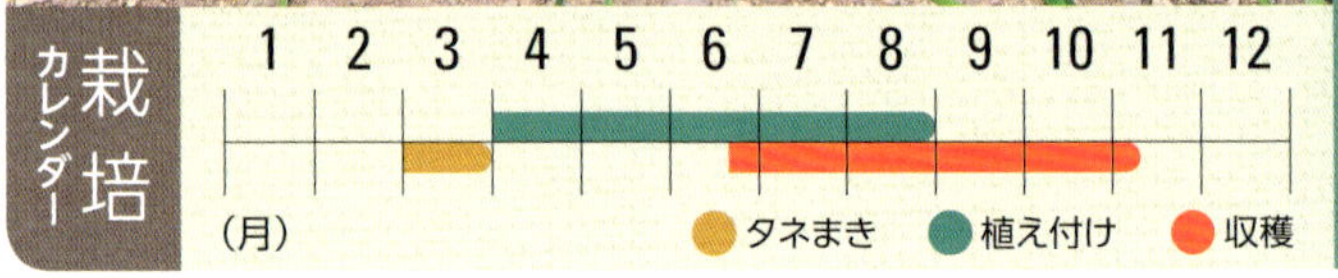


※連作可

## 土壌を選ばないが過湿には弱い

乾燥には強いですが過湿には弱いので、栽培に当たっては水はけのよい場所を選定します。株を植え付ける場合は、株間20㎝前後とし、株元が完全に地中に埋まるように深めに植え付けます。

植え付け1年目は、収穫せずに株の充実を図ります。とう立ちしたら、茎を5～6㎝ほど残して早めに刈り取ります。霜が降り始めたら、枯れた地上部をきれいに刈り取り、株元に枯れ草などを敷いて越冬させます。

### プロが教える栽培ポイント

植え付け後２～３年たって株が古くなると、葉に厚みなく細くなって品質が落ちるので、３年に一度は掘り起こして、１株５～６芽に株分けして植え付けます。

## タネまき

### 1 タネを自家採種

自生しているニラの穂先から、タネを採種する。

### 2 まき溝をつける

ニラは長期間の栽培となるので、病害虫防除の効果を兼ねて畑の隅などに植え付ける。

## 収穫

### 1 収穫する

草丈が20㎝以上に伸びてきたら、株元から４〜５㎝残して刈り取って収穫する。新芽が再生してきたら、同じように収穫できる。

### 株分けして植え付ける方法

1 植え付けて２〜３年になって、葉が細くなってきた株を掘り上げる。

2 掘り上げた株を、１株５〜６芽になるように株分けする。

3 植え溝を掘る。株間20㎝を目安に置き、植え付けていく。

4 植え付けたら、土と密着させるために株元を足で踏み固める。

### 3 すじまきする

まき溝にタネをひねりながらすじまきする。土をうすくかけて転圧する。

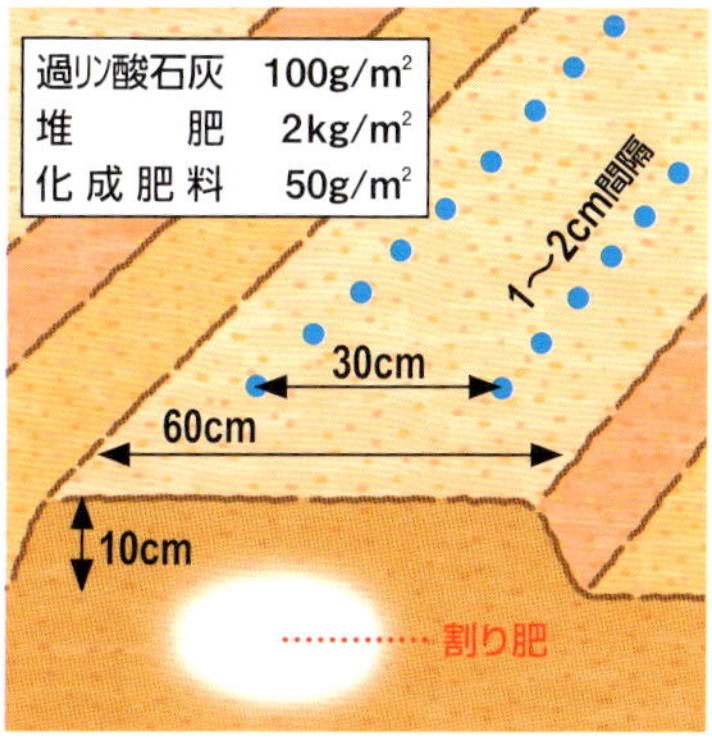

### 自生したニラはコンパニオンプランツに。

畑に一度植え付けたニラは、毎年春先に開花してタネをつけ、これが自然落下して増えていきます。ニラには、コンパニオンプランツとして、土壌から野菜に伝染する病原菌を抑える効果あるので、邪魔にならない範囲で生えるにまかせます。収穫も楽しめて、一石二鳥の効果です。

ユリ科

# タマネギ

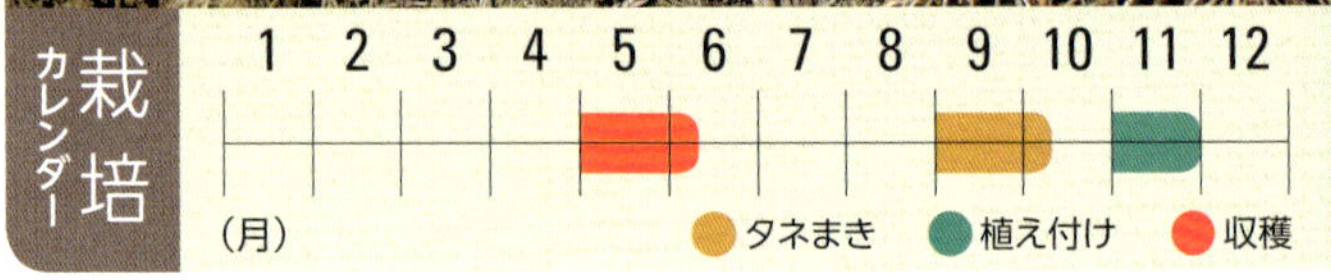


難易度 ★★★

※連作可

## 定植苗の茎の太さと植え時期が成否を決める

タマネギの品種には早生《わせ》・中《ちゅう》生《せい》・晩《ばん》生《せい》とありますが、その系統によっておおよその植え時期と苗の大きさが決まっています。定植時期は、早生系は11月上～中旬。中晩生系は11月中～下旬。苗の大きさは、根元の白い部分の太さで見ます。理想は5㎜、最大限8㎜までとします。太さ10㎜以上では、春先に分球や抽《ちゅう》苔《たい》（とう立ち）が多発しますが、その場合は早めに収穫して葉タマネギとして利用するとよいでしょう。

### プロが教える栽培ポイント

秋まき栽培の場合、最終追肥はリン酸成分の多い肥料を条間に施し3月中旬までに終えるようにします。遅い追肥は病気発生の原因になるので注意してください。

## 苗床作り

### 1 畝を作る

苗を育てるための畝を準備する。1㎡あたり堆肥2kg、過リン酸石灰、化成肥料をそれぞれ一握り（50g）を目安にまき、土とよく混ぜて整地する。幅60㎝、高さ10㎝で畝を作る。

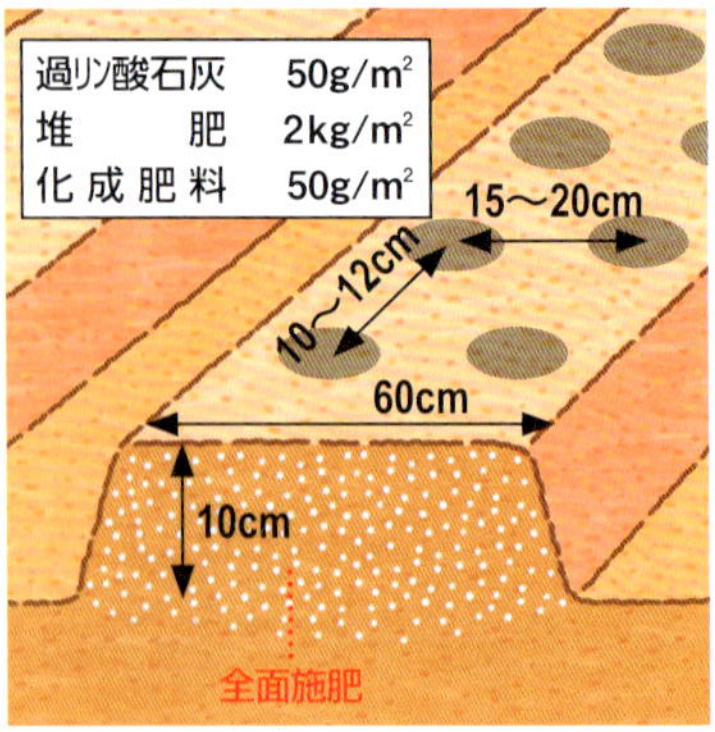

# タネまきと育苗

▼タマネギのタネ。一見ネギと区別がつかない。

## 1 まき溝をつける

準備した畝に条間15～20㎝、深さ２㎝ほどのまき溝をつける。

**プロのコツ** まき溝が表面より低くなるように、溝の土を中に押し込むようにしておくと、まいたタネがよく見えるので作業が楽。

## 2 タネをまく

タネの間隔が１㎝になるように、まき溝に沿って、ひねりまきしていく。

**プロのコツ** １㎡の広さがあれば500本前後の苗ができるので、大体の植え付け本数を計算してタネをまくこと。

## 3 覆土する

タネをまき終えたら、厚さ１㎝で土をかけていく。土をかけたら、表面をクワなどで強く転圧して土とタネをよく密着させる。雨で強くたたかれないように、上から不織布などでベタがけする。水はやらない。

## 4 不織布を外す

早ければ４～５日で発芽してくる。ここまで発芽したら、不織布は取り外す。

## 5 育苗する

見事に生えそろってきたタマネギの苗。タネまきから２か月ほどかけて苗を育てる。

## 6 苗をとる

草丈20～25㎝、茎の太さ５～６㎜ほどになったら苗をとる。茎の太さが10㎜以上の大苗にすると、春先にネギ坊主が出やすくなり、タマネギの品質を損なう率が一気に高くなるので注意。

### 太い苗と細い苗に分別

タマネギの苗は太い苗と細めの苗に分別し、植え付ける。これで全体が同じ玉の大きさでそろう。太い苗と細い苗を無造作に混ぜて植えると、細い苗は競争に負けて落ちこぼれ、生育が抑えられてクズ玉になってしまう。

# 植え付け

## 1 植え溝をつける

事前に堆肥、過リン酸石灰、化成肥料を投入して、土とよく混ぜておく。植え付けるときに幅60㎝、高さ10㎝の畝を作る。条間20㎝、深さ５～６㎝で植え溝をつける。

## 2 苗を置いていく

太い苗、細い苗のグループごとに、10～12㎝間隔に並べて植える。このとき、根と土がよく密着するように根元を溝の壁に押しつけるように置いていく。

## 3 土寄せする

植え付けたら、土を根元に寄せていく。あまり土を寄せすぎると、タマネギが縦長の形状になるので、株元が隠れる程度とする。

### プロのコツ

土を寄せたら、根と土を密着させて新根の発生をうながす。また霜で苗が持ち上げられないように、株元を足でよく踏み固めておく。足で踏み固めたあと、株元に枯れ草や堆肥などの有機物を株元に敷きつめておく。

## マルチを利用した植え付けの場合

❶ マルチ利用しない場合と同じように、植え付け予定地に、事前に堆肥、過リン酸石灰、化成肥料を投入して、土とよく混ぜておく。植え付けるときに、幅60㎝、高さ10㎝の畝を作る。

❷ 畝を水平に整地して、黒いポリフィルムの穴あきマルチをかける。

❸ マルチが風などで浮き上がらないように、畝の中央に市販のマルチ押さえピンなどを挿して留める。

❹ マルチの穴に人差し指の深さまで穴をあけ、5㎝以上の深植えにならないように注意しながら、1本ずつ苗を植えていく。

**プロのコツ** 植え付けたら、株元がぐらつかないように、少し土を寄せて押し固めておく。

◀マルチがけの完成

植え付け直後の状態は、苗が倒れ気味で、また葉先が少し茶褐色になって心配になるが、新根が出てくるとしだいに起き上がってピンとしてくるので大丈夫。

# 収穫

## 1 収穫の目安

春先、玉が肥大して、株全体を見回して、60～70％が株元から折れ曲がる状態となったら収穫の適期。

**プロのコツ** 葉が折れ曲がるのは、葉が光合成で作り出した養分が、球に十分蓄えられたという合図。収穫が遅れると、貯蔵性の悪い軟弱な球になるので適期収穫を見逃さないこと。

収穫したタマネギ

赤タマネギ

### おいしい葉タマネギ

タマネギが十分に太りきる前は、葉もまだ柔らかいので、株丸ごと葉タマネギとして利用できる。すき焼きや鍋物、炒め物には、口の中でとろけるような、絶品の味わいである。植え付け時期に、葉タマネギ用に極太苗を植えてもよいが、春先４月下旬ころに畑を回って、ネギ坊主が出そうな株を見つける。ネギ坊主が出ると、タマネギの芯が硬くなって食用にならないので、こうした株は引き抜いて葉タマネギとして収穫するのが得策である。

## 2 収穫する

土から葉付きで引き抜き、そのまま畑に並べておく。雨でもあわてることはない。根が土から離れていれば、雨にあたってもすぐに乾く。雨だからといって、収穫時期を遅らすと、さらに水を吸い上げて水太りのタマネギとなり、貯蔵中に腐敗しやすくなるので、少々の雨なら引き抜いて収穫してしまうこと。

**プロの知恵袋**

### タマネギは茎葉をつけたまま保存します。

収穫したタマネギは、茎葉をつけたまま、同じ大きさのものを5～10個単位で、株元を結束し、風通しのよいところで乾燥して貯蔵する。結束が強すぎると、結び目が腐って玉が落ちるので、ゆるく結ぶこと。また、乾燥が不十分なまま茎葉を切り落とすと、切り口から乳がにじみだします。これにカビが発生して腐る原因にもなるので、十分乾燥させたあと茎を5㎝ほど残して切ること。これで玉の内部まで腐る心配を軽減できます。

アブラナ科

# ハクサイ

難易度 ★★★

※連作不可（2～3年休む）

## ハクサイは適期のタネまき・定植が大切

ハクサイは小さな苗の状態で低温にあってしまうと、結球せずに葉を広げたままになってしまいます。タネまきから育てる場合には、9月下旬以降の遅まきには注意が必要です。直まきでもいいですが、生育をそろえ、害虫被害を防ぐ意味で、本葉4～5枚の苗を購入して植え付けるのがおすすめ。ミニハクサイの場合は、株間20cm前後は大丈夫ですから、一般的な650型プランターでも3～4株定植できます。

### プロが教える栽培ポイント

元肥一発・追肥なしで栽培したいところですが、肥料切れを起こさないように結球始めのころに一度、速効性の化成肥料や油カスを追肥するのがよい方法です。

## 畝作り

### 1 元肥を施す

畝の中央に深さ40cmほどの溝を掘り、ここに堆肥、乾燥生ゴミ、化成肥料、過リン酸石灰、硫安などを投入する。

### 2 畝を作る

植え溝に土を埋め戻して整地し、幅60～75cm、高さ10cmで畝を作る。

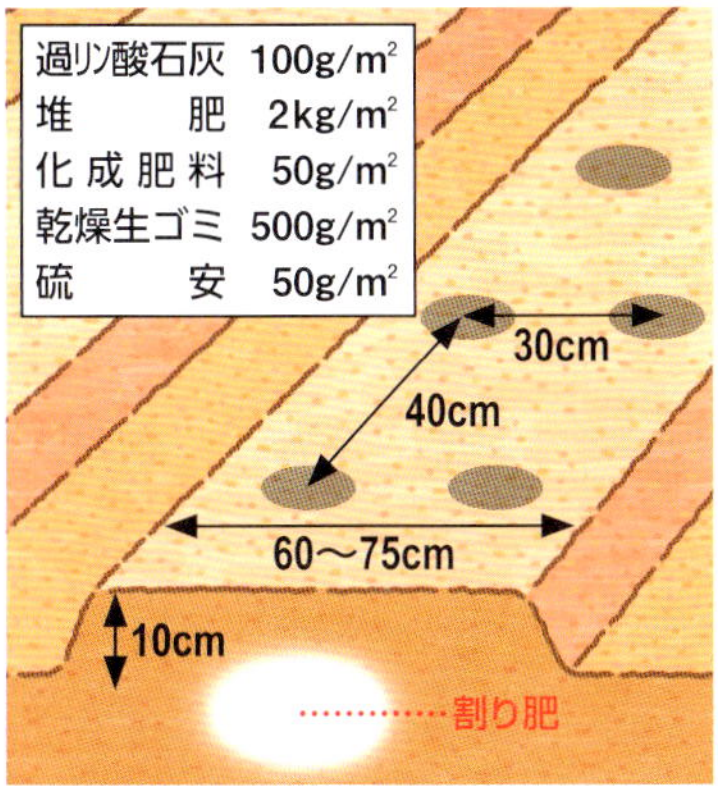

# 植え付け

## 1 苗を用意する

本葉４～５枚に育った植え付け適期のポット苗。これ以上大きくした苗だと根のつきが悪くなるので、できるだけ若い苗を植える。

## 2 株間を決める

通常のハクサイは株間40㎝、ミニハクサイの場合は株間25～28㎝を目安に植え付ける。

**プロのコツ**　ハクサイは株間が狭いと隣同士が競合して完全に結球せず、葉数が少なく、巻きのゆるい半結球になりがちなので、株間は広いほうがよい。

## 3 ポットから苗を取り出す

ハクサイの根は細く、一度切れると新根が出にくい性質があるので、根鉢をくずさないように慎重に扱う。

## 4 植え付ける

株が風や降雨などで振り回されないように、株元に少し土を寄せて固定する。

## 5 水やりする

植え付けたら、すぐにタップリと水をあげて活着をうながす。

### 直まきの場合

株間 40 ㎝を目安に、１か所４～５粒の点まきとし、本葉２～３枚になったころ１か所２株に間引き、本葉５～６枚のころに１株に間引く。一般的に直まきのほうが生育が早いが、虫の食害を受けやすく、間引き作業にも手間取るので、ポット苗を育てて植え付けたほうが管理しやすい。

# 収穫

## 1 収穫する

結球した頭を押さえてみて、硬く締まっている時期になったら収穫適期。株元に包丁を入れて株ごと切り取って収穫する。

▼その後、かたい外葉を切り取る。

### 防寒の方法

寒さが厳しくなって霜が降りるようになると、凍害にあうので、結球内部が傷まないように外葉で包み込んでしばる。このまま、2月まで畑に置くことができるので、必要に応じて収穫する。

# トンネル

## 1 トンネルがけをする

ハクサイの初期生育の時期は害虫が多い。本葉の枚数が増えて、外葉が大きく展開するまで、寒冷紗や不織布を使ってトンネルで覆っておく。

▼結球の始まったハクサイ。

プロの知恵袋

## ハクサイの菜の花は格別のおいしさ!

ハクサイはダイコンと違って、タネまきや苗の植え付け時期が遅れたり、植え付けした苗の活着が悪かったりして、葉数が少ないうちに低温にさらされると、結球せずに逆に葉が開いてきます。ハクサイとしては失敗作ですが、煮物や炒め物には、このほうが甘みがあっておいしいです。

また、結球しなかったハクサイをそのまま越冬させると、春先に茎の太い菜の花が伸びだしてきます。これを摘みとって、お浸しやからし和えなどにすると格別上品な味が楽しめます。結球しなかった場合はガッカリせずに、楽しみを春まで持ち越しましょう。

アブラナ科
# キャベツ

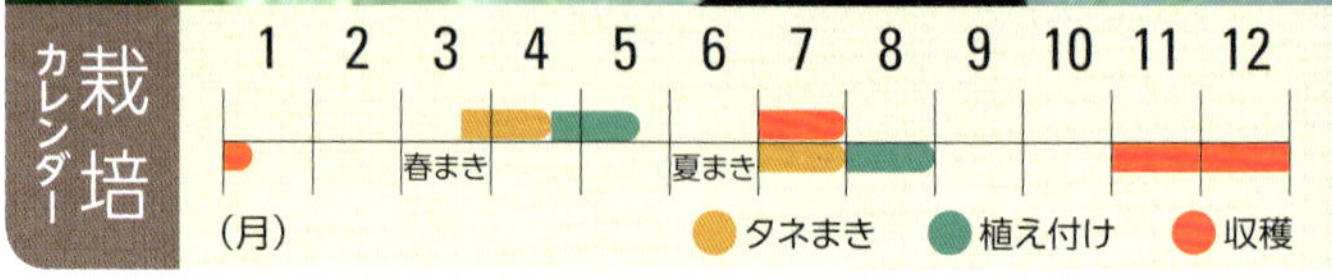


※連作不可（2年休む）

難易度 ★★☆

## 品種も豊富で周年栽培もできる

栽培時期に合わせて品種を選択します。秋まき春収穫の場合、温暖地では8月中旬〜9月中旬に順次タネをまきます。温度の高い時期のタネまきは、乾燥や虫害にあう危険性が高いので、ポットにタネをまいて苗を作り、その後畝作りをして定植するほうが安全です。

元肥一発・追肥なしで栽培したいところですが、肥料切れを起こさないように、結球し始めのころに一度追肥を行います。

### プロが教える栽培ポイント

キャベツ栽培では活力ある外葉を育てることがポイント。育苗の段階からメッシュの細かいネットなどで覆い、虫の被害を防ぐように注意しましょう。

## 苗作り

### 1 タネを用意する

キャベツのタネ。一般的には茶褐色だが、立ち枯れ病を防ぐ殺菌剤をまぶしているため紫色をしている。

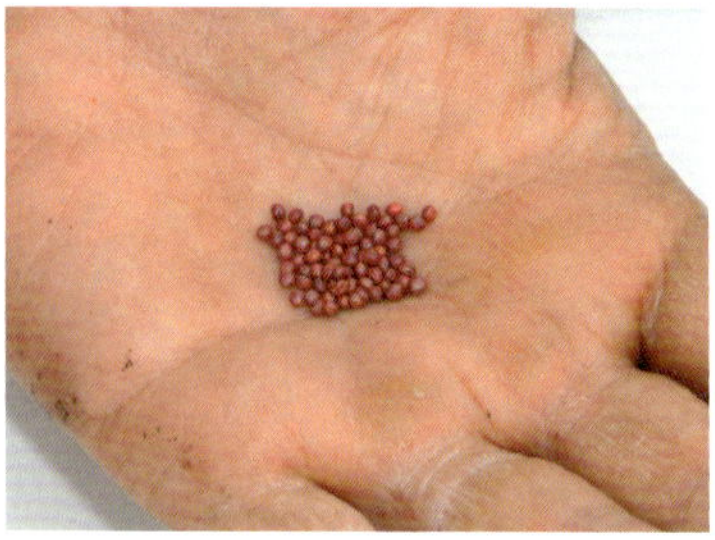

### 2 タネをまく

直径12㎝のポットに培養土を入れ、2㎝間隔でタネを1粒ずつまいて土を軽くかけて水をやり、そのまま発芽を待つ。

### 3 発芽

タネまき後3〜5日すると発芽し、子葉が展開して、本葉が見えはじめる。

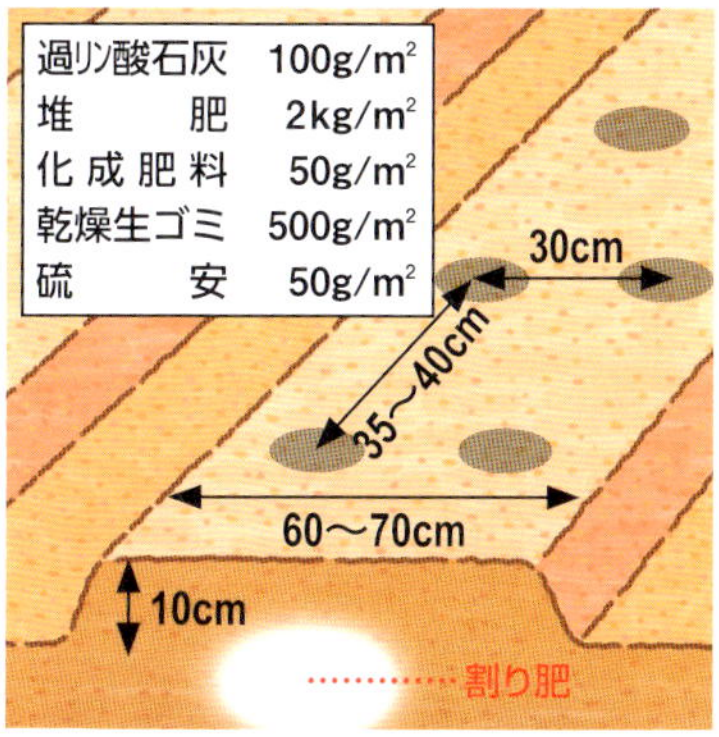


## 2 畝を作る

土を埋め戻し、整地しながら幅60㎝、高さ10㎝の畝を作る。

## 4 ポットに移植する

本葉2〜3枚のころ、苗をポットから抜き出して、1株ずつに分ける。直径9㎝のポットに培養土を入れ、ここに1株ずつ移植して、植え付けに適した大きさになるまで栽培する。

## 病害虫の防ぎ方

対策法 多くの害虫が集まるキャベツ。防虫ネットや寒冷紗を使いトンネル栽培を行う。

### ネキリムシ

キャベツの株元にもぐっており、夜に出てきては、茎をかき切ってしまう。

### アオムシ

モンシロチョウの幼虫。葉を食害する。

### ヨトウムシ

夜に出てきては葉を食害し、激しい場合は葉脈だけ残して食べ尽くされる。生育および外観が悪くなるだけでなく、キャベツでは食用部分がなくなることもある。

## 畝作り

### 1 元肥を施す

植え付け予定地の中央に深さ40㎝の溝を掘り、堆肥、乾燥生ゴミ、過リン酸石灰、米ぬかなどを投入する。

▲有機質と化成肥料混合の元肥を投入。

## 品種紹介

キャベツは品種を選んで栽培すれば、ほぼ一年中収穫できます。生食や煮物、炒め物など、楽しみも広がります。

### 金《きん》系《けい》201号《ごう》

全国で栽培されている春系キャベツの代表品種。みずみずしくやわらかいので生食に向く。

Photo：サカタのタネ

### YR青《せい》春《しゅん》2号《ごう》

病気に強く、耐暑性、高温結球性に優れる早生種。葉は濃緑で光沢があり、やわらかくて甘みがある。

Photo：渡辺採種場

### YR若《わか》者《もの》

春まき、夏まきに適する早生種。葉色やわらかなグリーンで、食味に優れる。裂球が遅いので収穫遅れの失敗も少ない。

Photo：みかど協和

## 植え付け

### 1 苗を用意する

本葉4～5枚に育った、植え付け直前のポット苗。

### 2 苗を取り出す

根鉢を崩して根を切らないように注意しながら、ポットから苗を取り出す。

### 3 植え付ける

株間35～40㎝をとって植え付ける。子葉を地上に出して浅めに植え、株元をしっかり押さえる。

**プロのコツ** 植え付けたあと、乾燥と雑草防止のため、枯れ草などの有機物で畝全体をマルチングする。

### 4 水やりする

有機マルチのあと、その上からタップリと水をやる。

# 収穫

### とりたてのキャベツ

収穫直後のみずみずしいキャベツ。サラダに、煮物に、炒め物に、とりたてのキャベツは甘みもあっておいしい。

## 1 収穫時期の目安

品種にもよるが、球を上から見て直径20㎝大に肥大し、球を手で押して、かたく締まっているものから順次収穫する。

## 2 外葉をつけて収穫する

収穫は、外葉を２～３枚つけて切り取って、あとで外葉をはぎとる方法をとる。これで、きれいなキャベツを収穫できる。保存する場合は外葉をつけたままだと傷みが少ない。

### プロのコツ

注意を怠ると、トンネルは、害虫を鳥などから保護する役目を果たすことになる。写真は、トンネル内で大発生したヨトウムシに気づかずに食害されたキャベツ。ここまでやられると収穫はほぼ絶望的である。

# トンネル

## 1 トンネルをかける

防虫のために、（植え付け後）すぐに寒冷紗でトンネルをかけ、そのまま栽培を続ける。

## 2 生育の様子

トンネル内で順調に生育するキャベツ。害虫からの食害を避けるため、トンネルに余裕がある間はこのまま栽培する。

アブラナ科

# 芽キャベツ

難易度 ★★☆

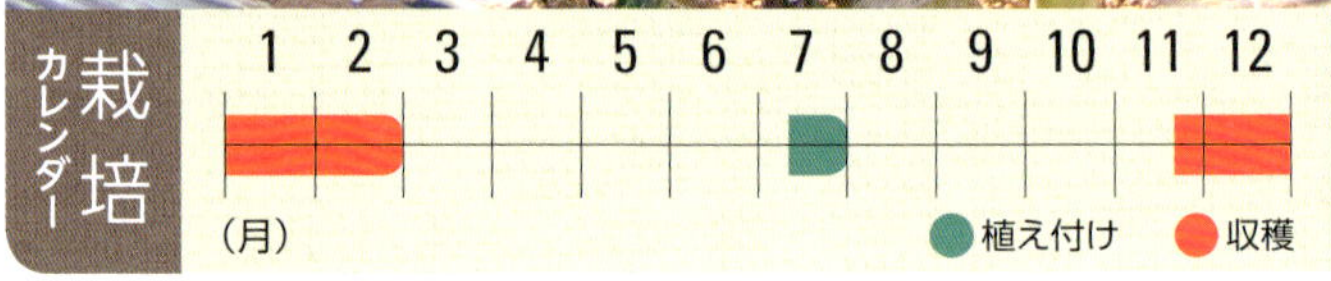


※連作不可（2年休む）

## 高温に弱いので秋冬どり栽培が本命

夏まき栽培のキャベツとほとんど同じ管理で栽培しますが、キャベツにくらべて生育は遅く、茎が長いため倒伏しやすいので、株元に十分土寄せして安定させます。

茎に結球が見られたら、風通しと日当たりをよくするために、下のほうの葉を順次摘み取っていきます。最終的には、上部の葉10枚ほど残します。茎の周辺についた花蕾の直径が2～3㎝になったら、結球の根元から切り取って収穫していきます。

### プロが教える栽培ポイント

充実した芽キャベツを収穫するためには、初期生育が決め手になります。茎の太さが4～5㎝以上になるように、元肥をしっかり投入して育てることを心がけましょう。

## 畝作り

### 1 溝を掘る

植え付け予定地に深さ40㎝を目安に割り肥用の溝を掘る。

### 2 元肥を投入して畝を作る

堆肥、過リン酸石灰、化成肥料など、必要な元肥を溝に投入する。土を埋め戻して整地し、幅60㎝、高さ10㎝の畝を作る。

## 植え付け

### 1 苗を準備して植え付ける

ポットから苗を取り出し、株間40㎝を目安に植え付ける。苗は市販のものを準備したほうが無難。

## 2 下葉を切り落とす

日当たりと風通しをよくするために、上の葉10枚ほど残して、下葉は切り落とす。

**プロのコツ** 老化した下の葉から順に切り落として、球の肥大を助ける。

## 収穫

### 1 収穫の目安は芽球の直径

わきについた芽球の直径が2～3㎝になったら、ハサミで根元から切り取る。収穫が遅れると、球が開いてくるので、早めに収穫する。

**収穫した芽キャベツ**

▼下葉を切り落とした状態。これで十分に日が当たるようになった。

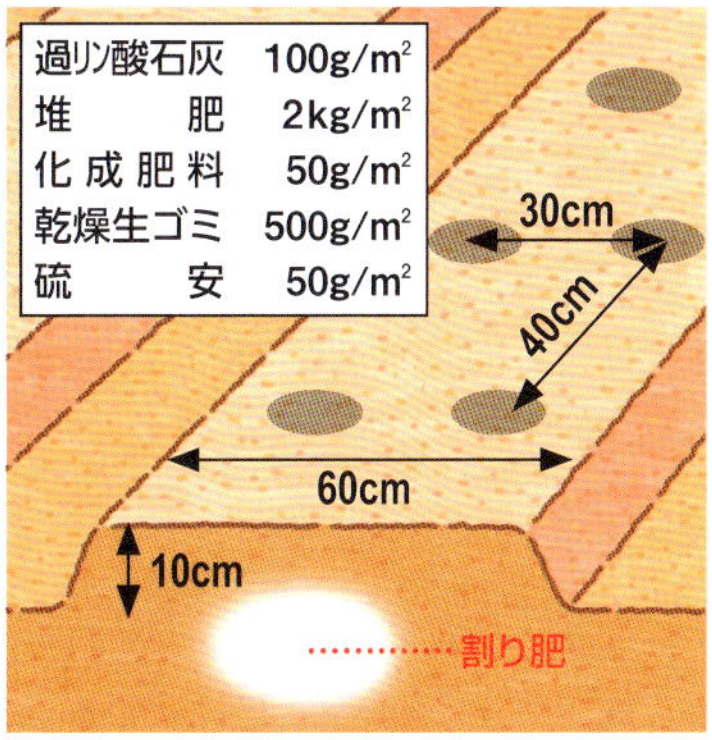

| 過リン酸石灰 | 100g/m² |
| 堆肥 | 2kg/m² |
| 化成肥料 | 50g/m² |
| 乾燥生ゴミ | 500g/m² |
| 硫安 | 50g/m² |

30cm / 40cm / 60cm / 10cm ……割り肥

## トンネル

▼植え付けたら、害虫防除を兼ねて不織布か寒冷紗でトンネルがけする。

## 摘葉

### 1 芽球が見え出す

生育が進んで、葉の枚数が増えてくると、芽球が顔を出す。

アブラナ科

# ブロッコリー

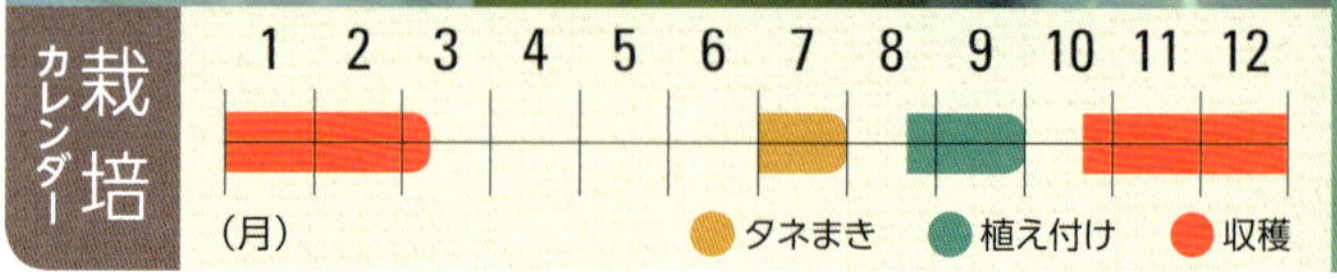


難易度 ★★★

※連作不可（2年休む）

## 栽培時期に合わせて品種を選ぶ

栽培時期に合わせて、まず品種を選択することが大切です。育てやすいのは夏まきで、年内に大きな頂花蕾《ちょうからい》が収穫でき、その後側枝から出る小ぶりの側花蕾《そっからい》を長期間収穫できる中・晩生品種です。

ブロッコリーは、株を大きく育ててから蕾をつけさせるのが基本ですので、極力若い苗を定植して外葉を充実させます。収穫は蕾が開かない若いうちが旬。収穫遅れに注意してください。花蕾の直径が15cm前後になったら適期です。

### プロが教える栽培ポイント

乾燥したり肥料切れを起こしたりすると、貧弱で締りのない花蕾となるので、株元を堆肥や枯れ草など有機マルチで被覆して乾燥を防ぐようにします。

## 苗作り

### 1 タネを用意する

ブロッコリーのタネは一般的に茶褐色だが、立ち枯れ病を防ぐ殺菌剤をまぶしているため紫色をしている。

### 2 タネをまく

直径12cmのポットに培養土を入れ、2cm間隔でタネを1粒ずつポットにまいて土を軽くかけて水をやり、そのまま発芽を待つ。

### 3 発芽

タネをまいて3～5日すると発芽し、子葉が展開する。

# 畝作り

## 1 溝を掘り元肥を施す

植え付け予定地の中央に深さ40cmの溝を掘る。そこへ元肥を投入する。

▼元肥として堆肥、乾燥生ゴミを投入。

## 2 化成肥料を入れる

元肥の上から化成肥料（過リン酸石灰もしくは熔リン）を投入する。

## 3 畝を作る

土を埋め戻して整地し、幅60〜70cm、高さ10cmの畝を作る。

## 4 ポットに移植する

本葉1〜2枚展開してきたら、苗をポットから取り出し1株ずつに分ける。9cmポットに1株ずつ移植する。

**プロのコツ** このとき、移植する株を選ぶ。ひょろりと徒長した株や奇形葉の株などは、株数に余裕がある場合は移植せずに捨てる。

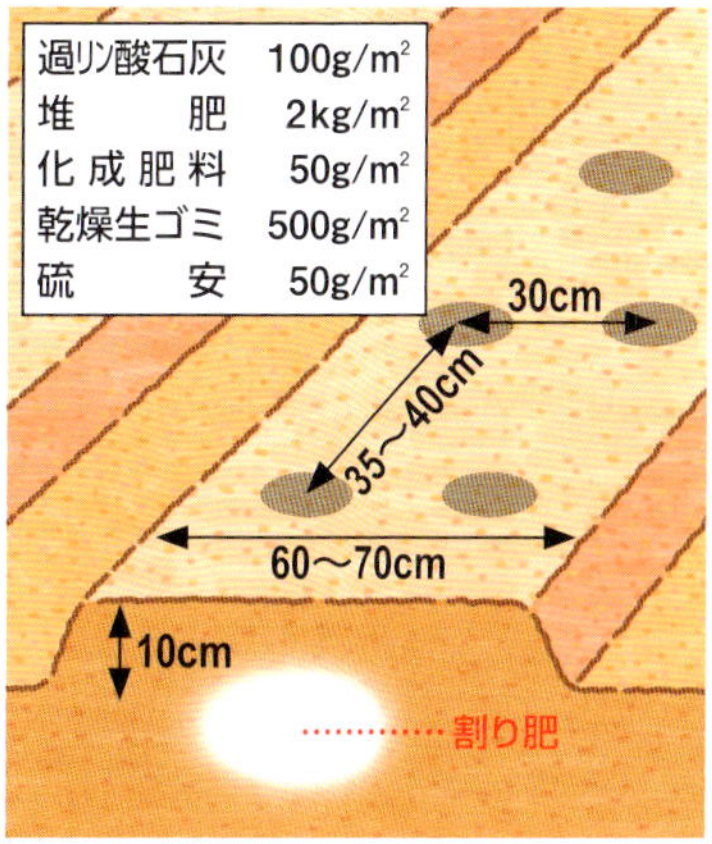

| | |
|---|---|
| 過リン酸石灰 | 100g/m² |
| 堆肥 | 2kg/m² |
| 化成肥料 | 50g/m² |
| 乾燥生ゴミ | 500g/m² |
| 硫安 | 50g/m² |

**プロのコツ**
トンネルは、風で持ち上げられる場合があるので、トンネルの上からロープや支柱などで押さえておく。

## 2 トンネルがけをする

害虫を防ぐため、すぐに寒冷紗を使用してトンネルで覆う。

▶トンネル内で順調に生育しているブロッコリー。

### アントシアンの話

ブロッコリーは、寒さからカラダを守るために、「アントシアン」という物質を分泌する。厳寒期になると、花蕾や葉の表面が赤紫色になってくるものが、それ。アントシアンの発現は、品種によって濃淡があり、最近の品種は見た目重視で、あえてアントシアンの発現の少ない品種を育成している傾向が多い。見た目は、花蕾がくすんだように見えるが、熱湯に入れると 鮮やかなグリーンに変わる。また、アントシアンは抗酸化物質としても効能もあるので、安心して収穫・調理してよい。

# 植え付け

## 1 苗を用意して植え付ける

ポットで養生していた苗を準備。株間35～40㎝で植え付ける。

# マルチがけとトンネル

## 1 有機物でマルチがけ

植え付けたら、乾燥と雑草防止のために、枯れ草などの有機物でマルチングする。土が乾燥していたら、マルチの上から水をタップリやる。

### 収穫したブロッコリー

収穫直後のブロッコリー。花蕾全体が固く締まって、花粒がまだ開かないときに収穫する。とれたての新鮮なブロッコリーは、ビタミンCがレモンの2倍、カリウムやミネラルも豊富に含む健康野菜の代表として、今や人気野菜のひとつ。輸入品を含めて一年中店頭に出回っているが、自家菜園のフレッシュなおいしさは格別だ。

# 収穫

## 1 収穫の時期

花蕾が直径15㎝前後になったら収穫適期。あまり大きくすると、花蕾が開き始めて品質を損なうので早めに収穫する。

次々に出てくる側花蕾が収穫できるブロッコリーは、お得感がいっぱい。

ブロッコリーには多くの品種があり、側花蕾の出にくいものもありますので、タネや苗を購入する際は、確認したほうがよいでしょう。家庭の菜園で栽培する場合は、長期間収穫が楽しめますので、側花蕾が出やすい品種を選びたいもの。次から次と500円玉大のかわいらしい花蕾が出てきます。側花蕾が6～8個もあれば、通常のブロッコリー1個分に相当します。

## 2 切り取る

ブロッコリーは太い茎も食用にできるので、15～20㎝の茎をつけて、やや長めに切り取る。

## 3 収穫後

花蕾を切り取った直後。このあと、わき芽から小さな花蕾が出てくるので、このまま栽培を続ける。

アブラナ科

# カリフラワー

難易度 ★★☆

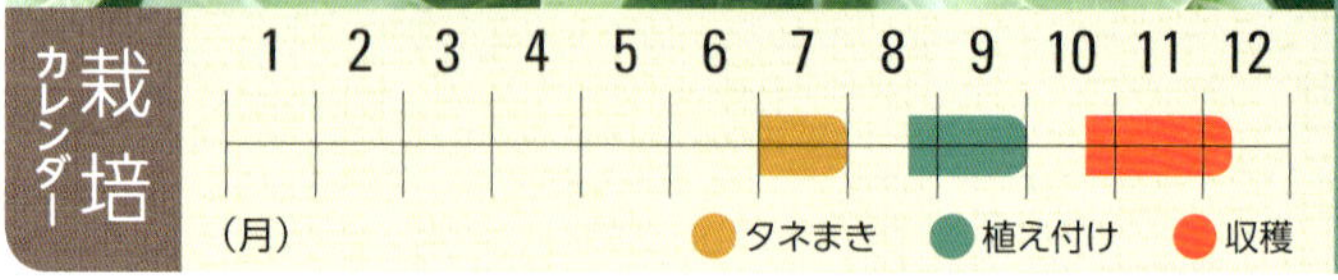


※連作不可(2年休む)

## 若苗の定植で外葉の生育を促進する

本葉4～5枚の苗を、品種の特性に応じて株間30～40cmで定植します。葉数の多い老化苗は、定植後の根つき肥大も悪くなるので、極力若い苗を定植します。花蕾《からい》は大きくなるにしたがって露出してくるので、外葉で包み込んで凍害や日焼けを起こさないように保護してやります。花蕾を軽く手で押え、かたく締まった感じがすれば収穫適期。収穫が遅れると、やわらかくなって品質が落ちるので注意が必要です。

### プロが教える栽培ポイント

乾燥がひどいと、外葉が巻いて花蕾の肥大が停止してしまうので、堆肥や枯れ草などの有機物で株元をマルチングすると同時に、適宜灌水して防ぎます。

## 苗作り

### 1 タネを用意する

カリフラワーのタネ。ブロッコリーやキャベツのタネとほとんど見分けがつかないので、取扱いに注意。

### 2 タネをまく

直径12cmのポットに培養土を入れ、2cm間隔でタネを1粒ずつポットにまいて土を軽くかけて水をやる。

▼タネまき後3～5日すると発芽する。

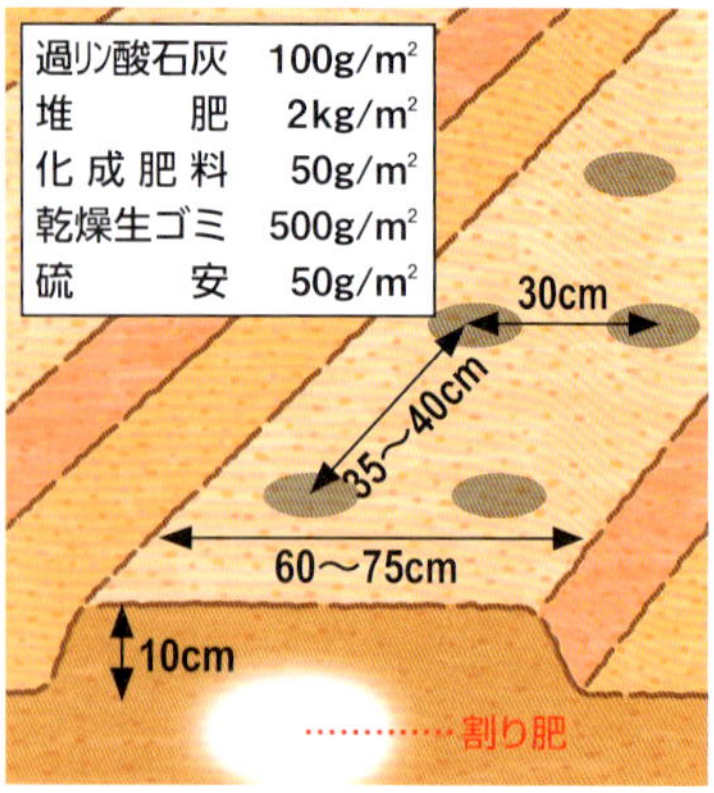


| | |
|---|---|
| 過リン酸石灰 | 100g/m² |
| 堆　　肥 | 2kg/m² |
| 化成肥料 | 50g/m² |
| 乾燥生ゴミ | 500g/m² |
| 硫　　安 | 50g/m² |

## 植え付け

### 1 ポットに移植する

ポットで育てた苗が本葉1～2枚になったら、ポットから取り出して1株ずつに分け、9㎝ポットに移植し、本葉4～5枚になるまで養生する。

### 2 植え付けをする

植え付け前にタップリと水をやり、株間35～40㎝で植え付ける。

**プロのコツ** 畝幅が狭く植え株数が多い場合は、ちどり模様に植えるのが効率的。また土の乾燥が激しい場合は、枯草や堆肥などの有機物で畝をマルチングしてからタップリと水やりをする。

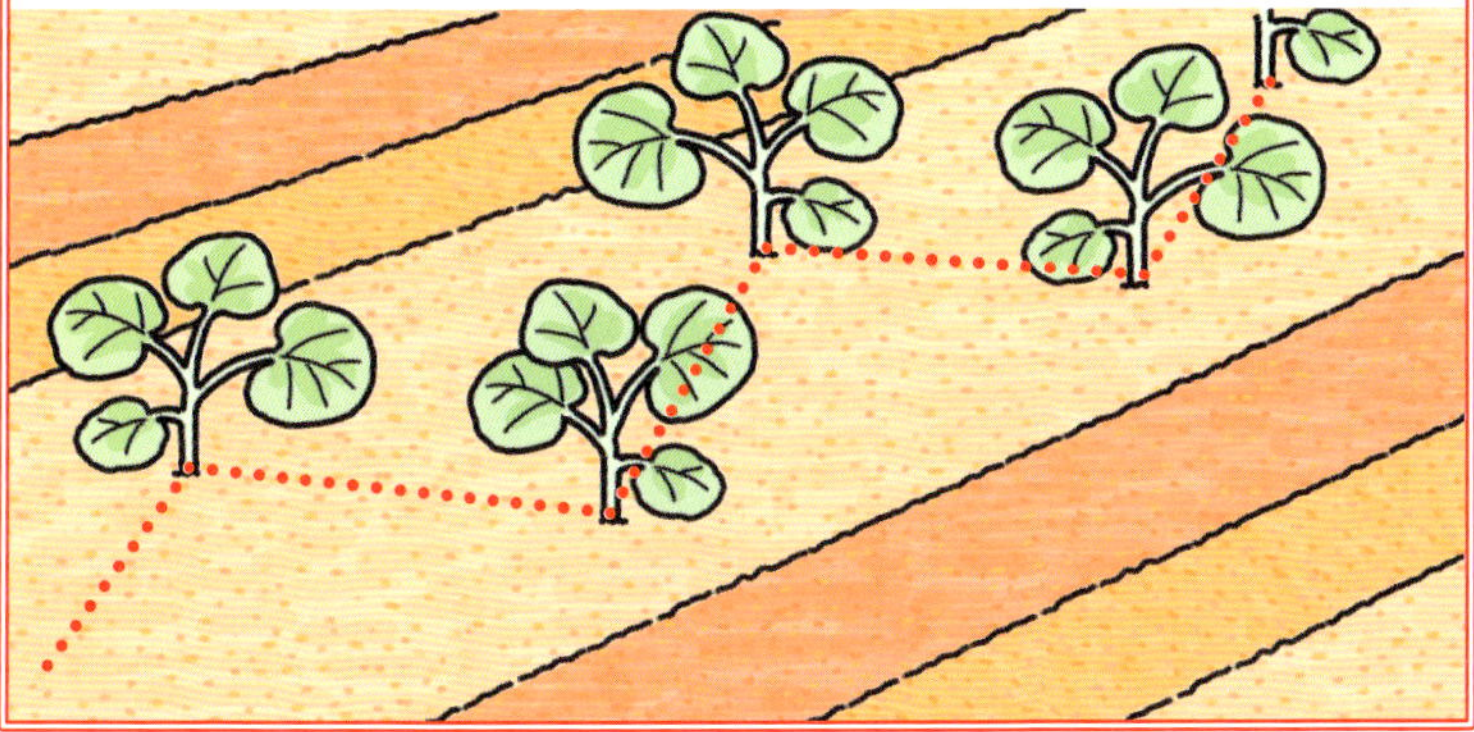

## 畝作り

### 1 溝を掘り元肥を施す

深さ40㎝の溝を掘る。そこへ元肥として溝に堆肥、乾燥生ゴミ、過リン酸石灰、化成肥料などを投入する。

### 2 畝を作る

土を埋め戻して整地し、幅60～75㎝、高さ10㎝の畝を作る。

# トンネル

## 1 トンネルをかける

害虫防除と乾燥防止を兼ねて、すぐに寒冷紗を使ってトンネルで覆う。

## 2 トンネルをはずす

花蕾が見えはじめてきたら、トンネルをはずす。

### 真っ白い花蕾を収穫する方法。

花蕾の大きさが直径10㎝大になったら、外葉で包み込んで、ヒモでしばって遮光すると、真っ白な花蕾に仕上がります。遮光しないと、ややクリーム色の花蕾になり、霜や鳥害にあうこともあるので、少し手はかかりますが、おすすめの方法です。

# 収穫

## 1 収穫する

花蕾の直径が15～20㎝大になったら収穫適期。外葉を5～6枚つけて花蕾を切り取って収穫する。カリフラワーは、ブロッコリーのようにわき芽から側花蕾は出ないので、収穫したら茎葉は引き抜いて、堆肥などの材料に回す。

カリフラワーはブロッコリーより一回り大きくしてから収穫する。花蕾が硬くしまって、ドーム状に盛り上がったころが収穫適期。外葉や茎は収穫後に、きれいに切り落とす。

## 畝作り

### 1 元肥を施す

畝にする予定地に、堆肥、過リン酸石灰、硫安をまく。

### 2 畝を作る

投入した肥料と土をよく混ぜて整地し、畝を作る。

アカザ科

# ホウレンソウ

難易度 ★★★

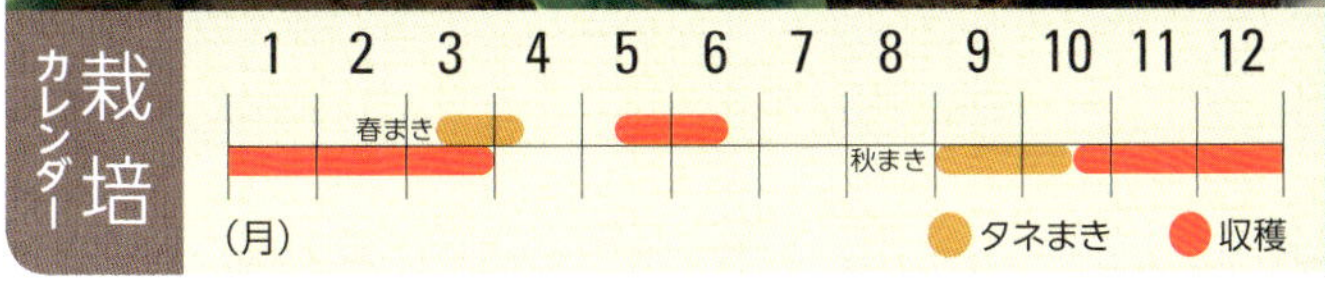


※連作不可（1～2年休む）

## タネまきの時期によって品種を選ぶ

ホウレンソウは日が長くなるとトウ立ちしやすく、25℃以上になると生育が急激に悪くなり、ベト病などの発生も多くなりますので、6～8月の栽培は避けたほうが賢明です。タネまきの適期は、3～4月と9～10月が本命となります。

一度に大量のタネをまくと、間引きも収穫作業も手が回らなくなるので、1週間から10日おきに、株間2～3cmを目安に、1粒ずつていねいにタネをまきます。

### プロが教える栽培ポイント

土壌水分の急激な変化を嫌うので、適宜灌水して根を十分に張らせて、大きくのびのび育てることを心がけましょう。窒素成分が多い肥料は有害の恐れがあるので多用を控えます。

# タネまき

## 1 タネを用意する

ホウレンソウのタネは、発芽初期の立ち枯れ病を防ぐため、色をつけて殺菌剤をコーティングしてあるものが多い。

## 2 タネをまく

間引きをせずにすむように、２～３cmの間隔で１～２粒ずつまいていく。

▲だんだん生育スピードが速くなる。

▼発芽初期のホウレンソウ。

▼本葉も展開してきた。ここまで大きくなるのに比較的日数を要する。

## 3 植え溝を掘る

幅60cm、高さ10cmで畝を作り、条間20cmで植え溝を掘る。

**プロのコツ** ホウレンソウは、窒素成分が多いと一見よく生育するが、度を越すと、未消化の窒素分が茎葉に残留してしまい、多量に食べると体に害を及ぼすこともあるので、少なめの施肥をこころがけること。

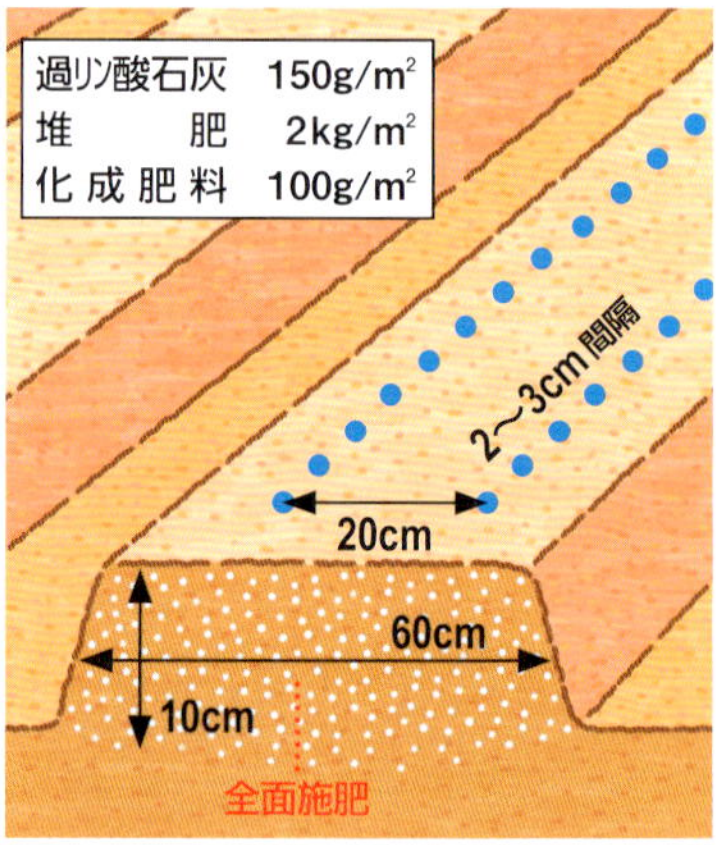

## マルチ栽培できれいな仕上がり。

ホウレンソウは、穴あきマルチを利用した栽培もできます。マルチ栽培の場合は、地温があるので生育早く、雨による土の跳ね返りがないので、見た目きれいなホウレンソウに仕上がりますので、トライしてもよいでしょう。

畝に穴あきの黒マルチを張る。

1穴、4～5粒のタネをまいていく。

間引きはせずに、1穴ごとにまとめて引き抜いて収穫していく。

# 収穫

## 1 根を傷めない収穫方法

株ごと引き抜いて収穫する方法もあるが、土の中に包丁を差し込んで根を切って収穫すれば、隣の根を傷めること少ないのでおすすめ。

## 2 根を切りそろえる

収穫後に根を切りそろえると、きれいに仕上がる。

### 長い期間収穫を楽しむ方法

ホウレンソウは草丈20㎝前後になったら収穫適期。一度にタネをまくと、いっせいに収穫適期になるので、1週間～10日くらいずつタネまき時期をずらして栽培する。これで、長期間、新鮮なホウレンソウが楽しめる。

アブラナ科

# コマツナ

難易度 ★★★（★1つ）

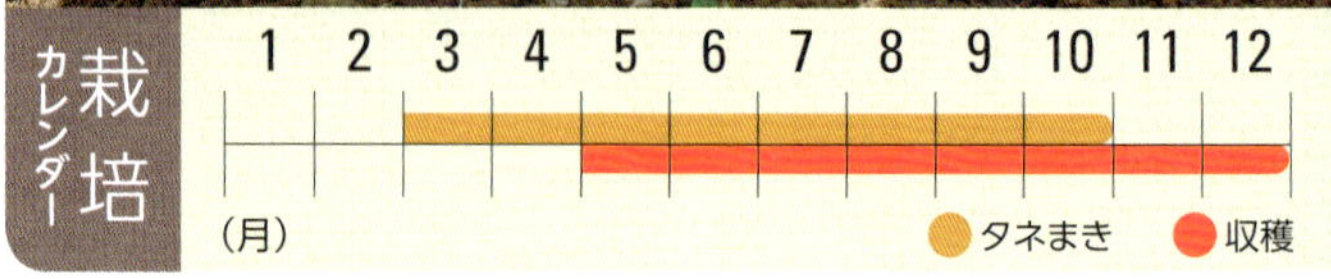


※連作不可（1～2年休む）

## 周年栽培も可能 霜にあえば甘みが増す

コマツナは、極端な粘土質土壌を除き、ほとんどの土壌に適応できます。栽培期間が短いので、肥料は全量元肥として事前に土と混ぜておきます。いっせいに発芽させるためには、良質な堆肥を投入して保水性と排水性を高めるようにします。

コマツナはアオムシやコナガなどの食害も多いので、タネまき直後から不織布をベタがけしたり、寒冷紗や防虫ネットなどでトンネル被覆して防除します。

### プロが教える栽培ポイント

コマツナは草丈20～25㎝ごろが収穫適期となり、最も濃厚な味になります。収穫期には水やりを控え、土壌を乾きぎみにすると、葉肉の厚い株に育ちます。

## 畝作り

### 1 元肥を施す

栽培予定地に、堆肥、過リン酸石灰、化成肥料などをまき、土とよく混ぜて整地する。

### 2 畝を作る

幅60㎝、高さ10㎝で畝を作り、条間20㎝でまき溝をつける。

# 収穫

## 1 収穫の目安

草丈20㎝ほどになったら収穫適期である。

## 2 収穫する

株ごと引き抜いてもよいが、土の中に包丁を入れ、直根を切る方法だと残った他の株を傷めず、容易に収穫できる。

### 収穫期をずらす方法

長く畑に置いて大きくしすぎると、茎が固くなって食味が悪くなる。1週間～10日おきにこまめにタネをまいて、収穫期をずらす方法をとるのがよい。

## 2 ベタがけを外す

発芽して、本葉が展開してきたら不織布を取り除く。場合によっては、収穫するまでかけたままでもよい。

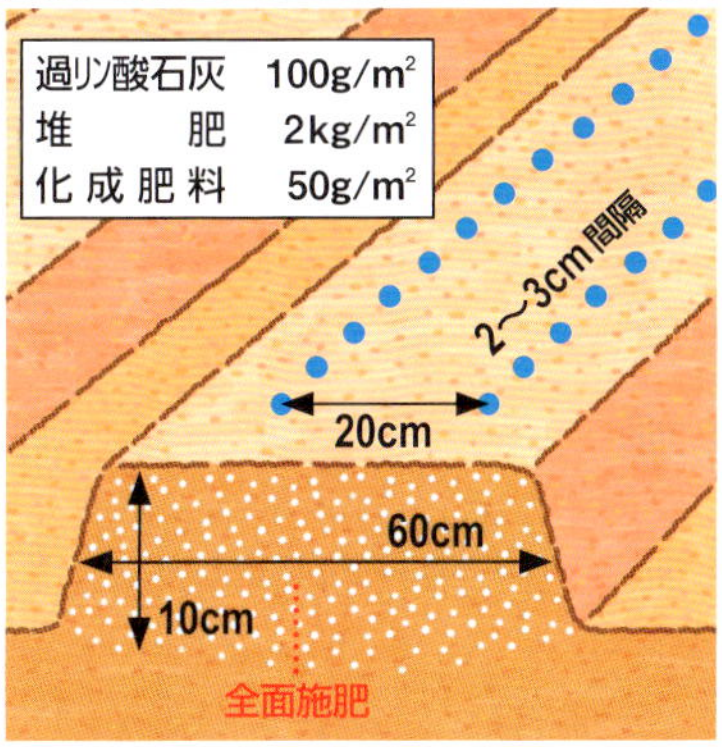


# 間引き

## 1 間引きする

苗が特に混み合っている箇所は間引きをする。引き抜く方法もあるが、株元からハサミで切り取るほうが、残った苗の根を傷めないので、その後の生育は良好である。

# タネまき

## 1 タネを用意する

コマツナのタネ。殺菌剤をコーティングしてあるため、緑色になっている。

## 2 タネをまく

間引きをしないですむように、タネの間隔２～３㎝でていねいにまいていく。

# ベタがけ

## 1 ベタがけをする

タネをまいたら、保温保湿と害虫防除のために、すぐに不織布でベタがけする。

◀ベタがけをしたら、上からたっぷりと水をやる。

キク科

# シュンギク

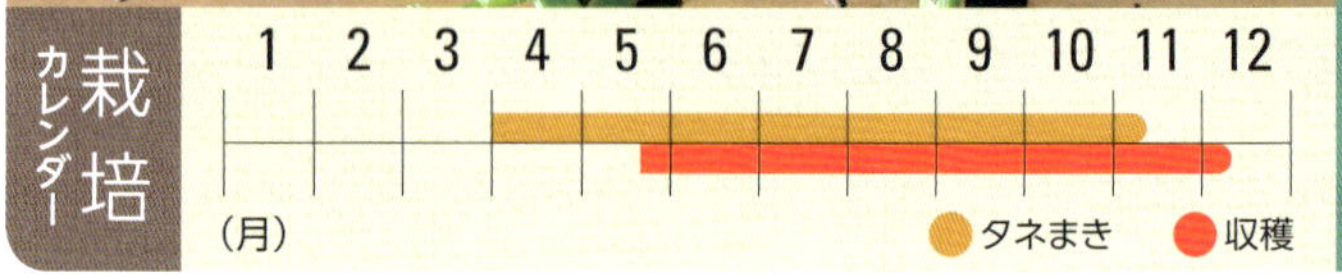


※連作不可（1〜2年休む）

難易度 ★★★

## 3〜10月まで タネはいつでもまける

発芽後、本葉2枚のころ3cm間隔に、本葉5枚のころ株間5〜6cm間隔に間引きます。株元があまり混み合っていると、株元が蒸れて葉が黒ずんでくるので注意してください。

草丈20cmになったころ収穫しますが、株全体を抜き取る方法と、やわらかい生長点を摘み取る方法とがあります。側枝の発生が多い品種は摘み取り向きです。品種によってその適性が異なりますので、事前に確認しておくとよいでしょう。

### プロが教える栽培ポイント

畑が乾燥すると葉のふちが黄色くなって枯れて生育が鈍るため、乾燥続きのときは十分に灌水することが大切です。また、冷害から守るためにトンネル被覆が効果的です。

## 畝作り

### 1 畝を作る

栽培予定地に、堆肥、過リン酸石灰、化成肥料などをまき、土とよく混ぜて整地する。幅60cm。高さ10cmで畝を作り、条間20cmでまき溝をつける。

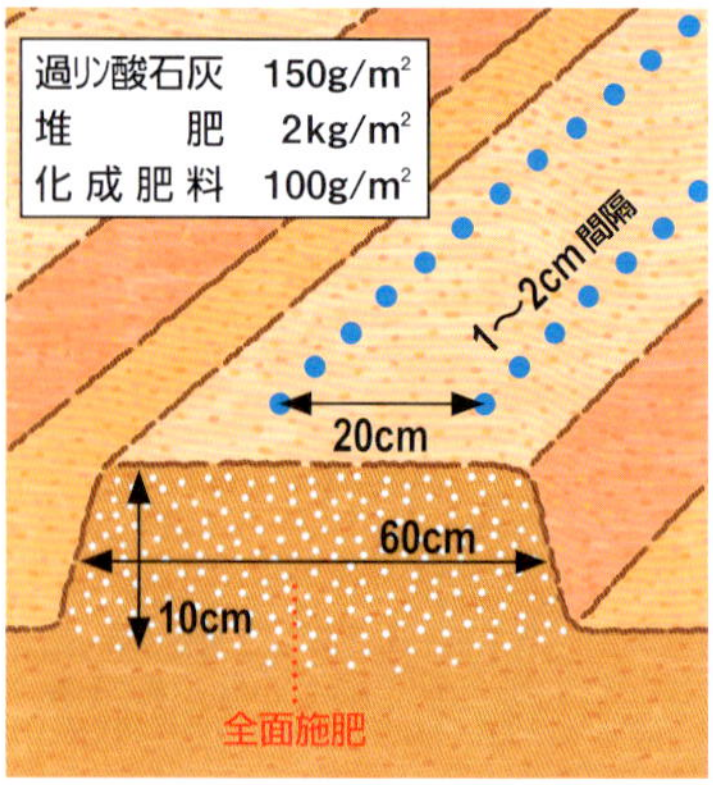

# 収穫

## 1 収穫の目安
草丈20㎝以上に伸びたら、１回めの収穫適期。

## 2 収穫する
太い茎を１５㎝前後で切り取って収穫する。

**プロのコツ** 株ごと抜き取る方法もあるが、株を残して、必要な部分だけを切り取って収穫すれば、わき芽から側枝が伸び出して、次々に収穫できる。

### プロの知恵袋
### 二重トンネルで防寒対策を。

シュンギクは、強い霜や冷たい寒風にあたると、凍害を受けて、茎葉が黒く傷んでしまいます。このため、不織布と寒冷紗を使って、二重トンネルで覆ってやります。これで、鍋の季節にも、新鮮な旬のシュンギクを味わえます。

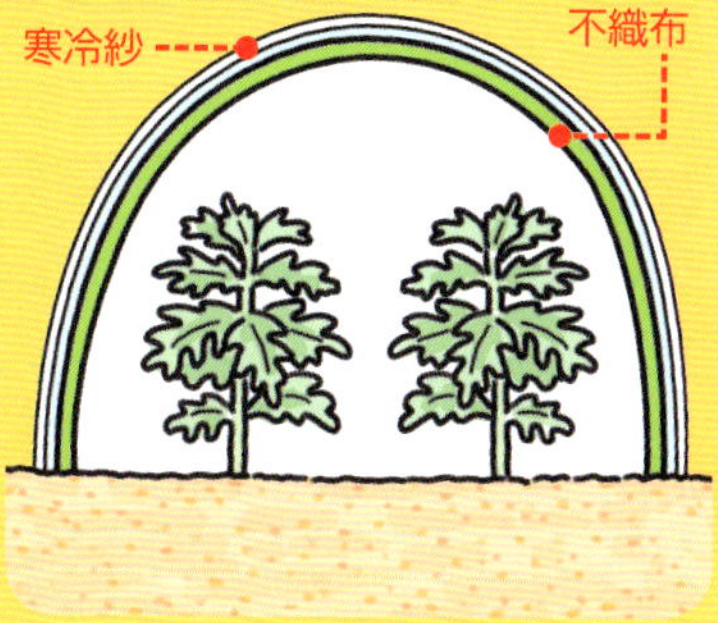


収穫直後のシュンギクは、独特な香りと風味が特徴。株を冬越しすれば、春先に花を見ることができる。

# タネまき

## 1 タネをまく
シュンギクのタネをひねりながら、１～２㎝間隔でていねいにすじまきする。

▼発芽したシュンギク。本葉が見えはじめている。

# 間引き

## 1 間引きをする
本葉４～５枚のころ、育ちのよい株を残して株間５～６㎝に間引く。

アブラナ科

# ミズナ

難易度 ★

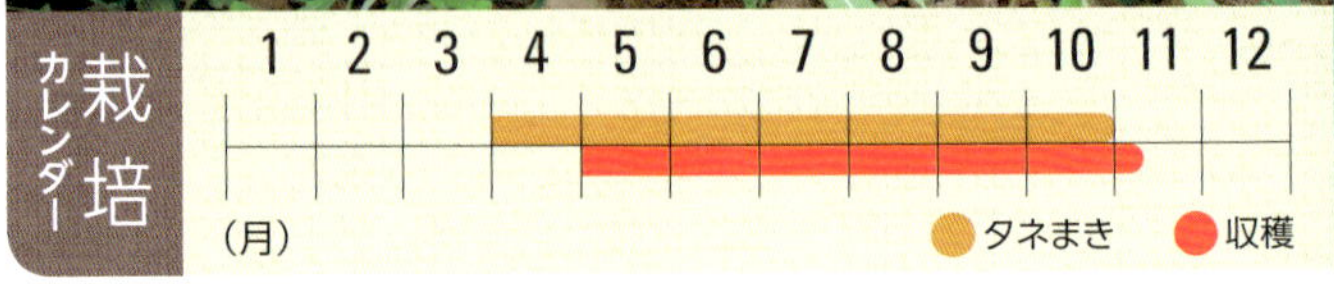


※連作不可（1～2年休む）

## 寒さに強く、育てやすい最近人気の野菜

盛夏や厳寒期を除けば、ほぼ周年タネをまくことができます。最終的に株間5～7cm、条間15～20cmが標準的な栽植間隔ですから、栽植間隔を目安に1か所3～4粒で点まきします。本葉2～3枚のころまでに間引きをして、1株立ちにします。

前作に肥料を施したところでは、元肥は必要ありません。肥料が効きすぎると葉がかたくなり、サラダに使用するには不向きとなるので注意してください。

### プロが教える栽培ポイント

土壌が乾燥すると生育が鈍ります。本葉5～6枚に生育するまでは、土壌が乾ききらないように適宜灌水するようにします。マルチ栽培すると泥の跳ね返りもなく収穫できます。

## 畝作り

### 1 元肥を施す

栽培予定地に堆肥、過リン酸石灰、硫安などをまき、土とよく混ぜて整地する。幅60cm、高さ10cmで畝を作り、条間20cmでまき溝をつける。

## タネまきと生育

▼ミズナのタネ。

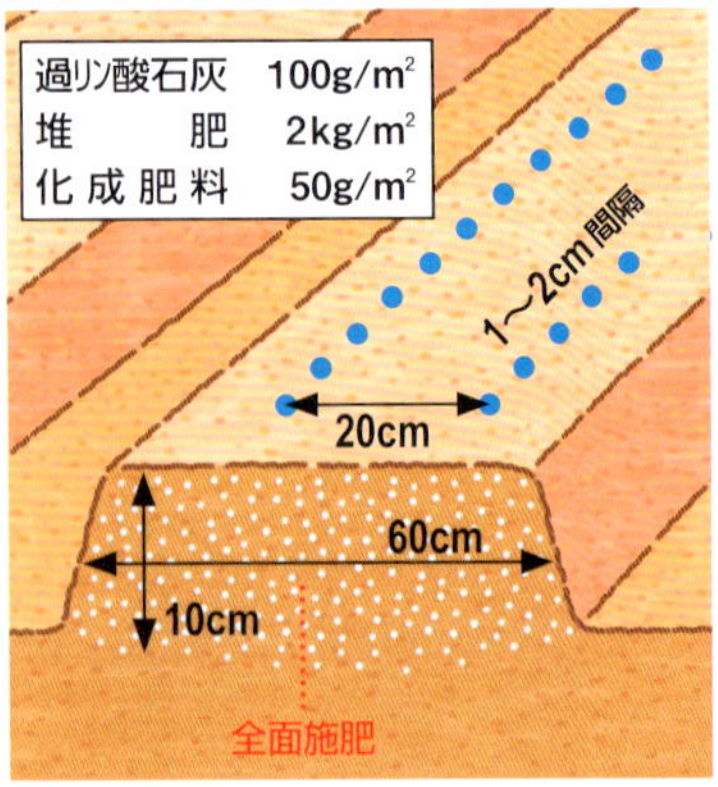

# 収穫

## 1 収穫する

きれいにそろって生育したミズナ。草丈25㎝ほどになったら、順次収穫する。

ミズナは収穫後傷みやすいので、必要量だけ適宜収穫する。低温期でも生育が進むので、収穫時期がずれるように１週間～10日ごとにこまめにタネをまくのが賢明だ。

## 2 タネをまく

まき溝にタネをひねりながら、１～２㎝間隔になるようにすじまきする。

## 3 生育

本葉が展開するまで大きくなった状態。この時点で株間５～７㎝に間引いてもよいが、間引かずにこのまま大きくしてもまったく問題ない。

**サラダに使う場合は、茎葉がやわらかいうちに収穫します。鍋用には株が張った大株を利用しましょう。**

サラダに使う場合には、草丈20～25㎝の茎葉がやわらかいものを収穫します。鍋用には株が張った大株を利用しますが、株が大きくなればなるほど、茎葉が硬くなって食べづらくなりますので、早めに収穫します。いずれも株ごと抜き取って収穫します。

▶大きく育ちすぎると葉茎が硬くなり、味覚も落ちる。

▲これくらいの生育状態が旬。

ユリ科

# ニンニク

難易度 ★★★

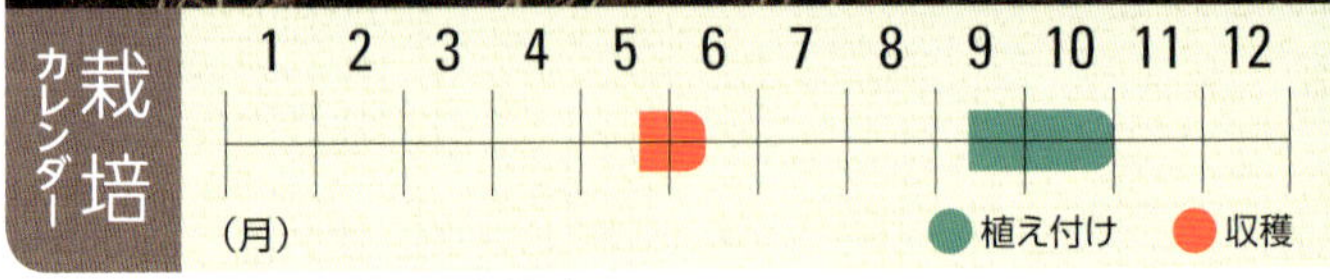


※連作不可（２～３年休む）

## 植え付け時期と適正品種選びに注意

球の肥大には温度と日長が関与するので、緯度によって適性品種が違ってきます。関東以北では「ホワイト六片」、関東以西では「上海《しゃんはい》早生《わせ》」などが使用されます。株間15cm前後、深さ５cmを目安に、りん片を押し込むようにして植えます。

25℃以上の高温では休眠状態のままで発芽せず、時に腐敗するので早植えは避けます。また遅すぎると生育期間が不足して球が十分に肥大しないので適期に植え付けます。

### プロが教える栽培ポイント

春先にとう立ちしてくるので、蕾が葉の先端より少し上に伸びだしたころ摘み取り、球の肥大をはかります。春先の追肥は３月中旬までに終わらせます。

## 畝作り

### 1 元肥を入れる

培予定地に植え溝を掘り、元肥として堆肥、過リン酸石灰、化成肥料を少なめに投入する。

### 2 畝を作る

土を戻して整地し、幅60cm、高さ10cmの畝を作る。

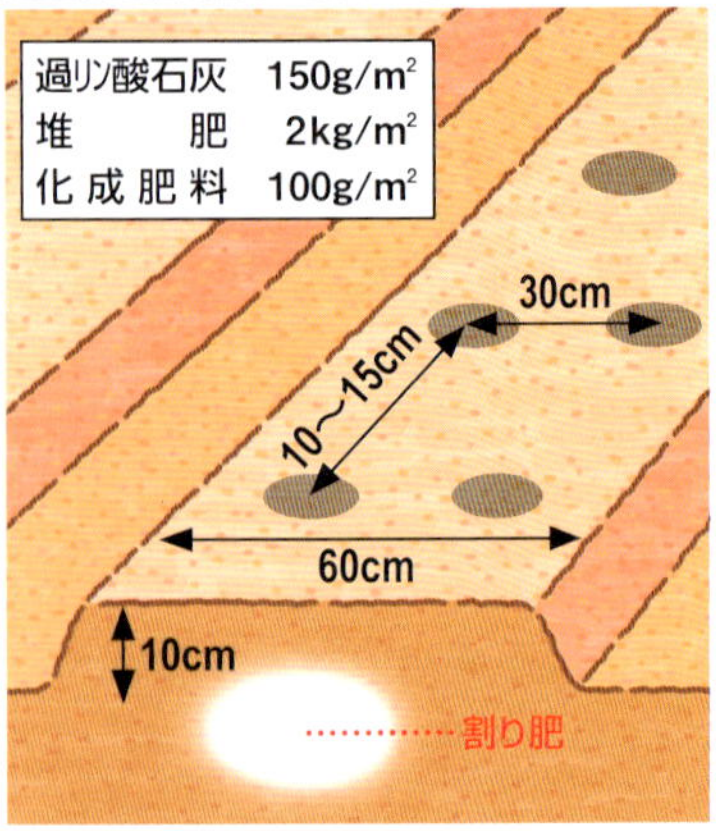

## 植え付け

### 1 タネを用意する

市販のタネ用のニンニクを購入して球をりん片１個ずつにばらす。

▼１個ずつにバラしたりん片。

### 2 植え穴を掘る

植え付け株数の確認をかねて、株間10〜15㎝を目安に、植え穴を掘る。

### 3 植え付ける

りん片の芽を上にして持ち、そのまま植え穴に挿し込むようにして植えていく。

**プロのコツ** りん片は７ｇ以上のなるべく大きいものを植える。極端に小さいものや腐敗しているものは使用しない。また深植えにすると生育が遅れるので、深さ５㎝を目安とする。

## 摘蕾

▼生育最盛期になると、とうが立つので早めに花蕾を切り落とす。

## 追肥

▼玉の肥大にはリン酸が効果あるので、２月上旬から３月中旬に株間に過リン酸石灰を畝１ｍあたり一握り（約50ｇ）追肥しておく。

**プロのコツ** 追肥の時期が遅れると、病気が発生しやすくなるので時期を厳守する。

## 収穫

### 1 収穫時期

30〜50％の葉が黄変してきたら収穫適期。晴天を見計らって引き抜いて収穫する。

ユリ科

# ラッキョウ

難易度 ★★★

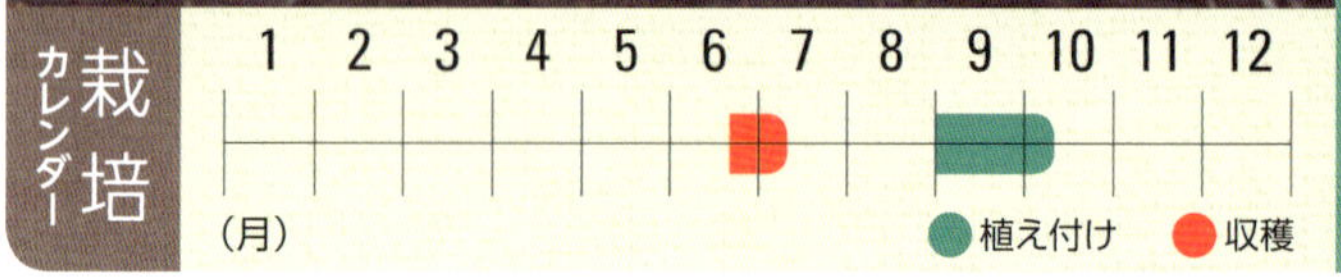


※連作可

## 砂地などの場所を選んで栽培する

ラッキョウは肥料の吸収力が強いので、乾燥したやせ地でもよくできますが、湿害には弱く、水が溜まるような土質では球が腐るので水はけのよい場所を選びます。粘土質では球が丸くなり、肥沃地では大球になりますが、大球になりすぎると味質が劣るので、品質のよい小～中球を作るには砂地が適しています。前作の肥料の残効があれば、無肥料で栽培可能です。

### 1 畝を作る

畝にする予定の場所全面に、堆肥、過リン酸石灰および化成肥料をまいて土とよく混ぜあわせて整地し、幅60cm、高さ10cmの畝を作る。

### 2 植え付けをする

タネ用のラッキョウを準備する。畝に植え溝をつけ、株間20cmを目安に、溝の中に芽を上向きにして球を押し込むように1～2球ずつ植えていく。植え付けたら、軽く土をかぶせて少し押さえる。

### 3 収穫する

植え付けてから、ほぼ1年後の6月にもなると地上部が枯れてくる。これが収穫適期の目安。株ごと引き抜いて収穫する。

**プロが教える栽培ポイント**

大球を収穫したい場合は1球、やや小球収穫の場合は2～3球をいっしょに植え付けます。多肥で土壌水分が多いと肥大が遅れるので注意。

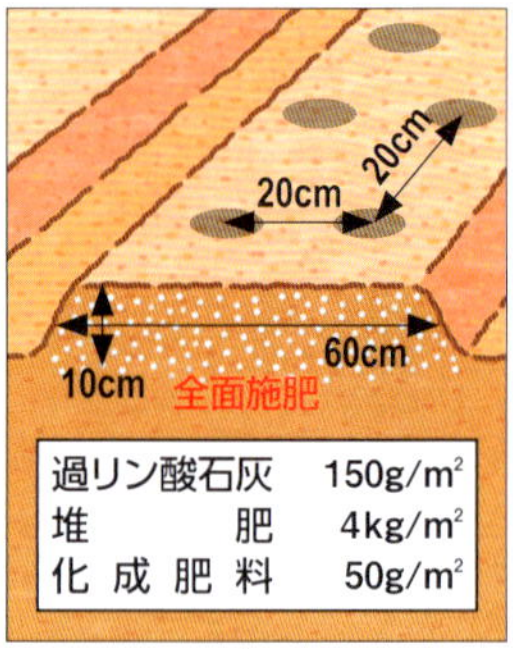


| | |
|---|---|
| 過リン酸石灰 | 150g/m² |
| 堆肥 | 4kg/m² |
| 化成肥料 | 50g/m² |

▲畝の仕上がり

ツルムラサキ科

# ツルムラサキ

難易度 ★☆☆

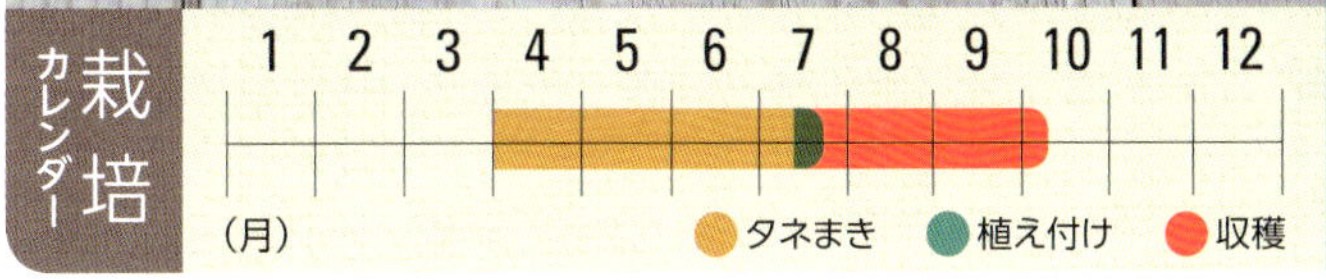


※連作不可（1～2年休む）

## 5月中旬のタネまきが最も栽培容易

発芽適温は20～30℃で高温を必要とします。露地栽培するなら、最も育てやすいのは、5月中旬にタネまきする方法です。株間25～30cmとし、深さ5cmくらいで1か所に2～3粒ずつまき、本葉3枚のころに子葉が大きく、茎の太い1株を残します。ポリ鉢にまいて、育苗後に定植する方法もあります。畑でなくても、フェンスなどにからめて観賞をかねた栽培ができます。

### プロが教える栽培ポイント

支柱を立てての栽培方法もありますが、草丈30cm前後のころに主枝を摘心して、わき芽から次から次と伸びだす側枝を収穫する省力栽培がおすすめ。

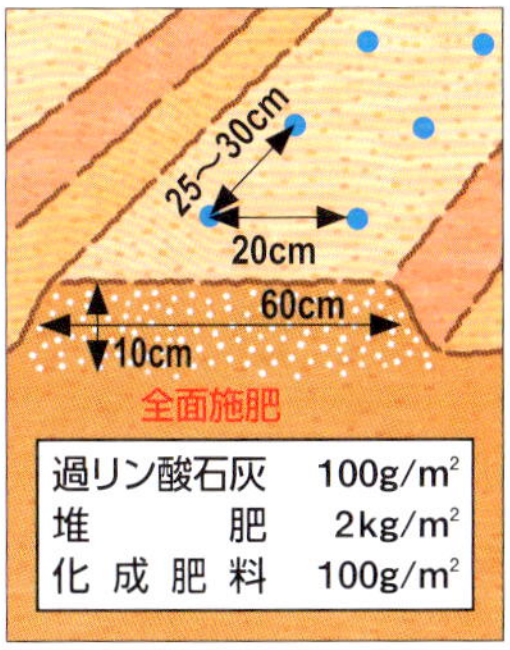


| | |
|---|---|
| 過リン酸石灰 | 100g/m² |
| 堆肥 | 2kg/m² |
| 化成肥料 | 100g/m² |

▲畝の仕上がり

### 1 タネをまく

栽培予定地に元肥を全面散布して畝を作り、植え溝をつけて、株間25～30cmを目安に、2～3粒ずつ点まきする。

### 2 摘心する

発芽して本葉が展開してきたら、わき芽を出させる目的で草丈30cmを目安に摘心する。

### 3 収穫する

わき芽が伸びだしてきたら、手で簡単に折れるほどやわらかいつるの先端15～20cmを、適宜手で摘んで収穫する。

アブラナ科

# チンゲンサイ

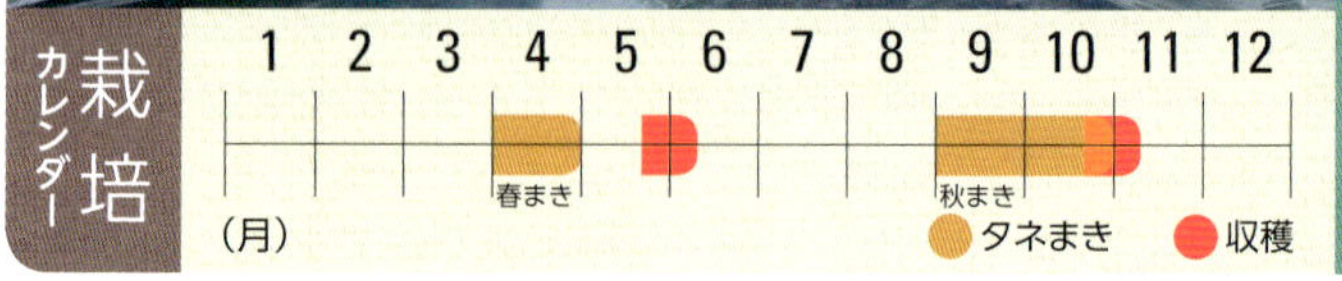


難易度 ★☆☆

※連作不可(1～2年休む)

## 暑さ、寒さにも強く作りやすい

条間15～20cmですじまきか1か所3～5粒ずつを点まきし、込み合ったところを2回に分けて間引き、本葉が3～4枚になるまでに株間15～20cmになるように1株に仕立てます。間引きでは葉色が濃いもの、草勢が強すぎるものを除きます。暑い時期は徒長や病気を抑えるため、やや株間を広くとり風通しをよくします。幼苗期にしっかり間引いて丈夫な株を作りましょう。

### 1 タネをまく

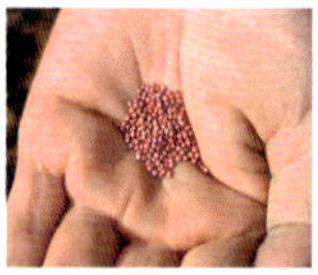

準備した畝に植え溝をつけ、タネをひねりながら1～2cm間隔ですじまきする。

### 2 間引きする

発芽して本葉が見え始めたら、最終株間が15～20cmになるように、2回に分けて間引きする。

**プロのコツ** 株間が狭いと、尻部の張りが悪くなるので十分な株間をとる。

### 3 収穫する

尻の張りが悪いのでもう少し大きくする。

▲十分に尻の張った株。株元から切り取って収穫する。

## プロが教える栽培ポイント

害虫による食害を防ぐため、防虫ネットなどでトンネル被覆します。ただし侵入されるとトンネル内には天敵不在になり被害が大きくなるので注意。

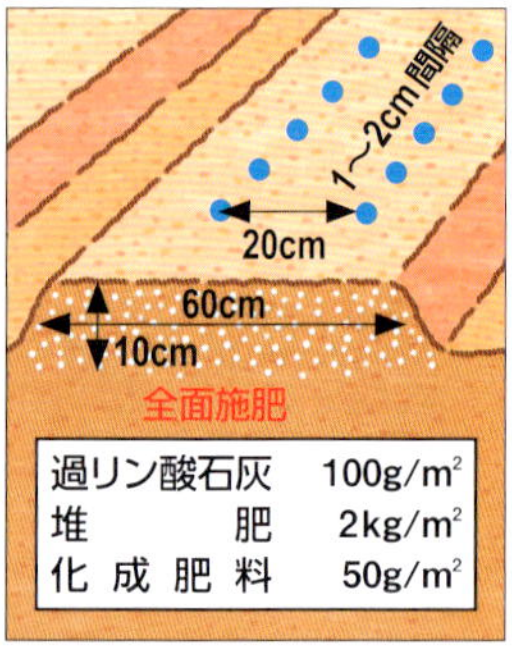


| | |
|---|---|
| 過リン酸石灰 | 100g/m² |
| 堆肥 | 2kg/m² |
| 化成肥料 | 50g/m² |

▲畝の仕上がり

アブラナ科

# タアサイ

難易度 ★★★

※連作不可（1～2年休む）

## 食味よく栄養価にも富む冬場に栽培

収穫したい大きさにあわせて、最終株間15～20cmとします。1か所に3粒ほどを点まきし、本葉1～1・5枚のころに2本立ち、本葉3～4枚のころに1本立ちとします。

本葉4～5枚のころから間引きながら収穫できます。冬に寒さに当たりすぎると春にトウが立ちますが、トウが立つ前に収穫するか、トウを育てて、花が咲く前に収穫してトウを食べてもおいしいです。

### 1 タネをまく

幅60cm、高さ10cmで準備した畝に植え溝をつけ、タネをひねりながらすじまきする。

### 2 間引きする

発芽して本葉が見え始めたら、最終株間15～20cmになるように2回に分けて間引きする。

### 3 収穫する

葉が伸びて開いてきて、直径20cmほどになったら、適宜株元から切り取って収穫する。害虫が多い場合は、寒冷紗などで覆って防ぐ。

### プロが教える栽培ポイント

連作には強いが害虫被害が問題となる場合が多いので、タネまきから収穫に至るまで、不織布や寒冷紗などを使ったトンネル被覆栽培で防虫します。

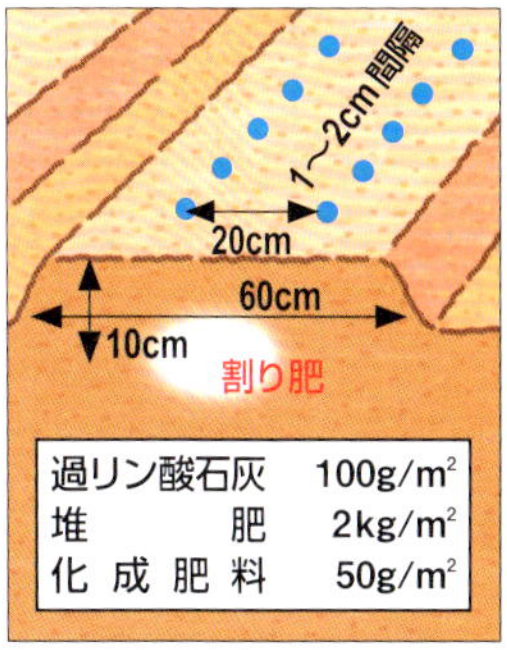


▲畝の仕上がり

●監修者紹介

## 井上 昌夫《いのうえ・まさお》

1953年 新潟県生れ。青山学院大学理工学部卒。都内の合板会社に勤務後、当時の高知県立帰全農場（現在高知県立農業大学校）に、研究生として特別入学。1978年～1980年、（独）国際協力機構（JICA）/青年海外協力隊員としてマレーシアに赴任。マレー人入植地にて園芸作物の栽培指導にあたる。帰国後、青年海外協力隊駒ヶ根訓練所にて、訓練指導協力員。1982～2007年協和種苗㈱（現みかど協和㈱）に勤務。この間、「ワイルドフラワーによる緑化」「コンパニオンプランツ苗の企画販売」「雨水利用による屋上菜園」および「食品残さ利用の堆肥（まんま）」を商品化・販売網を構築。また国内農産品の需要拡大を図るべく、特別栽培農産品の生産流通システム構築。国内農産品の需要喚起・販路開拓をサポートしてきた。2007年にわらべや日洋㈱に転籍。2011年農業法人㈱フレボファーム設立に参加。

（関連資格）

JOIA日本オーガニック検査員、一級造園施工管理技士、

（社）日本家庭園芸普及協会認定／グリーンアドバイザー

（関連著書ほか）

（株）西東社刊　「これだけは知っておきたい　野菜づくりの基礎知識」執筆。

（社）農村漁村文化協会刊　「農業技術体系」「現代農業」に、食品残渣堆肥・緑化関連執筆。

（社）家の光協会刊　季刊「やさい畑」に「農薬を使わない病害虫撃退法」ほか執筆。

読売新聞社刊　月間「よみうりガーデニング」「ガーデニングハンドブック」企画監修執筆。

●STAFF

撮　　影　　福田 俊
写真協力　　アルスフォト企画
イラスト　　竹口 睦郁
デザイン　　カラノキデザイン制作室／佐々木 容子
D　T　P　　明昌堂
編集協力　　帆風社

写真提供／カネコ種苗㈱、㈱埼玉原種育成会、㈱サカタのタネ、タキイ種苗㈱、トキタ種苗㈱、中原採種場㈱、ナント種苗㈱、みかど協和㈱、㈱大和農園種苗販売部、渡辺採種場㈱

※本書は、当社ロングセラー『DVDだからよくわかる！ 野菜づくり』（2008年5月発行）をリニューアルし、書名・価格を変更したものです。


**プロが教える はじめての野菜づくり DVD60分付き**

●監修者　井上 昌夫［いのうえ まさお］
●発行者　若松 和紀
●発行所　株式会社西東社《せいとうしゃ》

〒113-0034 東京都文京区湯島 2-3-13
電話　03-5800-3120（代）
U R L：https://www.seitosha.co.jp/





ISBN978-4-7916-2158-3